Lars Gustafsson
Agneta Blomqvist

Alles, was man braucht

Ein Handbuch für das Leben

Aus dem Schwedischen
von Verena Reichel

Carl Hanser Verlag

Die schwedische Originalausgabe erschien 2006
unter dem Titel *Herr Gustafssons familjebok* bei
Atlantis in Stockholm.

1 2 3 4 5   14 13 12 11 10

ISBN 978-3-446-23550-2
© Lars Gustafsson und Agneta Blomqvist 2006
Alle Rechte der deutschen Ausgabe
© Carl Hanser Verlag München 2010
Satz: Satz für Satz. Barbara Reischmann, Leutkirch
Druck und Bindung: CPI – Ebner & Spiegel, Ulm
Printed in Germany

Abraxas

Bei Gunnar Ekelöf, in »Absentia animi«, dem langen abschließenden Gedicht in der Sammlung »Non serviam« (1945) lesen wir die Zeilen:

aus Nichts durch Nichts in Nichts
Satz Gegensatz Schlußsatz Abrasax Abraxas Satz
(wie das Geräusch einer Nähmaschine)

Der sprachliche Ursprung des Wortes »Abraxas« ist unbekannt.

Abraxas respektive *Abrasax* hat den griechischen Zahlenwert 365, bekanntlich die Anzahl der Jahrestage. (Diese erhält man so: 1+2+100+1+200+1+60.) Die Anzahl der Buchstaben ist sieben – wie die Anzahl der Planeten in der Astrologie. Allerdings steckt, wie wir gleich sehen werden, noch mehr in der Zahl 365.

Im Mittleren Osten hat man mehrere Exemplare von einer Art Amuletten gefunden, vermutlich mit einer schützenden Funktion, die eine eigenartige Gestalt haben, teils Tier und teils Mensch auf der einen Seite, und auf der anderen das Wort *abraxas*. Sie stammen anscheinend aus dem zweiten Jahrhundert unserer Zeitrechnung. Und gelten als Eigentum der Mitglieder von Basilides' gnostischer Sekte.

Das Bemerkenswerte ist, dass Abraxas in verschiedenen gnostischen Urkunden so viele verschiedene Ränge und Rollen zugeschrieben werden. Im Ägypterevangelium, einem

Ritualbuch für einen Initiationsritus aus den Jahren um 250, ist Abraxas eines der vier großen Lichter oder Lunimarien, in Zostrianos Orakelbuch ist Abrasaks einer von mehreren Wächtern der unsterblichen Seele, die vor dem Bösen schützen.

Im Mythos von Basilides, wie er von dem, gelinde gesagt, sehr kritischen Sankt Irenäus wiedererzählt wird, in seinem Buch über die Häresien, ist Abrasaks zum Herrscher über die 365 Himmel avanciert. (Der Gott der Juden ist hier auf einen Chef über dem Himmel Nummer 365 reduziert. Der zufällig über unserer Welt hängt.)

Der etwas unbefriedigende Artikel Abraxas lädt den Leser dazu ein, das Wort Abraxas mit *Abrakadabra* zu vergleichen.

Eine aus der Luft gegriffene Idee! Das lateinische Zauberwort Abrakadabra hat nichts mit dem hellenistischen Abraxas zu tun. Es ist tatsächlich ein ziemlich primitives zahlenmystisches Dreieck, das so aussieht:

ABRACADABRA
BRACADABR
RACADAB
ACADA
CAD
A

Gemäß Serenus Sammonicus, einem römischen Arzt und Poeten vom Anfang des dritten Jahrhunderts, hilft diese Formel gegen Fieberkrankheiten, besonders das Monatsfieber (Malaria), wenn man sie auf einem Papier mit sich trägt, das Zeile für Zeile zusammengefaltet ist. Wie sich ergibt, bleibt das Wort gleich, egal, wo man es in dem Dreieck zu lesen beginnt. Als Amulett soll es an einer Schnur um den Hals getragen werden. Therapeutische Resultate kann man nicht versprechen, da die Methode unseres Wissens keiner systematischen Prüfung unterzogen wurde.

Absurdität

Sinnlosigkeit und Absurdität sind zwei verschiedene Begriffe.

Das Sinnlose hat keine Absicht. Das Absurde verfehlt seine Absicht.

Doch es ist komplizierter.

Sinnlos kann ein semantischer Begriff sein, und dabei geht es um einen sprachlichen Akt, der seine Absicht verfehlt. Nicht nur Behauptungen kann ein semantischer Sinn fehlen (»Das Thermometer hat einen Onkel, der aphrodisisch ist«), sondern auch eine Frage, eine Ermahnung können sinnlos in dem Sinn sein, dass es ihnen nicht gelingt, als sprachliche Akte das auszuführen, was sie dem Anschein nach auszuführen versuchen. (»Welche Farbe hat die Zahl 2?«)

Aber »sinnlos« kann auch etwas anderes bedeuten. Es kann ein Begriff sein, den wir auf Handlungen anwenden, die keinerlei Möglichkeiten haben, ein gedachtes Ziel zu verwirklichen.

Absurdität und Sinnlosigkeit haben in diesem Sinn überlappende Felder, zum Beispiel wenn Albert Camus von der Situation des Sisyphos als einer Absurdität spricht, wenn er wieder und wieder seinen Steinbrocken den Hügel hinaufrollt, nur um zu sehen, wie er wieder hinunterrollt. Sisyphos befindet sich in einer Situation ohne Ausweg; alles wiederholt sich.

Diese Art von Absurdität gleicht jenen Labyrinthen, in

denen man ständig zum selben Punkt zurückkehrt, wie im Traum. Strindbergs *Traumspiel* ist wie ein solches Labyrinth konstruiert. Der andere Typ von Labyrinth, das Borges-Labyrinth, mit Wegen, die sich ständig verzweigen und in denen wir nie zu einem früheren Punkt zurückkehren können, entspricht eher einem anderen Typ von Absurdität.

Man könnte diese Absurdität »Das System der systematischen Fehlleistungen« nennen. Ein gemeinsamer Zug bei vielen von ihnen scheint zu sein, dass sie auf der Annahme beruhen, mehr Einsatz von derselben Sorte könne ein unlösbares Problem lösen. Das gleicht einem Autofahrer, der im Winter sein Auto nicht zum Starten bringen kann und gedankenlos durch ständig wiederholte, ebenso hartnäckige wie vergebliche Startversuche die ganze Energie der Batterie verbraucht. Wenn sich schließlich mehr Einsatz von derselben Sorte als wirkungslos erweist, gibt es keinen Weg zurück. Das System hat durch eine Art von Bankrott seine Absurdität enthüllt. Marode Unternehmen sollen durch neue Investitionen am Leben erhalten werden, unmögliche Projekte durch Umdefinierungen der Aufgabe – wir sind hier, weil wir eine Tradition darstellen – oder durch Manipulationen mit dem Zeithorizont des Projekts – Jesus kommt bald.

Hierher gehört, was der ausgezeichnete kanadische Philosoph und Staatswissenschaftler David Braybrooke *grand absurdities* nennt. Die Vorstellung, man könnte durch staatliches Eingreifen den Drogenkonsum beeinflussen, *the war against drugs*, ist ein gutes Beispiel. In den USA sitzen gegenwärtig etwas über zwei Millionen Menschen im Gefängnis. Das ist mehr als in jedem anderen Land mit offener Statistik, einschließlich Russland. Ungefähr die Hälfte davon sitzt ein, weil sie in der einen oder anderen Form mit Kauf, Verkauf, Handel, Konsum von Drogen zu tun hatte.

Ein gigantischer Polizeiapparat innerhalb und außerhalb der Grenzen lebt von diesem »Problem«.

Natürlich hat der Krieg gegen Drogen keinen Einfluss auf den Konsum und die Industrie, welche die Räder rollen lassen. Es scheint eher so, als hielte der Polizeiapparat auf eine seltsame interaktive Art den kriminellen Apparat in Gang.

Beispiele für *grand absurdities* gibt es tatsächlich mehr, als man aufzählen kann. Ein Typ, der in den letzten Jahren besonderes Aufsehen erregt hat, sind sogenannte friedenserhaltende Aktionen. Entsprechend der Zunahme von nationalistischen, regionalen und tribalen Konflikten in verschiedenen Erdteilen, im schlimmsten Falle verbunden mit Bürgerkrieg und Völkermord, versuchen übernationale Organisationen wie die UNO oder die NATO, Recht und Ordnung zu schaffen und die vorhersehbaren Konflikte in den verschiedenen Krisengebieten zu verhindern.

Dies geschieht, indem man Truppen entsendet. Das ist ganz logisch; eine Art, die regionalen Konflikte in einem Gebiet zu beenden, ist natürlich, es militärisch zu besetzen und die Souveränität zu übernehmen. Schon Julius Cäsar wusste das.

Doch zum Programm der friedensbewahrenden Truppen gehört es, dass sie nicht als Besatzer auftreten, nicht die eigentliche Macht im Staat übernehmen dürfen. Damit ist eine *grand absurdity* etabliert. Die Truppen sind Truppen, dürfen aber nicht als Truppen eingesetzt werden. Stattdessen werden sie eine Art Hüter der Moral, die mit dem Gewehr bei Fuß dem Mord an Männern, Frauen und Kindern zusehen. Oder, wie es glaubwürdigen Zeugen zufolge beim Bürgerkrieg in Bosnien Anfang der neunziger Jahre war: Ein amerikanischer Kampfhubschrauber kreist über einem Massenmord und filmt das Geschehen.

Der Friedensbewahrer verwandelt sich in einen Helfer für das Fernsehteam.

Verstärkte Gewalt führt dann, via Fernsehen und anderen meinungsbildenden Medien, zu der Forderung nach mehr von der gleichen Sorte; mehr friedensbewahrende Truppen. Allein, ihre Anwesenheit scheint den Konflikt immer neu anzuheizen, vermutlich weil sie den Kämpfenden jede moralische Verantwortung für ihre Handlungen abzunehmen scheinen. Ein Klientensystem entwickelt sich, und Mörderbanden werden zu einer Art Patienten.

Die Vorstellung, dass kämpfende Parteien möglicherweise selbst für ihre Konflikte verantwortlich sind – und vor allem dafür, wie sie sich darin verhalten –, scheint verlorenzugehen.

Natürlich gibt es in diesen beiden Systemen ein Ende, das System wird früher oder später implodieren. Die Wahrheit siegt, aber mit erheblicher Verspätung.

Früher oder später kommt der Bankrott, der Augenblick der nackten Wahrheit, wenn die subtilen Argumente für *mehr von der gleichen Art* vor der Einsicht nicht mehr schützen. Einsicht in was? In all das, was wirkungslos geopfert wurde, in die Aussicht auf die große, dunkle Sinnlosigkeit.

Ein nächster radikaler Schritt ist natürlich, sich zu fragen, ob nicht unser gesamtes Dasein möglicherweise eine *grand absurdity* ist. Das ist Schopenhauers, Nietzsches, Camus' große Frage.

Selbstverständlich darf man sich das fragen, aber dann gerät man in die gleiche philosophische Schwierigkeit wie jede Form der Philosophie, die etwas über das Dasein als Ganzes aussagen will.

Unsere gesamte Existenz ist eine Illusion, hat jemand gesagt.

Mag sein, aber was machen wir dann mit gefälschten Hundertern, computermanipulierten Photographien, der Arbeitslosenstatistik der Regierung und den Projektionen einer *laterna magica* an der Kinderzimmerwand?

Unsere gesamte Existenz ist eine *grand absurdity*.

Mag sein. Diese Behauptung scheint es jedoch unmöglich zu machen, zu sagen, dass bestimmte Situationen – oder Handlungsweisen – absurder sind als andere.

Aber so ist es doch.

Ahorn

Der Ahorn gehört zur Familie *Aceraceae*, und der Baum, der in Schweden am häufigsten vorkommt, ist der Spitzahorn. Typisch für den Ahorn ist die Frucht, die aus zwei geflügelten Nüsschen besteht, eine Spaltfrucht. Sie ist es, die im Volksmund Ahornnase heißt und welche die Kinder jedenfalls früher gern an der Nasenwurzel befestigten. Warum war das eigentlich besonders lustig? Wer weiß, ob Kinder das noch heute tun? Wie das meiste in der Natur ist diese kleine Frucht listig konstruiert. Die Bestimmung des Ahorns ist natürlich, sich so stark wie möglich zu vermehren.

In Teil 6 von *Flora des Nordens* beschreibt C. A. M. Lindman sehr pädagogisch, wie das zugeht:

Jede Teilfrucht ist eine geflügelte Spaltfrucht mit einer großen, flachen, nach außen gerichteten und vertikal gestellten Scheibe, die vom Rücken der Teilfrucht (Mittelnerv) ausgeht und zur Verbreitung der Frucht beiträgt. Bei starkem Wind fungiert dieser scheibenartige Anhang als Segel, mit dessen Hilfe die Früchte in die Luft getrieben werden.

Bei schwachem Wind und Windstille bewirkt er jedoch durch seine Form – er ist am einen Rand verdickt – eine kreiselnde Bewegung der schwebenden und fallenden Frucht. Diese Bewegung verringert die Fallgeschwindigkeit, so dass die Frucht sich langsam senkt und lange genug in der Luft bleibt, um ein Stück weit vom Baum abgetrieben zu werden.

Wer Rabatten oder Gartenbeete in der Nähe eines Ahorns hat, weiß, dass es der Natur sehr gut gelingt, so viele Ahorne wie möglich zu produzieren – es dauert Stunden, um die kleinen Sprosse aus der Erde zu ziehen, und diejenigen, die man nicht entdeckt, wachsen so schnell, dass es knackt – bald kann man sie nicht mehr mit der Hand herausziehen.

Will man ein bemerkenswertes, nahezu metaphysisches Erlebnis haben, kann man sich längelang unter einen alten Ahorn legen. Wenn man in seine dichte Krone hochblickt, überkommt einen ein Augenblick von Schwindel: Man sieht »hinunter« in die Krone. Man weiß ganz einfach nicht, was oben und was unten ist. Für dieses Erlebnis braucht es also keine Droge. Still dazuliegen und den Tausenden von Insekten zu lauschen, die von den guten Düften des Baums angelockt werden, ist wirklich beruhigend.

Dem Ahorn bleiben ungefähr achtzig Jahre, bevor er gefällt wird; er hält Stürmen stand, und vermutlich wäre es gut, mehr Ahorne zu pflanzen, als es jetzt geschieht.

Den verheerenden Novembersturm, der 2004 über Schweden hinraste und massenhaft Fichten zu Fall brachte, hätte der Ahorn bestimmt überstanden. Ein Nachteil ist jedoch, dass die zarte Pflanze bei Rehen und Elchen beliebt ist. Sein Holz ist nach Lindman »weiß und leicht, aber zäh und stark«.

Im Herbst lodern die zipfligen Blätter des Ahorns in starken Farben, Gelb, Orange und verschiedenen Schattierungen von Rot. Die Ahorne glühen lange, bevor ihre Blätter fallen. Will man also einen wirklich stabilen und dekorativen Baum in seinem Garten haben, ist der Ahorn zu empfehlen. Er ist außerdem nützlich, nicht nur schön. Wenn im Frühling die Säfte steigen, pflegte man früher den reichlich fließenden Saft des Stamms aufzufangen und Zucker daraus zu kochen.

Im alten kolonialen Amerika, zum Beispiel Upstate New York, war Ahornsirup, auf diese Weise gewonnen, eine Delikatesse, die besonders von Kindern geschätzt wurde, und begehrt war er, wenn man ihn auf frisch gefallenem Schnee servierte. Ahornsirup wird noch heute unter der Bezeichnung »Maple Syrup« von verschiedenen Herstellern in Amerika produziert. Dieses Dessert hat einen Charakter von Unschuld und Süße.

Aus der Ahornrinde kann man übrigens gelbe und rote Farbe gewinnen. Außerdem fungiert der Ahorn als Verbesserer des Erdreichs und spendet an heißen Sommertagen erquickenden Schatten. Im Winter, wenn es richtig kalt ist und die kleinen Vögel, die in Schweden bleiben, Futter suchen, lockt der Ahorn mit seinen Trauben von Ahornnasen, die unter dem Baum liegen und auf den Frühling warten, um zu keimen. Der scheue Schwarm der Dompfaffen kommt gern für eine Weile aus dem Fichtenwald, um die Früchte des Ahorns aufzupicken. Sehr vorsichtig kann man insgeheim die dekorativen Dompfaffen mit ihrer roten Brust beobachten, wenn sie sich vor dem rein weißen Schnee abzeichnen. Aber beim kleinsten verdächtigen Geräusch ziehen sie sich als geschlossener Trupp in ihre Verstecke im tiefen Wald zurück.

Alaodin oder der Alte vom Berge

Wenige Bücher der Weltliteratur enthalten so viele eindrucksvolle Erzählungen in ein und demselben Band wie *Il Milione*. *Die Wunder der Welt*: Alles, was der Venezianer Marco Polo in dem riesigen Reich des bewunderten Großkhans und an seinem Hof erlebt hat. Die Berichte aus China und von dem sagenumwobenen Priesterkönig Johannes und dessen Reich im Inneren Afrikas. Von einem seltsamen Volk, den Russen, »die eine eigene Sprache haben« und die in der Winternacht, sich die Arme um den Leib schlagend, zwischen ihren aus liegenden Baumstämmen gebauten Wärmehütten hin und her rennen, um nicht zu erfrieren.

Eine der bemerkenswertesten Geschichten ist jedoch die von *Mulehet* – ein arabisches Wort, das »Ketzer« bedeutet – und ihrem Fürsten, dem seltsamen Alaodin, dem Alten vom Berge. In einer Schlucht zwischen zwei Bergen hat er einen Paradiesgarten angelegt. Er enthält die köstlichsten Früchte und nicht weniger als vier Springbrunnen, aus denen Wein (*sic*), Milch, Honig und Wasser sprudeln.

Niemand durfte diesen Garten je betreten außer den Männern, die der Alte zu Assassinen oder Mördern zu machen wünschte. Am Eingang stand ein Palast, der uneinnehmbar war, und zu diesem Garten gab es keinen anderen Eingang als durch den Palast. Der Alte, dessen Name in der örtlichen Sprache Alaodin lautete, pflegte vier, zehn oder zwanzig Jünglinge des Landes in diesen Garten zu bringen, nachdem er sie an seiner Banketttafel in tiefen Schlaf versenkt hatte. Nach ihrem Erwachen wurden sie von Damen und Sängerinnen in jeder Hinsicht bedient und mit Musik unterhalten.

Nachdem man sie erneut betäubt und in die Wirklichkeit zurückgebracht hat, sind sie der festen Überzeugung, sie hätten sich im muslimischen Paradies aufgehalten. Und der Alte, dessen Name Alaodin ist und der sich als großer Prophet gibt, verheißt ihnen eine glückliche Wiederkehr in diesen Garten Eden, wenn sie tapfer seine Feinde ermorden und im Kampf fallen. Sooft Alaodin also für die Durchführung seiner politischen Pläne wieder eine Mördertruppe braucht, schickt er so viele Jünglinge zwischen zwölf und zwanzig Jahren in den Garten, wie er benötigt. Und wünscht er einen wirklich großen und wichtigen Herrscher zu töten, stellt er seine Getreuen durch eine spezielle Expedition auf die Probe, um herauszufinden, welche von ihnen die Tapfersten sind. Wenn sie lebend wiederkehren, werden sie mit einem großen Bankett empfangen.

Diese hoffnungsvollen jungen Menschen brachen also willig auf, um zu vollbringen, was man von ihnen verlangte, und sahen ihrem Tod mit dem größten Enthusiasmus entgegen.

Dies, sagt Marco Polo, führte dazu, dass viele Könige und Herrscher dem Alten vom Berge und seinen Assassinen Tribute entrichteten, um sich freizukaufen. Was nur möglich war, weil die Nationen zu diesem Zeitpunkt noch keine entsprechenden Allianzen geschlossen hatten.

Indessen beendet Marco Polo das lange Kapitel damit, dass der Alte vom Berge schließlich seinen Meister fand. Im Jahr 1262 hatte der Tatarenfürst Alau, Herrscher über die Tataren der Levante, von diesem Treiben genug. Drei Jahre lang belagerte er den Palast, hungerte den Alten und seine Anhänger aus und sorgte dafür, dass sie alle getötet wurden.

Und, sagt der große Reisende, seit dieser Zeit hat es keinen solchen Herrscher mehr gegeben, und mit diesem letzten endete all die Macht, welche diese Fürsten ausgeübt hatten.

Man ist versucht zu sagen: So kann es gehen.

Ältere Photographien

Das erste erhaltene photographische Bild, auf dem ein Mensch zu sehen ist, ist L. J. M. Daguerres »Boulevard du Temple« (Paris) von 1838. Das Original gehörte dem Bayerischen Nationalmuseum in München und wurde im Zweiten Weltkrieg zerstört, aber man findet verschiedene Reproduktionen, zum Beispiel in Heinz Buddemeiers *Panorama Diorama Photographie.*

Die Lichtverhältnisse auf dem Boulevard sind prachtvoll – Daguerres Enthusiasmus über die ersten geglückten Versuche, das Spiel des Lichts auf photographischen Platten festzuhalten, ist leicht zu verstehen. Ein kraftvolles weißes Haus türmt sich im rechten Vordergrund auf; das hintere Ende des Boulevards, das ebenfalls ein starkes Morgenlicht zu empfangen scheint, verschwindet verträumt im Dunst.

Der erste Mensch ist klein wie eine Ameise und befindet sich an der Straßenecke im Vordergrund. Die Kontur ist verwischt, aber deutlich männlich mit langem Mantel und Hosen. Dieser Herr streckt den linken Fuß vor, offenbar zu einem Schuhputzer, der hinter einer altmodischen Wasserpumpe verborgen ist, deren Schwengel sich sehr deutlich abzeichnet. Die Bäume des Boulevards sind sehr jung; man erkennt es daran, dass sie immer noch mit Stütze wachsen. Es ist nur sechs Jahre nach Goethes Tod.

Wie Walter Benjamin, der große Kritiker und Experte fürs 19. Jahrhundert, oft betont, gibt es im 19. Jahrhundert eine starke Beschäftigung mit Abdrücken in verschiedenen Formen, Impressionen, Spuren.

Flöten und Klarinetten bekommen harte Futterale, die negativ ihre Formen verraten, wenn sie sich nicht darin befinden. Die ersten Kriminalgeschichten sind manisch beschäftigt mit den Spuren, welche die Verbrecher hinterlassen – man denke an die Sherlock-Holmes-Geschichten –, die Spuren einer beendeten Orgie oder eines Verbrechens spielen in verschiedenen Gedichten Baudelaires eine Rolle.

Und es ist natürlich leicht, Niepces und Daguerres Faszination zu verstehen, als sie entdecken, dass Licht und Schatten auf den photographischen Platten Spuren hinterlassen, unsichtbare Spuren.

Auf einem von Ernst Bloms Bildern von Västerås in den 1890er Jahren, auch eins dieser frühen Morgenbilder, sieht man sehr deutlich den Schatten des Photographen und eines Apparats. Das Photographieren schließt seinen eigenen Abdruck ein, was später als Formfehler gelten wird. Aber es ist nur dann einer, wenn man eine Wirklichkeitsillusion erstrebt, die bestreitet, dass das Bild ein Bild ist. Und wer will das erreichen? Niemand isst Birnen von holländischen Stillleben.

Die Pionierzeit der Photographie umgibt eine Aura von Triumph. Triumph worüber? Die zeitgenössischen Magazine, zum Beispiel *Lumière*, möchten sie gern als Triumph der Wissenschaft über die Kunst darstellen, das heißt, über das Handwerk des Malers und Zeichners. Ein Triumph, was die Wiedergabe der Wirklichkeit angeht. Und die Verteidiger der Kunst halten dagegen mit dem subjektiven Element, das angeblich bei der Photographie verlorengeht. Eine endlose Debatte.

Möglicherweise ist es eine andere Art von Triumph, um die es wirklich geht: der Triumph über den Augenblick.

Der wirkliche Sieg in einem Bild wie Daguerres »Boulevard du Temple« ist, dass es einen unendlich schmalen Ausschnitt vergangener Zeit festzuhalten scheint.

Amanita muscaria

heißt er auf Latein, dieser bemerkenswerte Pilz. Der Name Roter Fliegenpilz wird in einschlägigen Büchern damit erklärt, dass »Stücke desselben, in Wasser oder Milch gelegt, eine Speise ergeben, an der Fliegen sterben«. Er enthält nicht nur eine, sondern mehrere interessante Toxine; das Alkaloid Muskarin, Amanitin und in bestimmten Gegenden einen atropinartig wirkenden Stoff, Pilzatropin oder Muskaridin. Außerdem findet sich in ihm das sogenannte Pilztoxin, löslich in Wasser, aber nicht in Alkohol, das sehr langsam absorbiert wird und viel giftiger ist als das Muskarin. Das Pilzatropin bewirkt eine Erweiterung der Pupillen, und die Schamanen schrieben ihm jene psychotrope Wirkung zu, die vermutlich zu der charakteristischen Vorstellung von einer Reise in die Unterwelt führte, von Tod und Auferstehung des Adepten, heute spricht man lieber vom Bewusstsein einer anderen Welt und ihrer Kräfte. Im Verlauf dieser Reise, von welcher der Erfolgreiche mit magischen Eigenschaften zurückkehrt, die ihn zum Priester seines Stammes machen, zum Geisterbeschwörer, aber auch zum Arzt, begegnet der Schamane verschiedenen furchterregenden Gestalten, zur Hälfte menschlich, zur Hälfte Pilze, die ihn ihren Prüfungen unterwerfen und ihm ihre Geheimnisse anvertrauen.

Der modernsten molekularbiologischen Forschung zufolge stehen die Pilze den Menschen, das heißt den Tieren, zellbiologisch viel näher als den Pflanzen und sollten nicht als Pflanzen betrachtet werden, sondern als eine eigene Ordnung. Außerdem hat man festgestellt, dass die Pilze die ersten und ältesten individuellen Organismen auf der Erde sind; wobei die sichtbaren Pilze nur ausgesandte Späher und Sporenverbreiter des eigentlichen Organismus sind, der aus dem

Myzel mit seinem fein verteilten Fasernetz besteht (nicht unähnlich einem Nervensystem mit Synapsen und Ganglien), durchaus imstande, einen ganzen Wald von unten zu verzehren. Sie haben etwas Unheimliches an sich. Kann es sein, dass auf vielen anderen Planeten vielleicht die Myzelien die intelligentesten Organismen sind?

*

Warum gerade Sibirien die Heimat vieler Schamanenkulturen ist, gehört zu den großen ungelösten kulturhistorischen Fragen. Eine Antwort ist, dass der Fliegenpilz in Sibirien mehr Pilzatropin und weniger von den übrigen Toxinen entwickelt, verglichen etwa mit einem Fliegenpilz aus Schweden. Bei den Schamanen wurde der Pilz vermutlich in Milch eingenommen. Ein Zeitungsartikel aus dem heutigen Sibirien berichtet, dass es hier und da immer noch schamanische Riten gibt, dass der heilige Pilz jetzt allerdings in Wodka aufgelöst wird. Möglicherweise ist *Soma*, der heilige Trank, der in den Arjuna-Hymnen, den ältesten altindischen Hymnen, gepriesen wird, auch eine Lösung von Pilzatropin in Milch. Vermutlich hat irgendein Religionsforscher schon darauf hingewiesen, aber es kann die Mühe wert sein zu erwähnen, dass der *Rigveda*, Buch VI, Vers 40 praktisch das Rezept enthält:

> *Trink von ihm, von dem du, Indra, gleich nach der Geburt zum Rausche, zur Entschlossenheit trankst, du Überreicher. Diesen Saft haben für dich die Kühe, die Männer, die Wasser, der Pressstein zustande gebracht, um ihn zu trinken.*
>
> *Da das Feuer entflammt, der Soma gepresst ist, Indra, so sollen dich die Falben herfahren, die besten Fahrer.*

Von Herzen nach dir verlangend rufe ich dich laut,
Indra: Komm her zu großem Glücke!

Die alte Religion der Samen ist natürlich auch eine Form des weitverbreiteten Schamanismus. Hier wird der spirituelle Führer Noåjde genannt, und die Zaubertrommel fungiert als Weissagungsinstrument, aber hier wie bei den Indianern Nordamerikas stimmen mehrere der zugrundeliegenden Ideen, vor allem Die Reise, überein. John Allegro, einer der Experten für die Schriftrollen vom Toten Meer, publizierte in den sechziger Jahren ein viel kritisiertes und diskutiertes Buch, in dem er die Hypothese vertrat, die christliche Kommunion gehe auf das vorchristliche Gemeinschaftsmahl mit Fliegenpilzen zurück, ursprünglich ein Teil der Fruchtbarkeitsriten, der dann von der Urkirche übernommen und mit ganz neuen Konnotationen versehen worden sei, so wie oft eine jüngere Religion die Riten und Formen einer älteren Religion übernimmt.

Es ist nicht ganz leicht zu sagen, wer »der Mann« in der zitierten Indra-Hymne ist.

Ein interessanter Artikel von Stephen R. Berlant im *Journal of Prehistoric Religion* (Vol. XIII, 1999) kann möglicherweise zu einer nichttrivialen Erklärung beitragen. Berlant liefert eine überraschende Deutung einiger prähistorischer Skulpturen, die weit älter sind als die ältesten schriftsprachlichen Zeugnisse. Darunter auch die dralle kleine Figurine, die als Venus von Willendorf bekannt ist, gefunden an einem 25 000 Jahre alten paläolithischen Fundort im östlichen Österreich. Sie wird ja meist als Miniatur einer Fruchtbarkeitsgöttin betrachtet. Einige Archäologen haben das netzartige Muster auf dem Kopf der Göttin als Nachweis einer frühen Webtechnik gedeutet.

Es kann aber auch ganz anders sein. Was S. R. Berlant und

vor ihm andere Wissenschaftler festgestellt haben, ist die frappierende Ähnlichkeit zwischen diesen Statuetten und einem jungen Fliegenpilz, bei dem die äußere Haut noch nicht geplatzt ist. Können diese Figurine also die Verkörperung eines Pilzes sein? Personifiziertes Obst und Gemüse ist, wie Berlant betont, nicht ungewöhnlich. Mr. Bean, ein alter Werbecartoon aus dem amerikanischen Fernsehen, ist nur eins von vielen Beispielen. Ganz zu schweigen von Herrn Pfifferling in dem Kinderlied. Die Figuren, die in den Muskarinhalluzinationen auftreten, werden manchmal so erlebt, als hätten sie eine halb menschliche, halb pilzartige Gestalt. Ist das der »Mann« in der Indra-Hymne? Die Venus von Willendorf könnte dann die Fliegenpilzfrau sein. Ihre Brüste wirken überfließend und schwer. Das Gewebe auf ihrem Kopf ist die zerplatzende innere Lamina der reifenden Muscaria. Und dieser personifizierte Pilz konnotiert dann mit seinen freundlichen weiblichen Brüsten die fundamentale schamanistische Erfahrung dessen, dass sich unter der sichtbaren Welt eine andere, normalerweise unsichtbare – vielleicht eine spirituelle – Welt befindet. Und dass diese Welt auch Kräfte enthält, die uns wohlgesonnen sind.

Und daran mag etwas Wahres sein.

Von Experimenten müssen wir jedoch abraten. Der Schamanismus sollte den Profis überlassen bleiben. Der Tod durch Pilzvergiftung ist laut übereinstimmenden medizinischen Zeugnissen äußerst unangenehm.

Doch so weit brauchen wir nicht zu gehen, um eine Ahnung von der Sache zu bekommen. Der Verfasser dieses Artikels ist der Auffassung, dass *alle* Pilze eine Spur psychotrop sind. Selbst ein harmloses Ragout aus Pfifferlingen oder Steinpilzen bewirkt bei einem mit einem lebhaften Traumleben Ausgerüsteten extrem ungewöhnliche und immer et-

was sonderbare Träume – besonders in einer klaren, trockenen Herbstnacht nach eines langen Tages Wanderung in Wald
und Flur.

Anfang der Zeit und Ende der Zeit

In Augustinus von Hippos *Confessiones* – oder, wie es heute
heißen soll, *Bekenntnissen* – behandelt der Verfasser (Buch XI,
Kapitel XIII) die faszinierende Frage, inwieweit die Zeit
einen Anfang hat. Der Schöpfer, sagt Augustinus, hat auch
die Zeit erschaffen. Sie wurde mit der Welt geschaffen. Deshalb ist es nicht richtig zu sagen, dass es einen Augenblick
vor der Schöpfung gab, denn ein solcher würde sich dann in
der Zeit befinden. »Du gehst nicht in der Zeit den Zeiten voran, sonst könntest du nicht aller Zeit vorausgehen. Aber du
gehst in der Erhabenheit der stets gegenwärtigen Ewigkeit aller Vergangenheit voran.« Augustinus sieht natürlich das Paradoxe an dieser Beschreibung. Er ist, wie wir sehen werden,
nicht allein.

Denn der Schöpfer ist zu aller Zeit gleichzeitig anwesend.

Nachdem verschiedene kosmologische Theorien, die vor-
aussetzen, dass das Universum einen lokalisierbaren Anfang
hat, immer glaubwürdiger geworden sind, kehren Augustinus' Fragen zurück, jetzt jedoch in einem eher physikalischen
Ansatz. Zu den starken Argumenten für solche Hypothesen
gehört die Entdeckung der kosmischen Mikrowellenstrah-
lung vor einigen Jahren, diffuse Hintergrundwolken, welche
die ursprünglichen Quantengeschehnisse in ungeheurer Ver-
größerung wiederzugeben scheinen.

Wenn das Universum einen Anfang hat, ist dann nicht

dieser Anfang ein Geschehnis in der Zeit? Wie kann sich ein Ereignis vor dem Anfang der Zeit abspielen?

John Archibald Wheeler, ehemaliger Professor in Princeton und Austin, früher Fusionstheoretiker und später intensiv mit der Schwerkraft, der Relativitätstheorie und der subtilen Frage nach dem Grenzgebiet zwischen Quantenphysik und klassischer Physik beschäftigt, wo es viele ungeklärte Fragen gibt, hat, ohne Augustinus überhaupt zu nennen, eine interessante Antwort gegeben in seinen Memoiren *Geons, black holes, and quantum foam*:

Viele Menschen fragen mich, was vor dem Big Bang existierte.

Zu sagen, dass wir es nicht wissen, ist nicht genug. Auch zu sagen, wir können *es nicht wissen, ist nicht genug. Wir müssen annehmen, dass Raum und Zeit zusammen mit der Materie und der Energie und den Gesetzen der Physik im Augenblick des Big Bang entstanden sind. [...] Ich kann zu keinem anderen Schluss kommen: Es gibt kein »vor« dem Big Bang, und es wird kein »nach« dem Big Crunch geben.*

Wir müssen, fügt Wheeler hinzu, nicht bis zur Schöpfung und zum Untergang der Welt gehen, es gibt andere Zustände, in denen die Zeit außer Kraft gesetzt wird, in Schwarzen Löchern, und im Allerkleinsten gerät auch die Zeit in einen anormalen Zustand. Auf der Quantenebene herrscht keine einheitliche Zeit, Partikel bilden eine Art räumlichen und zeitlichen Schaum, in dem Begriffe wie »vor« und »nach« unklar zu werden beginnen. Erst in der Welt einer großen Anzahl von Partikeln beginnt die Zeit gerade und unausweichlich auszusehen.

Wenn wir die beiden größten Theorien des 20. Jahrhunderts mischen, die Quantentheorie und die Allgemeine

Relativitätstheorie, müssen wir zu dem Schluss kommen,
dass die Zeit ein sekundärer Begriff ist. Ein hergeleiteter
Begriff. [...] Sie ist nicht wie ein See, über den wir gleiten.
Sie ist eher mit Temperatur oder Entropie zu vergleichen,
Begriffe, die nur dann einen Sinn erhalten, wenn eine
große Anzahl von Partikeln eingeschlossen sind.

Apotheke

In einer Vorortapotheke nach früherem osteuropäischem Vorbild, die ich gewöhnlich aufsuche, hat man kürzlich ein Plakat mit der Schlagzeile »Warum geht es in der Apotheke so langsam?« aufgehängt. Dann folgen einige erklärende Zeilen.

Aber mir imponiert das nicht. Es dauert nämlich immer endlos lang, bis man hier bedient wird – die weißbekittelten ernsten Damen (äußerst selten ein Herr) hinter der Theke bewegen sich in einem ärgerlichen Zeitlupentempo, bevor sie sich herablassen, sich mit einem zu beschäftigen – und da steht man oder sitzt bestenfalls – in einer ohrenbetäubenden Stille, unterhalten von kleinen Broschüren mit Texten über »Kopfläuse«, »Fußpilz«, »Die Pille danach«, »Warzen« und mehr, die man sich zu eigen machen soll.

Man hat auch einen pathetischen Versuch weihnachtlicher Dekoration gemacht – es geht nämlich auf Weihnachten zu. Ein Wichtel grinst idiotisch, wie er da auf einer Dose mit dem Senf der Apotheke für 95 Kronen sitzt. Die braune Dose hat wirklich kein besonders glanzvolles Design – hier schmeichelt man sich nicht beim Kunden ein. Dafür bietet man die prächtigen Produkte der Apotheke in festlicher Geschenkverpackung an. Aber wer würde sich wohl unter dem Weihnachtsbaum darüber freuen, das Fußbad ohne Parfum und die Hautcreme der Apotheke für besonders trockene Haut in Zellophanverpackung zu bekommen?

Eine gewisse Schadenfreude kann man immerhin empfinden, wenn man die geflüsterten Gespräche zwischen den Kunden und den ernsten Verkäufern belauscht, die Erläuterungen zu den verschriebenen Arzneien geben. An *diesen* Gebrechen leidet man wenigstens nicht. Weder an starkem Haarausfall noch an Pollenallergie. Not yet. Nein, ich weiß – DAS IST WIRKLICH NICHT ZUM SCHERZEN. Wartet's nur ab!

Gerade als die Nummer 167 ihr Rezept und ihre Ermahnungen bekommen hat und man ENDLICH mit seinem Nummernzettel an die Reihe kommen soll, auf dem deutlich 168 steht, verschwindet die Weißbekittelte kurzerhand. Ist wie verschluckt von Dosen und Flaschen. Da gerade Mittagszeit ist, haben natürlich ungewöhnlich viele andere Menschen ebenfalls die Gelegenheit ergriffen, ihre kurze Pause zu nutzen. Wird jetzt vielleicht eine zweite Kasse aufgemacht? Aber nein! Hier gibt es ja keine Konkurrenz!

Wenn man nach endlosem Warten mit seinem teuren Warzenentfernungsmittel und den Ohrenstöpseln aus Wachs aufgebrochen ist, bemerkt man natürlich, dass man die Acetylsalicylsalbe vergessen hat. Also darf man bald wieder hineingehen.

Auge

Wenn wir eine Bewegung auf der Filmleinwand oder im Fernsehen sehen, handelt es sich um eine Illusion. Nehmen wir den einfachsten Fall: der kinematographische Film. Die Illusion einer Bewegung entsteht bei einer Filmgeschwindigkeit von vierundzwanzig Bildern (oft *frames* genannt) pro Sekunde. So wie das menschliche Gehirn konstruiert ist, werden bei dieser Geschwindigkeit die Bilder ineinanderfließen und den Eindruck einer kontinuierlichen Bewegung erwecken. Der Prozess kann ganz einfach nicht beschleunigt werden.

Insektenaugen sind von vielerlei Art und haben teilweise andere Prozesse für die Übertragung der Wahrnehmung zum optischen Nerv und zum Gehirn. Es gibt langsame und es gibt schnelle Augen. Schmetterlinge und Falter, kurz gesagt *Lepidoptera*, sehen langsam. Das gilt für alle Insekten, die langsam fliegen. Bei schnellen Augen gibt es ein kurz dauerndes neurologisches Spitzenpotential, einen *spike* im Diagramm, wenn Licht auf das Auge fällt. Dann sinkt es sehr schnell wieder auf den Ruhewert. Fliegen, Bienen und Wespen haben sehr schnelle Augen. Es gibt Arten, die imstande sind, bis zu dreihundert Bilder pro Sekunde einzeln zu erkennen. (Würde eine Wespe sehen wie ein Mensch, wäre für sie eine Filmsequenz wie das langsame, etwas langweilige Blättern in Großvaters altem Photoalbum, dem mit Plüsch an den Deckeln und Messingbeschlägen.) Bienen sollen unterschiedliche Farben in nicht weniger als sechs Frequenzen erkennen können, darunter Ultraviolett. Es gibt einen amerikanischen Käfer, der die infrarote Strahlung von Waldbränden aus einer Entfernung von fast hundert Kilometern wahrnehmen kann. Er eilt dann dahin, denn die heiße Asche ist gut für seine Fortpflanzung.

Warum ist es so abscheulich schwer, eine gewöhnliche Stubenfliege mit einer zusammengerollten Zeitung zu erschlagen? Das Viech sieht dreihundert Bilder pro Sekunde, da ist die Zeitung auf dem Weg durch die Luft wie ein stiller Wanderer in der Abenddämmerung. Und außerdem hat die Stubenfliege ein Gesichtsfeld von fast 360°.

Was würde es bedeuten zu verstehen, wie ein Insekt die Welt sieht?

Die Frage ist falsch gestellt, darauf deutet alles hin, was man jetzt von der neurologischen Forschung hört. Die Frage geht von einem alten, aber leider untauglichen Modell für das Sehen aus, das von Athanasius Kircher, ja, von der Semantik herrührt: *camera obscura*. In einem dunklen Raum sitzt ein Mann mit dem Rücken zu einer kleinen runden Öffnung, das Gesicht zur Wand gerichtet, auf der sich ein auf den Kopf gestelltes Bild abzeichnet. (Diese Wand kann durch ein Segeltuch ersetzt werden oder durch eine photographische Platte, und dann haben wir eine Kamera.) Wenn dieses Modell auf das menschliche Sehen angewendet wird, ergibt sich schnell der klassische Einwand: Muss nicht der Mann in der *camera* selbst einen kleinen Mann im Kopf haben, der auf die Projektionen des optischen Nervs schaut?

Irgendwo im Kopf muss sich doch ein Bild verstecken?

Der Fehler an diesem Modell ist, dass es die Überbrückung zwischen Bild und Denken nicht herstellen kann. Das Bild wird zu etwas *unmittelbar Gegebenem*, einem Bildpaket, das der optische Nerv an der Schwelle des Gehirns abliefert. Aber Sehen und Denken lassen sich nicht auf diese Art trennen. Die Funktionen sind äußerst differenziert, das Bild baut sich aus Signalen verschiedenster Art auf, wird in den Kontrasten verstärkt und konstant gehalten. Das bildliche Denken selbst wird zu einem Teil des Sehens. Wir sehen einen Mondrian, einen sich nähernden Tennisball und einen Delacroix nicht auf dieselbe Art.

Das Sehen hat eine Syntax. Wer sehen könnte wie eine Fliege, könnte vielleicht mit einer Fliege sprechen. Aber niemand sonst.

Austin, Texas

Durch das Gebiet, für das der Oberst Stephen F. Austin im Jahr 1823 die Genehmigung zur Siedlungsgründung erhielt, fließt in mächtigen Bögen der Colorado River. Er prägt die Stadt Austin in hohem Maß. Bevor er unter Präsident Roosevelts New Deal durch mächtige Stauseen mit imponierenden Kraftwerksdämmen reguliert wurde, war dieser Fluss die reinste Plage. Man kann auf alten Photos sehen, wie die Frühlingsflut Häuser, Vieh und das eine oder andere Automobil in ihrer gewaltigen Strömung mitriss.

Dies ist immer noch ein Land, das anfällig für Überschwemmungen ist; die plötzlichen großen Gewitter, die im Herbst und im Frühling über die Stadt hinziehen, würden wohl Tausende Menschen töten, wie sie es auf einem ungefähr vergleichbaren Breitengrad, dem dreizehnten, in Pakistan und Indien tun, wenn es nicht die durchdachten und soliden Dränagesysteme mit Kanälen und tiefen Überschwemmungsgräben gäbe, die einen hier und da mitten im Stadtbild überraschen.

Der Fluss ist sonst eine Quelle der Freude. In allen drei Jahreszeiten (es gibt Winter und Sommer und einen etwa zwei Wochen langen Frühling) läuft, radelt und spaziert eine bunte Schar von jungen und alten Austinitern ihren geliebten

Town Lake entlang. Dort ist nur ein Motorboot zugelassen, das des akademischen Ruderclubs, das an schönen Nachmittagen auf dem grünen Wasser Vierern und Achtern nach Süden und wieder nach Norden folgt. An den Ufern apportieren Hunde, füttern Kinder Vögel und sonnen sich träge alte Schildkröten auf umgestürzten Baumstämmen. Es ist eine Landschaft, die einen an *Huckleberry Finn* denken lassen kann.

Noch in den siebziger Jahren gab es riesige Karpfen im Schatten unter den Brücken; ich weiß nicht, was geschehen ist. Man sieht sie nicht mehr. Lange drängten sich Läufer, Radfahrer und Spaziergänger auf dem lebensgefährlich schmalen Gehweg auf der Lamarbrücke. An einem Herbsttag in den neunziger Jahren war ein Müllwagen dabei, Weltgeschichte zu schreiben, als er den damaligen Gouverneur George W. Bush beinahe am Brückengeländer zerquetschte. Dieser Vorfall und einige andere führten dazu, dass es jetzt eine spezielle Brücke für den Freizeitverkehr gibt, sie führt mit eleganten Bögen über den Fluss.

In der Provinzzeitung *The Austin-American Statesman* berichteten ein paar heute pensionierte demokratische Politiker, wie angenehm ein Tag in Austin sein konnte, wenn das Repräsentantenhaus in den achtziger Jahren seine Sitzungen hatte: mexikanisches Frühstück im Sisco, Lunch bei Chez Fred, Bier im traditionsreichen Politikerlokal Schultz mit Biergarten und Abendessen bei Jeffreys, dem Stammlokal des ehemaligen Gouverneurs Bush. Ein solcher Lebensstil setzt freilich nicht nur voraus, dass man gut bei Kasse ist (Jeffreys ist teuer, aber nicht so teuer wie etwas Entsprechendes in Stockholm), sondern dass man auch reichlich Zeit hat.

Das haben nicht alle Menschen in Austin, der Hauptstadt eines Landes, das größer ist als Frankreich (und im westlichen

Teil genauso spärlich bevölkert wie Lappland), eine Universitätsstadt mit zwei Universitäten, St. Edward's und die University of Texas at Austin, letztere womöglich die größte der USA. Und schließlich ist Austin ein Zentrum für Software- und andere Computerindustrie. Mit letzterer geht es konjunkturbedingt auf und ab, was man teils an den steigenden oder fallenden Immobilienpreisen, teils an den Warteschlangen vor den Restaurants ablesen kann. Es gibt hier kurz gesagt viel zu tun.

In den USA herrscht im allgemeinen dieselbe unglückliche Tendenz wie in den nordischen Ländern: Die Städte beginnen, einander immer mehr zu ähneln. Wer könnte am Bild eines Vorstadtzentrums erkennen, ob es in Malmö oder in den nördlichen Vorstädten von Stockholm liegt?

Austin hat, zumindest in den inneren Stadtteilen, eine sehr starke Eigenart bewahrt. Mächtige Villen unter riesigen Eichenbäumen befinden sich nur zehn Minuten vom Stadtzentrum entfernt. Der spanische Einschlag ist bei einigen älteren Gebäuden, nicht zuletzt auf dem Campus der Universität, deutlich sichtbar. In der Atmosphäre von Austin gibt es etwas Entspanntes, Freundliches und Bescheidenes, das es von anderen Hauptstädten unterscheidet.

Es ist vielleicht kein Zufall, dass diese Stadt eine außergewöhnliche Musikkultur besitzt. Natürlich hat man das Austin Ballett und eine komische Oper (die im Frühjahr Puccinis Wildwestoper *Fanciulla del West* auf dem Spielplan hatte). Natürlich gibt es ein Symphonieorchester. Aber viel wichtiger ist die Stellung der Stadt als einer Metropole sowohl für Countrymusic wie für etwas so Anspruchsvolles wie zeitgenössischen Jazz. Der wird hier in verschiedenen Nachtclubs und Bars gepflegt, während die Countrymusic Anlass zu jährlichen Festivals mit erheblichen Verkehrsstaus und dem Besuch internationaler Kritiker gibt. Man spricht gern von dem südlich-entspannten Lebensstil von Texas, und daran ist viel Wahres. Eine Krawatte braucht man in dieser Stadt eigentlich nur zu Begräbnissen. Und obwohl die Polizei im Jahr 2002 einen missglückten Versuch machte, es zu verbieten, gehen die Mädchen bei der Mardi-Gras-Parade auf der Siebten Straße immer noch oben ohne.

Der unglückliche Polizeichef, der diese alte südländische Sitte zu verbieten versuchte, biss also auf Granit. Denn er brachte natürlich eine riesige Feministendemonstration, barbusig und wütend, gegen sich auf. Und kapitulierte, schneller als mancher Taliban.

Basilides' Syllogismus

Gott schuf die Welt aus dem Nichts.
   (*Kefer Vereyshit*)

Aus nichts kommt nichts.
   (*Der Philosoph*, das heißt, Aristoteles)

Also;

Diese Welt ist geschaffen,
steht aber
in ihrer Gesamtheit unter der Herrschaft des Nichts.
Es gibt sie nicht.

Der große gnostische Bischof, lernen wir hier, war nicht nur ein guter Gemeindeführer und ein aufgeklärter Mann; er war auch ein guter Logiker. Er wusste, dass die erste Idee nicht immer die beste ist.

Berlin

Es gibt nicht viele Städte in Europa, die so viele verschiedenartige und angenehme Erlebnisse zu bieten haben wie Berlin. Ein Spaziergang vom aluminiumglänzenden und hongkongartigen neuen Zentrum am Potsdamer Platz zur Neuen Nationalgalerie kann sich an einem kalten und windigen Tag, spät im Jahr, anfühlen wie eine Polarexpedition. Die Bauten aus der Zeit des Sozialismus sind nicht nur hässlich, sie schufen auch trostlose offene Straßenräume von ungefähr demselben Typ wie Stockholms Hötorgscity. Warum Sozialismus und abscheuliche Architektur zwangsläufig miteinander einhergehen müssen, habe ich nie begriffen. Es hat vermutlich etwas mit der anmaßenden Haltung des Sozialismus zu tun. Gebäude und Plätze können sehr deutlich sagen: Du sollst nicht glauben, dass du jemand bist.

Das Neue, das dann kam, ist weniger sozialistisch als ausgeprägt experimentell. Der Pariser Platz, wo mit Blick zum Brandenburger Tor das sagenumwobene Hotel Adlon steht, das amerikanischen Touristen viel zu teuer ist, wurde jetzt um einen Bankenpalast ergänzt, der versucht, den Eindruck einer sinnreichen Tiefseeschnecke zu machen. Und seit Jahren wird mit Spannung die Wiederkehr der Akademie der Künste auf dem Grundstück neben dem Adlon erwartet; das neue Gebäude hat etwas von einem Aquarium.

Einen Spaziergang vom Pariser Platz entfernt liegen die Hackeschen Höfe, ein guter Ausgangspunkt für einen Streifzug durchs Scheunenviertel, das alte jüdische Viertel, mit der stilvollen Synagoge an der Oranienburger Straße, vielen gemütlichen Restaurants und hübschen Boutiquen. Hier gibt es auch alle Arten von verfallenden öffentlichen Gebäuden aus der DDR-Zeit, welche die Stadt jetzt experimentellen Theatergruppen und ähnlichen Projekten zur Verfügung stellt.

Nichts davon ist aber mein Berlin. In Wahrheit muss man hier ein paar Jahre wohnen, um den Umgang mit der Stadt zu lernen.

Man muss zum Beispiel wissen, dass man im heißen August ein ganzes Wochenende an Bord eines Segel- oder Motorboots verbringen kann, die Segelboote immer mit Klappmast, um auf der Havel und dem von ihr gebildeten komplizierten preußischen Seensystem zu fahren. Eine prachtvolle Welt aus grünen Gewässern, Schilfbänken, auffliegenden Wasservögeln, idyllischen alten Schlössern und grünem, kalkhaltigem Wasser, genauso bemerkenswert und genauso groß wie der Mälarsee. Das Boot mietet der Kluge in Wannsee, wohin man am bequemsten mit der S-Bahn-Linie 7 gelangt.

Eine andere und etwas billigere Art, Berlins schöne Umgebung im Sommer zu erleben, besteht darin, mit derselben Linie bis hinaus nach Potsdam zu fahren. Die Stadt an sich in ihrer unglaublichen Mischung aus vollendetem Rokoko und stalinistischer Betonarchitektur ist äußerst sehenswert. Vergleichbar allein mit Dresdens historischem Zentrum.

Aber es gibt nach meinem Geschmack an einem Sommertag noch etwas Lustigeres: Am Bahnhof von Potsdam mietet man ein Fahrrad, um dann in aller Ruhe die nächsten Seen zu umrunden. Es ist durchaus möglich, unterwegs zu baden, mit oder ohne Badezeug, der Verfasser dieser Zeilen hat es erprobt.

Es ist mit Berlin wie mit anderen europäischen Großstädten, die eine richtige Geschichte haben: Man muss begreifen, dass alles aus vielen kleinen Städten besteht, Dörfern, wenn man so will, konzentrisch um das Zentrum der Macht herum gruppiert.

Mein Lieblingsviertel in Berlin ist Charlottenburg, das sich ungefähr zwischen Fasanenstraße und Savignyplatz erstreckt. Die eine Seite des Platzes wird in einem gewissen Grad von billigen Mädchen und ihren Zuhältern dominiert, seltsamen jungen Männern mit dunklen Sonnenbrillen, die oft in dem ausgezeichneten italienischen Shell-Restaurant (einer ehemaligen Tankstelle) in der Nähe sitzen und mit ihren Mädchen das Geld zählen.

Von dieser Tätigkeit sieht man keine Spur, wenn man in die fast vollendete, gemütliche Gegend der Carmerstraße kommt. An einem milden September- oder Oktoberabend kann sich diese Straße wie ein freundlicher Garten anfühlen. Erst kommt, wenn wir uns an die südliche Seite halten, ein Spezialgeschäft für spanische Weine, kurz danach das nette kleine Restaurant Dicke Wirtin, teils berühmt für seine ausgezeichneten Suppen und teils, weil Peter Weiss an einem der Tische dort einen seiner Romane schrieb. Die nächste Sehenswürdigkeit ist die Galerie am Savignyplatz, eine feine Berliner Galerie, die von ihrem Besitzer Dr. Friedrich Rothe geleitet wird, einem weißhaarigen Historiker und Gentleman, der in seiner Jugend dabei war, als die Rektoratsräume an der nahe gelegenen Technischen Universität besetzt wurden. Er ist mittlerweile ziemlich konservativ, außer wenn es um Kunst geht, und hat kürzlich eine brillante Anthologie über Kronprinzessin Victoria redigiert. Nicht unsere liebenswürdige schwedische Kronprinzessin, sondern Victoria von Preußen, auch sie eine hochkultivierte und liberale Dame, außerdem Malerin. Und die Mutter des weniger angenehmen Wilhelm II.

Im selben Haus, im übrigen das erste Gebäude, das von einer alliierten Bombe getroffen wurde (Dr. Goebbels selbst gab dazu eine Presseerklärung ab), liegt die Autorenbuchhandlung, eine Kooperative. Diese Buchhandlung hat eine Breite des Sortiments, die in unseren Tagen ungewöhnlich ist, da sie die Bücher von allen beteiligten Autoren führt. Zwei hochgebildete und hilfsbereite Damen, Helma von Kieseritzky und Ulla Biesenkamp, und ein freundlicher Hund, der Frau Kieseritzky gehört, haben dort viele Jahre den Besucher empfangen.

Dies ist tatsächlich die ideale Informationszentrale für denjenigen, der Klatschgeschichten aus Berlins literarischer und künstlerischer Welt hören möchte. Im Inneren des Ladens kann man an ruhigen Freitagnachmittagen einige der besten Schriftsteller von Berlin am Kaffeetisch sehen. Die Buchhandlung hat etwas von einem Club. Und man hat nichts dagegen, wenn der zufällige Besucher sich dazusetzt und an dem Gespräch teilnimmt.

Das nächste Geschäft ist ein Antiquariat, das einem älteren Herrn gehört, der so ähnlich heißt wie ein deutschschwedischer Chronist aus der Vasazeit, nämlich Peter Schwartz.

Einmal in der Woche versammeln sich Ladenbesitzer aus der Straße in seinem Antiquariat zur Weinprobe. Von diesem Kreis eingeladen zu sein ist eine ganz besondere Ehre, durchaus vergleichbar damit, in einen der feineren Clubs von London zum Lunch gebeten zu werden.

In diesem Kreis kann die alte, geistreiche und leichte Berliner Konversation mit ihren unbezahlbaren Saltimortali und blitzschnellen Witzen aufleben, so wie es in jener fernen Zeit gewesen sein muss, als die Berliner Moderne entstand.

An einem Herbstabend in der Carmerstraße kann man so etwas erleben; das heutige Berlin ist eine der kultiviertesten Städte des Kontinents.

Bild und Bildverbot

Man schreibt das Jahr 1732, und Carl von Linné, der am 2. Mai zu seiner Reise nach Norden aufgebrochen ist, hat den norwegischen Teil von Lappland erreicht. Seine Schilderung ist lebendig, voll von beinahe mikroskopischen Einzelheiten. Er weiß, wo sich die Mücken aufhalten und wo die Zone der Fliegen beginnt, er mischt geologische Beobachtungen mit Kochrezepten; kurz gesagt, es ist der junge Linné, der dabei ist, die Welt zu entdecken. Hier findet sich auch folgende eigentümliche kleine Episode:

Ich zeigte einem Lappen einige Zeichnungen aus meinem Buch. Er erschauerte, nahm die Mütze ab, verneigte sich, legte den Kopf schief, verharrte zitternd mit an die Brust gedrückten Händen, murmelte etwas zwischen den Lippen, wie in höchster Veneration, war drauf und dran, in Ohnmacht zu fallen.

Was geht in diesem Mann vor?

In einer papierlosen Wildnis, wie es das norwegische Lappland zu Beginn des 18. Jahrhunderts war, muss eine Abbildung eine völlig andere Wirkung gehabt haben als in unserer Welt. Ein Same kann zu diesem Zeitpunkt kaum mit anderen Bildern vertraut gewesen sein als mit den Ideogrammen auf der Zaubertrommel und vielleicht mit den einfachen Symbolen des Runen-Kalenders. Die Bilder auf der Zaubertrommel sind natürlich magisch aufgeladen. Mit einer Farbe aus Erlenrinde sind Tiere, Menschen und allerlei Symbole auf das Fell der Trommel gemalt, nach den Regionen des schamanischen Universums geordnet. Wenn die Trommel zum Wahrsagen benutzt wird, wandert ein kleiner Messingring von Bild zu Bild, vielleicht vom Zeichen des Bären zu dem des Todes, und prophezeit damit eine erfolgreiche Bärenjagd.

Ist der Same so bestürzt, weil er Linnés harmlose, aber oft elegante Skizzen mit dieser magischen Welt verknüpft? Oder ist es vielleicht eine noch elementarere Reaktion, eine Scheu vor der Abbildung an sich? Eine wahrhaft altertümliche und eigentümliche Tradition. Noch aus dem schwedischen 17. Jahrhundert sind Protokolle überliefert, in denen Kinder unter dem Verdacht der Zauberei vor Gericht gestellt werden, weil sie ihre Nachbarn gezeichnet haben.

Wie verhalten wir uns zu dieser Scheu vor Bildern?

Wir leben ja in einer Sturmflut von Bildern, und es ist wohl bis zum Überdruss betont worden, wie ungeheuer arm an Bildern das Dasein eines mittelalterlichen Bauern im Vergleich dazu gewesen sein muss. Als *Illustrerad Tidskrift* 1855 ihren ersten Jahrgang herausgibt, geschieht das sicher unter dem Eindruck des Krimkriegs mit all seinen dramatischen Bildern. Der Zweite Weltkrieg hat eine ähnliche Wirkung. Die großen Illustrierten wie *Paris Match* und *Look* befriedigen ähnliche Bedürfnisse. Wer erinnert sich nicht an Schwedens *Se* und seine spektakulären Erfolge in der Nachkriegszeit?

Das Fernsehen versorgt uns mit einem gewaltigen, dichten Strom von Bildern, aber wir sehen sie mit einer ganz anderen Art von Aufmerksamkeit, oder vielleicht sollte man sagen, Unaufmerksamkeit? Fernsehbilder strömen so schnell vorbei.

Wo verlaufen die Grenzen des Sehens? Moderne Bildtechniken, wie sie in der Raumforschung und in der Medizin angewandt werden, liefern deutliche Beispiele für eine immer rascher voranschreitende Emanzipation des Beobachters vom Beobachteten. Mit anderen Worten: Man braucht nicht mehr vor Ort zu sein. Es ist möglich, die Oberfläche des Mars zu betrachten, als wäre es aus einem Abstand von ein paar Dezimetern, während man auf dieser Erde vor einem Bildschirm sitzt. Wir können mittels verschiedener Techniken die Innenwand unseres eigenen Magens sehen, und wir können das Rückenmark unserer eigenen Halswirbelsäule im Querschnitt betrachten.

Letzteres ist mit Hilfe eines Computerprogramms möglich, das magnetische Resonanzphänomene aus einem Spektrum herausfiltert und aufschlüsselt. Es ist tatsächlich eine sehr weitgehende Bearbeitung. Die kristallklaren Gewebebilder, die in ihrer Detailtreue oft das übertreffen, was der Chirurg in den feuchten und anders beleuchteten Regionen der Wirklichkeit erkennen kann, lassen sich natürlich je nach Gutdünken auffassen: als Abbildungen oder als Sehen, entsprechend den philosophischen Präferenzen des Betrachters. Angesichts der Bilder von den inneren Organen des eigenen Körpers oder von den Bewegungen unserer Kinder im Fruchtwasser, können wir recht gut die Scheu nachvollziehen, die Linnés samischen Freund im Sommer 1732 da oben im norwegischen Fjäll ergriff. Er war nicht sonderbarer als wir, aber erheblich weniger abgestumpft.

Die alte treuherzige Welt, in der »Bilder« auf die Netzhaut »fielen«, ist von der modernen Gehirnforschung jedenfalls längst ins Kuriositätenkabinett verwiesen worden. Alles Sehen ist in Wahrheit ein Kunstprodukt, oder mit anderen Worten: zu sehen ist immer zu malen.

Billgren, Ola

Ola Billgren war der geniale Vertreter eines neuen Kolorismus. Bei dem, was sich als unser letztes Gespräch erwies – ein Lunch etwa einen Monat nachdem er den redlich verdienten Rausingpreis bekommen hatte –, erklärte er mir, wie wichtig es sei, in einer Situation, in der es scheinen könnte, als sei das meiste in der Malerei schon erreicht, die Minima und Maxima auszuloten, die oberen und unteren Grenzen für Farbstärke und Sichtbarkeit, wo der intellektuelle Moment im Sehen deutlich wird.

Ola Billgren, Jahrgang 1940, stellte sich gern als »autodidaktischen« Maler dar. Das ist eine modifizierte Wahrheit. Wenn man die frühe malerische Vollendung in einem Bild wie »Sommer« von 1969 mit seiner fabelhaften Behandlung des kalten Lichts der Sommernacht und des warmen Lichts der Sommerhausküche sieht, kommt man ins Grübeln. Er muss das Gefühl gehabt haben, genau das tun zu können, was er wollte, auf das man sonst nur bei großen Konzertpianisten und ähnlichen Virtuosen stößt.

Ola Billgrens souveräne Beherrschung aller Finessen der figurativen Malerei, eine Könnerschaft, die nur mit der frühen Kunst eines Carl Fredrik Hill vergleichbar ist, war nicht einfach vom Himmel gefallen. Beide Eltern waren Maler, er spielte auf dem Atelierboden, bevor er laufen lernte, und seine erste Ausstellung hatte er mit vierzehn.

Während seine frühe Malerei entweder als neutrale Oberfläche aufgefasst wurde (wie Andy Warhols Marilynbilder) oder als eine Art Fortsetzung der Neuen Sachlichkeit der zwanziger Jahre oder des amerikanischen Fotorealismus, galt er in seiner späteren Entwicklung als »unheilbarer Romantiker«.

Keine dieser Einschätzungen wird Billgren gerecht. Die Neue Sachlichkeit war für ihn eine verbrauchte Kunstrichtung, weil sie sich nicht von der Abstraktion Picassos und der Kubisten befreien konnte. In Pollocks Kunst sah er den Mangel an Emotionalität als entscheidendes Manko. Gerade den »Sommer«, in dem er zum ersten Mal versuchte, einen konkreten Menschen in einer konkreten Situation zu porträtieren, nämlich seinen Bruder auf dem Land, betrachtete er als eine Art Wendepunkt. Er hatte – wie sollen wir sagen – ein Verhältnis zur Abbildung erreicht, bei dem er ganz emotional sein konnte, ohne dass es sich falsch anfühlte. Im folgenden Jahr gab es ein ähnliches Bild zu bewundern, »En face«, mit seinem aufrichtigen und freundlichen Frauenporträt.

»Unheilbarer Romantiker« ist ein Missverständnis. Wenn man das wunderbare kleine Buch liest, Ola Billgrens Briefwechsel mit dem finnischen Maler Paul Osipow über den dänischen Jahrhundertwendemaler Vilhelm Hammershøi, wird man sehr viel besser verstehen, worum es sich handelte.

Hammershøi mit seinen »stillen Räumen«, seinen eigentümlich feierlichen Gebäudeansichten, mit seiner korrekten Zeitlosigkeit in warmen Rauminterieurs mag sich wie ein naturalistischer Wirklichkeitsschilderer ausnehmen, ist aber bei näherem Nachdenken sicher mehr.

»Hammershøi, in his arrangements of motifs and his faithfulness to what he sees in all its physical reality, is at the same time an almost perversely shred pictoral semanticist and producer of psycho-social thrillers.«

Dies sind die Worte von Ola Billgren. Sie könnten auch als Selbstcharakteristik dienen.

Es gibt in Billgrens Malerei einen Zug des neugierigen Melancholikers. Wenn diese Melancholie von der Liebe zum Leben gewärmt wird, die es zweifellos bei ihm gibt, entsteht sehr große Kunst. Womit soll man sie vergleichen? Bestimmt nicht mit dem steifen und morbiden Ernst Josephson. Vielleicht eher mit dem jungen Hill, den ich eben erwähnt habe. Faktum ist, dass er eigentümlich schnell alle seine Zeitgenossen hinsichtlich der Tiefe der Auffassung und des Genusses auf der Netzhaut übertrifft. Billgrens rote Farbe, für ihn die Farbe des Lebens, ist unvergleichlich, wo immer sie auftaucht, sei es in einem Stillleben, das geprägt ist von der holländischen Dingmystik, oder in einem Spätherbstbild vom Meereshimmel über der schonischen Küste.

Ola Billgren ist in den wichtigsten schwedischen Museen vertreten, doch allzu wenig in Stockholms mittlerweile eigentümlich oberflächlichem Moderna Museet. Dafür ist er in der entsprechenden Institution in Paris vertreten. So etwas kann sich viele Male ändern.

Die Ehre, einer der Größten seines Jahrhunderts gewesen zu sein, bleibt bestehen.

Bogrof, Dmitri

Junge Menschen dazu zu verlocken, Polizeispione zu werden, ist nicht nur zutiefst unmoralisch. Auf lange Sicht ist es äußerst gefährlich für die Demokratie.

Ein raffiniertes Kapitel in Alexander Solschenizyns großem Roman über die Russische Revolution, *Das rote Rad*, handelt von Dmitri Bogrof, dem jungen Mann, der am 1. September 1911 den reformfreundlichen Ministerpräsidenten Pjotr Arkadjewitsch Stolypin während einer Galavorstellung in Kiew erschoss. Wenn wir Solschenizyn glauben dürfen – der in diesem Punkt nicht ganz unwidersprochen blieb –, war der verhängnisvolle Schuss von Kiew der Ursprung für all die schrecklichen Schicksalsschläge, die Russland während des restlichen Jahrhunderts widerfuhren, die Kriegskatastrophe von 1914, die Bolschewikenrevolution, Stalins Todeslager, die Hungerkatastrophen und schließlich der Zweite Weltkrieg.

Bogrof war Anarchist. Er gehörte zu der nach 1905 ziemlich breiten Schicht von Lehrern, jungen Juristen und anderen Intellektuellen, welche die Hoffnung auf eine friedliche Entwicklung zu einem freiheitlichen Russland aufgegeben hatten. Er war in seinen Kreisen als entschlossener Anarchist bekannt. Aus diesen Kreisen warb die Sicherheitspolizei jener Zeit ganze Züge von Informanten an. Tatsächlich waren es so viele, dass einige Historiker behaupteten, die anarchistische Bewegung sei praktisch aus der Schatulle der Geheimpolizei subventioniert worden. Bogrof war auch ein Polizeispitzel. Er betrachtete sich als intelligent genug, um seine Auftraggeber auszutricksen.

Zu diesem Zweck schickte er mehrere seiner Anarchistenkameraden nach Sibirien oder in den sicheren Tod, indem er ihre Fluchtpläne aus verschiedenen Gefängnissen verriet. Wie Bogrof die Informanten Schritt für Schritt in ein immer schwindelerregenderes Doppelspiel verwickelt, ist eines der interessantesten Kapitel in Solschenizyns Werk. Man könnte mit Sartre sagen, dass er ist, der er ist, aber er ist auch seine eigene Negation. Eine Theorie besagt, dass er zum Mord getrieben wurde, weil er seinen Kameraden seine Unschuld in der Bewegung beweisen musste. Die Freikarte für die Oper am Abend des 1. September bekam er vom Polizeichef mit dem Hintergedanken, dass er einige verdächtige Terroristen benennen sollte.

Informanten zu benutzen ist nicht nur unmoralisch und

dumm. Es ist sehr gefährlich. Denn früher oder später kann der Denunziant sich als eine Mine, eine Zeitbombe erweisen. Dmitri Bogrof wurde 1911 erhängt. Er wurde 23 Jahre alt.

Brause

Die Brause, wie sie da an der Tülle steckt, bildet eigentlich den ganzen Sinn der Kanne, ja, ihre Essenz, obwohl man sie abnehmen kann. Das Wort »Brause« scheint es nirgendwo als Stichwort zu geben. Der dumme Computer schlägt »Duschbad« oder »Brausebad« vor – er hat wie üblich das meiste falsch verstanden. Das ist symptomatisch, denn die Brause gibt es kaum. Doch, für eine kleine Weile, ein paar glückliche und nützliche Tage lang, aber dann pflegt sie zu verschwinden. Spurlos. Ohne dass man gemerkt hat, wie es passiert ist.

Dass die Brause fehlt, entdeckt man, wenn nicht früher, so spätestens dann, wenn man im Frühsommer seine Beete gießen und einsäen will. WO IST DIE VERDAMMTE BRAUSE?, ruft man immer wütender aus, genau wie der Großvater bei Povel Ramel, der während des Ausflugs die große, existentielle Frage stellt: WO IST DER KORKENZIEHER? Diese beiden Dinge sind unentbehrlich, jedes auf seine Weise. Aber es ist leichter, einen Korkenzieher zu ersetzen als eine Brause. Man kann nicht eine Brause ohne Gießkanne kaufen, aber ein Korkenzieher ohne Flasche ist in Ordnung. Ist das nicht absurd?

Man sucht und sucht und findet andere verlegte Sachen – nichts kommt ja im eigentlichen Sinn weg. Man weiß nur nicht, wo das Vermisste sich im Moment befindet. Außer bei der Brause. Die kommt wirklich weg.

Man gießt eine Weile lustlos mit der Kanne, der relativ neu angeschaffften, aber bereits brauselosen, mit dem Ergebnis, dass das Wasser heftig wie ein Fluss strömt und das zarte frisch Gesäte ertränkt, dem es Leben geben sollte.

Und dann kauft man eine neue Gießkanne. Zum wievielten Mal schon? Vielleicht eine aus grünem Plastik – da nur diese Farbe zur Auswahl steht. Mit dieser Kanne, die in ihrem Inneren eine Brause verbirgt – man hört es da drinnen in der geheimnisvollen Dunkelheit klappern –, verbindet man große Hoffnungen. Obwohl man eigentlich weiß, dass auch sie bald unbenutzt und nutzlos bei all den anderen mehr oder weniger defekten Kannen stehen wird. Die alle eins gemeinsam haben, dass ihnen die Brause fehlt. Aber gerade an diese neue Kanne glaubt man, bis man wieder enttäuscht wird.

Warum findet niemand das Versteck der Brausen? Haben sie alle einen gemeinsamen Platz, an dem sie sich versammeln? Ein Paradies der Brausen oder möglicherweise, je nachdem, wie man zu den eschatologischen Fragen steht, ein Abladeplatz für die Brausen? Oder ziehen sie es vielleicht vor, jede für sich versteckt zu liegen und auf etwas zu warten? Wo alle verlorenen oder verlegten Brausen bleiben – es muss sich um Tausende und Abertausende handeln –, ist eins der großen und noch ungelösten Rätsel unserer Zeit.

Bull, Gerald

Es ist jetzt zwei Jahrzehnte her, dass Mr. Gerald V. Bull umgebracht wurde – auf eine Art, die überraschenderweise eine Art Spiegelbild des Mordes an Ministerpräsident Olof Palme in Stockholm darstellt. Mr. Bull wurde am 22. März 1990 auf offener Straße vor seiner Wohnung in Brüssel durch zwei Schüsse in den Hals getötet. Der Täter wurde nie gefasst.

Das ist, ob nun die Ähnlichkeit mit dem Mord an Palme reiner Zufall ist oder nicht, eine Geschichte von solchem Interesse, dass sie Stoff für einen erstklassigen Dokumentarroman bietet. Es müsste nur jemand die Energie aufbringen, sich gründlich mit dem Material vertraut zu machen. Meine Informationen stammen im wesentlichen aus einem Artikel von Michael Wines und Jeff Gerth in der *New York Times* vom 22. April desselben Jahres. Ich habe damals versucht, einige schwedische Journalisten auf die Sache anzusetzen, stieß aber auf massives Desinteresse.

Es ist wirklich eigenartig, wie wenig Aufmerksamkeit dieser Mord in einem stillen Stadtteil von Brüssel erregte.

Gerald V. Bull war eine faustische Figur. Er hatte eine Idee. Man könnte sagen: eine alles überschattende Idee. Um dieser Idee willen, denn reich kann man ja auf viel bequemere Art werden, war er bereit, sich mit dem Teufel persönlich zu verbünden, so nahe man dem Teufel in unseren Tagen außerhalb von Serbien und China eben kommen kann, nämlich mit dem Diktator des Irak, Saddam Hussein.

Mr. Bull war Kanadier und Physiker und hatte die Idee zu einer Kanone. In den sechziger und siebziger Jahren arbeitete er für das Pentagon. Bei dem Projekt ging es darum, eine Kanone zu konstruieren, die im Prinzip und in der Praxis ein Projektil ins All schicken konnte, und eine seiner Konstruktionen schleuderte tatsächlich von Barbados aus ein Projektil 112 Meilen in den Raum. Er entwickelte eine 155-Millimeter-Haubitze und gründete eine eigene Firma für die Herstellung der Munition.

Als das Pentagon das Interesse an diesem Waffentyp verlor und stattdessen Raketen bevorzugte, verlegte Gerald Bull seine Tätigkeit nach Südafrika, wo er anfing, Lizenzen für seine Riesenhaubitzen an eine Anzahl von Ländern der sogenannten Dritten Welt zu verkaufen, unter anderem in den Iran, der seine Haubitzen in dem blutigen Krieg gegen den Irak einsetzte. Mr. Bull landete wegen Waffenexports für viereinhalb Monate in einem Bundesgefängnis der USA, besonders wegen des Exports von Konstruktionen, die eigentlich die USA nicht hätten verlassen dürfen, und die unter anderem nach Südafrika gegangen waren.

Seine Projekte und Irrfahrten brachten ihn in den, wie sich zeigen sollte, letzten Jahren seines Lebens mit dem Diktator des Irak in Kontakt. Im selben Jahr, in dem Mr. Bull so rasch das Zeitliche segnete, also 1990, beschlagnahmten britische und griechische Zollbehörden Lastwagentransporte auf dem Weg in den Irak. Sie enthielten Teile einer Kanone mit dem gigantischen Kaliber von einem Meter. Die Idee, die Mr. Bull entwickelt hatte, war eine stationäre Kanone, die Raketenprojektile mit einer Reichweite von 3300 Meilen abfeuern sollte. Das entspricht ungefähr der Strecke zwischen den USA und einigen Teilen Europas quer über den Atlantik.

Diese Geschichte eröffnet einen überraschenden Einblick in das erschreckende Labyrinth des illegalen Waffenhandels. Wer hat Mr. Bull getötet? Das ist natürlich ganz unmöglich zu beantworten. Es muss genügend Personen gegeben haben, denen daran gelegen war, seine Tätigkeit zu beenden. Ein Mann seines Schlages hat im Prinzip keine Freunde, aber allerorts Feinde. Auch seine Klienten und Kunden müssen ein Interesse daran gehabt haben, ihn zum Schweigen zu bringen, da er bestimmt einen weitgehenden Einblick in ihre Waffenprogramme besaß.

»Du befindest dich immer in einem moralischen Raum«,

sagt der große Philosoph Mats Furberg. William Shakespeare hätte die Geschichte von Mr. Bull schreiben sollen.

Wie oft hat man doch Grund zu bedauern, dass er starb, lange bevor seine besten Themen in die Welt kamen!

Bullaren

Im Inland von Bohuslän, nahe der Grenze zu Norwegen, in zwei länglichen Talschluchten, liegen die Bullarseen Nördlicher Bullaren und Südlicher Bullaren. Daneben befindet sich das Herrenhaus Berg mit seinen Erinnerungen an die Zeit des Zweiten Weltkriegs.

Die Seen sind durch den Långvallsstrom verbunden, und wer im Kanu von einem See zum anderen gelangen will, muss das Kanu am Strom entlang über Land tragen, um dann weiterzufahren, da der Höhenunterschied zwischen den Seen neun Meter beträgt.

Wer auf dem Südlichen Bullaren segelt, muss darauf gefasst sein, dass die Winde aus verschiedenen Richtungen einfallen können. Eine launische Bö kann das Boot fast zum Kentern bringen, ganz plötzlich und ohne Vorwarnung.

Der Teil des Südlichen Bullaren, der nach Westen zu liegt, ist lächelnd und lieblich – dort stehen Kühe auf der Weide und es gibt kleine, geschützte Strände für den, der allein baden will. Aber der östliche Teil grenzt an das Kynnefjäll, eine weitgestreckte, dramatische Wildnis, mit bedrohlichen Klippen, die jäh in den See abfallen. Hier krächzt der Rabe einsam und unheilverkündend, und hier gibt es Biber, Luchse und andere Tiere, die gern ein gutes Stück von den Menschen entfernt leben. Eine Zeitlang hat die spärliche Bevölkerung nach der Atomkraftabstimmung ihr Fjäll Tag und Nacht bewacht – man wollte hier keinen Atommüll haben. Das Kynnefjäll war einer von mehreren denkbaren Orten dafür. Jetzt scheint diese Bedrohung abgewehrt.

Nirgendwo anders ist das Wasser weicher und sanfter als im Bullaren. Seinen nackten Körper in dieses kühle, erst hellgelbbraune, dann dunkelbraune Wasser zu senken ist purer Genuss, genauso wie herumzuschwimmen und sich in gelben Seerosen zu verstricken, wo der Boden steil und gefährlich abfällt.

In den Schilfbänken hört man immer noch das kräftige Platschen von alten Hechten – jeder gierig sein Revier bewachend. Aber man kann sie überlisten – der Bullarenhecht schmeckt übrigens nicht nach Schlamm, wie es ein allgemeines Vorurteil von Hechten will. Und aus dem Barschgrund kann man mit etwas Glück Barsche bis zu einem Kilo herausfischen. Es gibt auch Süßwassermuscheln, aber man sollte sich hüten, sie zu essen.

Einer der schönsten Orte im Südlichen Bullaren ist der Jungfrugrund. Jeden Morgen ist der Näck da gewesen und hat sorgfältig den Sand geharkt. Oder sind es Seejungfrauen, die diese Aufgabe erledigen? Einmal, heißt es, ist eine unverheiratete Magd genau hier ins Wasser gegangen. Sie war schwanger und brachte es nicht über sich, mit der Schande zu leben.

Rings um die Seen herum existieren immer noch kleine bohuslänische landwirtschaftliche Betriebe, schöne Höfe, oft mit traditionell weißen Wohnhäusern und roten Scheunen, und man kann nur hoffen, dass diese Bauern weiterhin die Landschaft offenhalten, trotz einer Landwirtschaftspolitik, die alles dafür tut, um solche kleinen Einheiten verschwinden zu lassen.

Die romantischen Bullaren kommen auch in der Literatur vor. Emilie Flygare-Carlén wählte den See und seine bezaubernde Umgebung als Hintergrund für ihre schauerromantische Erzählung »Eine Nacht am Bullarsee« (1847).

Sie handelt von dem dämonischen Pastor Grave, dem überspannt schwärmerischen Pietisten Justus af Carleborg und der lieblichen Evelyn, Hauptpersonen in einer gewaltsamen Geschichte über Religion, Liebe und bösen, jähen Tod. Sie endet damit, dass die Liebliche von dem Überspannten in das schwarze Wasser des Bullaren geworfen wird. Danach irrt der Mann noch viele Jahre wahnsinnig an den Stränden des Sees herum, genannt »der verrückte Pfarrer«.

Auch Evert Taube ist an den Bullaren gewesen, aber sein Eindruck ist eher idyllisch:

Das Kaminfeuer knistert, die Katze träumt,
der Sommer kommt dies Jahr mit kühleren Tagen,
die Welle im Bullaren zischt und schäumt,
Hagel und Regen an die Fenster schlagen.

Der Donner an Bohusläns Hängen grollt,
der Blitz schlägt ein in den See,
die Windbö durch hohe Heuhaufen tollt,
der Platzregen rinnt von Hafer und Klee!

Die letzte Strophe der Ballade lautet:

Rönnerdahl spielt und singt von Ländern,
reich an Rosen und Trauben, den süßesten,
Torpmaja tanzt! Und Bullarens Strände
erröten wie Malagas weingetränkte Küsten.

Es ist typisch, dass Evert Taube genau dieses Wetter beschreibt, wenn er vom Bullaren erzählt. Zu Bohuslän gehören salzige blaue Wellen, rote, kahle Klippen und eine heiße Sonne. Wenn man vom Meer her ins Land blickt, wo der Himmel ganz wolkenlos sein kann, sieht man oft dort drüben die Haufenwolken sich auftürmen wie ein Vorhang.

Das typische Bullarenwetter ist im Sommer dramatisch mit Sonne am Morgen, gefolgt von wechselnder Bewölkung und oft einer gewaltigen Entladung mit heftigem Regen am Nachmittag. Dann kann der Abend herrlich frisch und mild sein. Im Winter wird es oft sehr kalt, mit tiefem Schnee, während es an der Küste taut und matschig ist.

Man ist immer aufs Neue verwundert, wenn man sich im Hochsommer von der Küste mit ihrem Menschengewimmel zum Bullaren begibt, was mit dem Auto etwa fünfunddreißig Minuten dauert, und dort kaum einem Menschen begegnet. Das Gebiet liegt außerdem relativ nah an dichtbevölkerten Gebieten, nah an Deutschland, Dänemark und dem norwegischen Sörland. Möchte wissen, wie lange wir, die wir zum Bullaren gefunden haben, diese Gegend fast für uns werden behalten können?

Cicero hatte unrecht

Will man einem in Deutschland seinerzeit ungeheuer viel besprochenen Debattenbuch von Frank Schirrmacher, einem der Herausgeber der *Frankfurter Allgemeinen Zeitung*, glauben, sind die westlichen Gesellschaften durch eine Alterskatastrophe bedroht. Allzu viele Menschen leben allzu lange, und allzu wenige neue Bürger treten ins Berufsleben ein. Das wird, wenn wir Herrn Schirrmacher folgen, zu einer rasch schrumpfenden Bevölkerung und auf lange Sicht zum Untergang des Abendlandes führen. Wie sich diese Prognose mit der ständigen Klage über die Arbeitslosigkeit verträgt, die ja offenbar darauf hindeutet, dass es mehr Menschen im berufstätigen Alter gibt, als aus einer rein ökonomischen Perspektive gebraucht werden, überlasse ich Herrn Schirrmacher zur Klärung.

Wenn aber der Hauptteil der Bevölkerung sich schon bald im Rentenalter befindet, wird das interessante Konsequenzen für Literatur, Kunst, Film, Werbung und die Konsumgewohnheiten ganz allgemein haben.

Möglicherweise ist es Zeit zu beginnen, über das Alter zu diskutieren. Kein richtig lustiges Thema. Aber wie man in Anlehnung an Winston Churchill sagen könnte: Die Alternative ist schlechter.

Ich habe Cicero immer dafür verachtet, dass er sein Buch über das Altern, *De senectute*, mit dem ganz verlogenen Versuch einleitet, zu beweisen, dass das Altern keine Schwächung der körperlichen oder seelischen Kräfte bedeutet.

Da hat er verdammt unrecht. Wenn man sich den siebzig nähert, kann man sich nicht darüber täuschen, was vor sich geht. Die Telefonnummer, die man gestern erst auswendig gelernt hat, ist heute schon weg, der Rasenmäher und der Bootsmotor sind eigentümlich schwer zu starten, man liegt nachts eine Stunde wach, weil die Schulter wetterfühlig ist und schmerzt. Auf eine Art, die seltsamerweise an die Wachstumsschmerzen im Alter von zehn Jahren erinnert. Nichts davon ist besonders beklagenswert. Solange die normalen Freuden des Lebens funktionieren.

Es ist, wie Bertil Malmberg Ende der vierziger Jahre in einer Illustriertenumfrage betonte, erstaunlich, ungewohnt, aber auch nicht unangenehm, wenn junge Damen einem die Tür aufhalten. Ist man wie der Verfasser dieser Zeilen ein Poet und verfügt über wenigstens einen guten Anzug und die Fähigkeit, einen Schlips ordentlich zu binden, wird man irgendwann zwischen sechzig und siebzig sozusagen automatisch zu einer Persönlichkeit des kulturellen Lebens. Und die Nachrufe auf unfreundliche Kritiker und alte Feinde, welche die Tageszeitungen in regelmäßigen Abständen veröffentlichen, sind nicht selten eine Quelle der Freude; *da schau her, jetzt sind wir diesen Scheißkerl auch los!*

Für den Einsichtigen gilt es aber, sich klarzumachen, dass das, was er als Altern erlebt, nur ein milder Zephyr ist, ein Anfang.

Eine Dame aus meiner Bekanntschaft war so glücklich, als ihre Schwiegermutter (die sie verabscheute) siebzig wurde. »Jetzt stirbt sie sicher bald!«, hieß es hoffnungsvoll. Ich weiß ehrlich gesagt nicht, was sie gegen diese Frau hatte. Vielleicht war sie eine Pfingstlerin. Pfingstler waren damals wie heute bei den meisten Menschen unbeliebt. Enthusiasmus ist nicht unbedingt ansteckend. Und das ist auch ganz gut so.

Genug davon; eine wohlwollende oder bösartige Kraft in der Höhe da oben oder in der Tiefe da unten muss mitgehört haben. Die verhasste Schwiegermutter, von der vermutet wurde, dass sie kurz nach dem siebzigsten Geburtstag sterben würde, lebt heute noch, wenn auch mit etwas verringerter Intensität, mit neunundneunzig Jahren.

Wollen wir wirklich so alt werden? Einen Rekord auf diesem Gebiet zu erzielen, genau wie beim Stabhochsprung oder Hürdenlauf, überlasse ich anderen, die für diese Rolle geeigneter sind.

Während sehr langer Flugreisen, beispielsweise wenn man von Europa oder aus den USA nach Australien oder China transportiert wird, gibt es einen abscheulichen Zustand gegen Ende der fünfzehn oder achtzehn Stunden, in dem man zu wach ist, um zu schlafen, und zu müde, um zu lesen. Ungefähr so habe ich mir das Alter mit neunzig vorgestellt.

Das Alter von achtzig kann etwas von einem Triumph haben. Genau genommen hat man das, was Karl Marx »sein Leben produzieren« nennt (niemand anders macht es für uns), länger als die meisten geschafft. Eine meiner amerikanischen Freundinnen spricht gern von der eigentümlich triumphierenden Haltung ihrer neunzigjährigen Großmutter. Elias Canetti hat in *Masse und Macht* von der tiefen, eigentümlichen und möglicherweise etwas perversen Freude geschrieben, die entstehen kann, wenn man entdeckt, dass man einige Zeitgenossen bereits überlebt hat. Da kann man Nachrufe genießen.

Dagegen muss man die Gefühle von Müdigkeit, Trivialität und Wiederholung in die Waagschale werfen, von denen anzunehmen ist, dass sie die Jahre um die neunzig dominieren. Aber möglicherweise täuscht sich der Jüngere über die Situation der Älteren. Ich kenne eine alte Frau, die jetzt kurz vor ihrem hundertsten Geburtstag steht und die Nachmittage damit verbringt, Tag für Tag auf dem Küchensofa zu liegen und einen riesigen Kastanienbaum vor dem Fenster zu betrachten. Mal blüht er, mal hängen schwere Regentropfen von den Blättern. Mal bewegen sich die Äste im Wind. Stunde für Stunde diesen Baum zu betrachten ist etwas, was dem Teenager oder dem aktiven Vierzigjährigen als Strafe erscheinen würde. Für die Neunzigjährige, die einen veränderten Metabolismus hat, kann es möglicherweise so spannend sein wie ein Fußballspiel.

Das Bewusstsein hat eine Eigenschaft: Es füllt sich immer selbst bis zum Rand. Der Gefangene in der Zelle bringt der

Fliege bei, zu kommen, wenn er sie ruft, der Börsenmakler, der gleichzeitig in zwei Telefone spricht, die alte Dame mit der Kastanie – in gewissem Sinne leben sie alle gleich viel. Man kann leben oder nicht leben. Dazwischen gibt es keinen Zustand.

Und die Alternative Tod?

Über den Tod können wir nicht viel sagen. Der Tod, der das totale Nichts ist, die endgültige Negation, der totale Mangel, erscheint als die ideale Strafe für begangenes Unrecht und die sublime Belohnung für ein gutgelebtes Leben. Beides zugleich. Über eine unendliche Zeit konvergieren Himmel und Hölle. Denn dies ist die bemerkenswerte Gerechtigkeit des Universums.

Cogito – ergo sum

Es gibt philosophische Begriffe, die im Abendland so weit ins allgemeine Bewusstsein gedrungen sind, dass praktisch alle Menschen mit zumindest elementarer Bildung sie kennen. Dazu gehört so etwas wie »das Ding an sich« aus Kants *Kritik der reinen Vernunft*, »Monaden haben keine Fenster« aus Leibniz' *Monadologie* und Descartes' »Cogito ergo sum«. Wer hat nicht schon über diese eigentümliche Schlussfolgerung nachgedacht; von »ich denke« bis »ich bin da«. Das Argument ist alt, viel älter als Descartes, der eigentlich nur ein Amateurphilosoph war mit zwei wesentlichen Eigenschaften, seiner Unruhe und seiner außergewöhnlichen Bildung.

Dieses »Ich denke«, das einen Augenblick lang ein festes Fundament für alles, was wir wissen, zu legen scheint, hat in

Wirklichkeit eine viel ältere und längere historische Tradition, als wir sie in der ersten der *Meditationen* von Descartes finden. Es findet sich schon bei Augustinus und bei den mittelalterlichen Scholastikern. Der Grund dafür, dass das Argument durch Descartes so verbreitet wurde, ist, dass es in einer kritischen Situation auftaucht. Descartes' Sorge davor, dass alles, was wir zu glauben wissen, sich als Illusion herausstellen wird, hat zu ihrem Zeitpunkt eine höchst reale Grundlage. Die verschiedenen Reformationsbewegungen und die nachfolgenden Kriege haben die herkömmlichen Autoritäten gestürzt und einen neuen Subjektivismus geschaffen. In diesem jansenistischen und lutherischen Subjektivismus, der Glaubensfragen letzten Endes zu einer inneren Entscheidung macht, passt natürlich das »Cogito« wie die Hand in den Handschuh.

Ich denke.

Also bin ich.

Ist das eine gültige Schlussfolgerung?

Descartes' Kritiker, von seinem Zeitgenossen Arnauld bis zu modernen Kommentatoren wie Ed Allaire und Jaakko Hintikka, haben das bezweifelt. Arnauld und Allaire, weil sie die Schlussfolgerung als zirkulär ansehen. Ich denke, sagen sie, schließt dieses schon ein, dass ich bin. Friedrich Nietzsche hat, wie immer, eine originellere Betrachtungsweise. Das Denken, sagt er, braucht kein Subjekt. Das Erlebnis eines Ichs, eines Etwas, das denkt, kommt später. Erst wird gedacht, dann erfindet dieses ganz unpersönliche Denken ein denkendes Subjekt, das im Grunde eine Fiktion ist. Man kann also sagen, statt die Gültigkeit der Schlussfolgerung in Frage zu stellen, entzieht Nietzsche der Prämisse den Boden.

Jaakko Hintikka, der finnische Modallogiker und vielseitige Sprachphilosoph, repräsentiert eine andere Variante: Wie einige andere Philosophen bestreitet er, dass wir es überhaupt mit einer Schlussfolgerung zu tun haben. Um seine Argumentation zu verstehen, können wir damit beginnen, einige eigentümliche Sätze zu bedenken, die ich absurde Behauptungen zu nennen pflege:

»Ich bin nicht hier.«

»Ich bin tot.«

»Es gibt mich nicht.«

Was diese Behauptungen verbindet, vorausgesetzt, sie sind ernst gemeint und werden von einer Person geäußert, die das »ich« auf sich selbst bezieht, ist, dass sie unmöglich wahr sein können. Man sollte vielleicht betonen, dass Wörter wie »ich« und »hier« in ihrem buchstäblichen, authentischen Sinn gebraucht werden müssen, wenn diese paradoxe Wirkung erzielt werden soll. Mit anderen Worten, wenn man »Ich bin nicht hier« auf einem Anrufbeantworter oder in einem Testament nach dem Tod des Verfassers findet, also bei figurativem oder sekundärem Gebrauch, entsteht kein Paradox.

Eine vernünftige Deutung von Descartes' »Ich denke, also bin ich« wäre dann, dass Descartes den Satz nicht als Schlussfolgerung einer Prämisse sah, sondern als einen Satz, der unmöglich zu verneinen ist.

Ich habe geschrieben, dass diese Behauptungen, in authentischer Version, »unmöglich wahr sein können«. Aber von was für einer Art von komischer Unmöglichkeit sprechen wir dann? Die Behauptung »Ich bin nicht hier« kann kein gewöhnlicher, einfacher Widerspruch sein. Denn dann wäre der absurde Satz notwendigerweise falsch und – axiomatisch – die Negation notwendigerweise wahr. Aber es kann kaum vernünftig sein, zu behaupten, dass jemand, der sich zufällig an einem Ort befindet, plötzlich mit Notwendigkeit da ist, weil er sich »ich« nennt.

Wie Jaakko Hintikka in einem interessanten Artikel betont hat, gibt es nichts, was an dem Satz »Ich bin nicht hier« oder »Es gibt mich nicht« falsch wäre. Diese Sätze haben nichts Widersprüchliches wie etwa »Dies ist ein rundes Dreieck«. Und auch nichts von der fundamentalen Undenkbarkeit von »Das riecht wie eine Sphäre«. Widersprüchlich ist nicht die Idee, welche diese Sätze ausdrücken, sondern die Idee von einem sprachlichen Akt oder gedanklichen Akt, in dem sie ausgesprochen oder gedacht werden. Um zu denken oder zu sagen »Es gibt mich nicht«, muss ich offensichtlich da sein. Das ist eine der situativen Voraussetzungen dieses Gedankens. Er kann nicht vollzogen werden, wenn diese Voraussetzung nicht erfüllt ist. Der Gedanke ist, dass alle sprachlichen Akte Handlungen sind, die vollzogen werden, sogenannte performative Äußerungen, und sie können nicht vollzogen werden, wenn nicht ihre fundamentalen Voraussetzungen erfüllt sind.

Ist es der Fall, dass ich nicht existiere? Das ist ein Gedanke, der nicht ausgedrückt werden kann.

Also erfasst Descartes' »Cogito ergo sum« eher eine Situation, als dass es eine Schlussfolgerung wäre.

Auf diese schlaue Art sind wir sowohl Arnauds Einwand los, dass die Schlussfolgerung zirkulär ist, als auch Gassendis »Ambulo, ergo sum« oder »Ich spaziere, also bin ich«.

In einer möglichen anderen Welt wäre es vielleicht möglich, sinnvoll »Es gibt mich nicht« zu sagen. Aber nicht in dieser. Es gibt offenbar syntaktisch wohlformulierte Zusammenstellungen von Wörtern, die sich oberflächlich gesehen äußern lassen, aber in dieser Welt nicht auf authentische Weise geäußert werden können. Soweit Jaakko Hintikkas Analyse.

Die Fragen gehen tatsächlich jedoch viel tiefer. Descartes' eigentümliches Argument ist die Spitze eines Eisbergs. Dass, wenn es mich nicht gibt, ich auch nicht in der Lage bin, zu äußern, dass dies der Fall ist, weil die pragmatischen Voraussetzungen für eine solche Äußerung fehlen, kann im Grunde genommen trivial wirken. Aber wir wollen für einen Augenblick über Hintikkas sehr brauchbare Deutung des »Cogito« hinausgehen und uns auf folgendes Beispiel konzentrieren.

Jemand sagt:

»Es gibt nichts Rotes.«

Und meint das ernst, als authentische Behauptung. Man kann eine solche Behauptung natürlich so deuten, dass Farben nicht in der physischen Welt existieren, sondern nur als Farberlebnisse hervortreten, als subjektives Endresultat eines Prozesses, in dem physische Signale in einem komplizierten neurologischen System verarbeitet werden. Wenn man gute Gründe dafür hat, kann man behaupten, dass es etwas wie Rot in der physischen Welt nicht gibt, sondern nur in der Welt der *Qualia*, aus der das menschliche Bewusstsein besteht, eventuell auch das Bewusstsein von Säugetieren.

Es gibt natürlich noch andere vernünftige Bedeutungen, die man in die Behauptung hineinlegen kann, es gebe nichts Rotes. Eine davon ist, dass Rot als Universalie nicht existiert. Es gibt keine Universalien, es gibt nichts Rotes im allgemeinen, aber es gibt Millionen Nuancen von Rot. Das Wort »Rot« bezieht sich auf eine Determinable, die eigentlich nur in der Form ihrer Determinanten existiert, zum Beispiel ziegelrot.

Aber hier ist etwas viel Radikaleres gemeint. Die Behauptung »Es gibt nichts Rotes« wird so gedeutet, dass es überhaupt nichts Rotes gibt.

Das kann unmöglich wahr sein. Aber warum? Wenn die Behauptung notwendig falsch ist, wird ja die Negation notwendig wahr. Aber ist es wirklich logisch notwendig, dass es etwas Rotes gibt? Das scheint gelinde gesagt eigentümlich.

Aber, noch interessanter, wenn der Satz »Es gibt nichts Rotes« wahr wäre, wäre er sinnlos, da »Rot« vernünftigerweise nicht definiert werden könnte. Und wenn eine Behauptung sinnlos ist, kann sie vernünftigerweise nicht wahr sein. Also, per reductionem ad absurdum, wenn der absurde Satz »Es gibt nichts Rotes« wahr ist, dann ist er nicht wahr. Und also kann er nicht wahr sein. In einer möglichen Welt, in der er wahr wäre, wäre er sinnlos. Und in der Welt, in der er sinnvoll ist, ist er falsch.

Also haben wir es wieder mit etwas zu tun, was wie eine sinnvoll wohlformulierte Kette von Wörtern aussieht, die einen Sinn zu haben scheinen, ihn aber nicht haben.

Wir sind auf eine weitere Leerstelle der Sprache gestoßen. Was aussieht wie ein zusammenhängendes kompaktes System, ist tatsächlich etwas, das viel eher einem Schweizer Käse gleicht.

Condillacs Monster

Zum ersten Mal begegnete mir dieses seltsame Geschöpf in einem sinnreichen Buch von Jorge Luis Borges, *Handbuch der phantastischen Zoologie*. Ein Kapitel darin heißt »Zwei metaphysische Wesen«, und dort machen wir die Bekanntschaft dieser bemerkenswerten Kreatur.

Das Monster, eine Statue, ist ein Gedankenexperiment, erschaffen von einem französischen Philosophen der Aufklärung, Étienne Bonnot, Abbé von Condillac (1715–1780). Condillac war ein brillanter Kopf und ein ausgemachter Feind aller Metaphysik. Sein *Traité des sensations* erschien ungefähr zur gleichen Zeit wie einige der ersten Bände von Diderots

Encyclopédie, nämlich 1754. Und genau wie David Hume will Condillac zeigen, dass es keine angeborenen Ideen geben kann. Unsere Welt, und zugleich unser Bewusstsein, besteht insgesamt aus Sinneseindrücken und Erinnerungen an Sinneseindrücke.

In dem ersten Gedankenexperiment ist Condillacs »fühlende Statue« regungslos, kalt, starr, doch mit Geruchssinn begabt. Sie kann nur einen Duft aufs Mal wahrnehmen, die unterschiedlichen Geruchsempfindungen lösen einander ab.

Halten wir dieser Statue eine Rose vor die Nase, sagt Condillac, wird sie für uns eine Statue sein, die an einer Rose riecht. Doch von ihr aus gesehen ist sie dieser Duft. Es gibt für Condillacs Statue keine Möglichkeit, zwischen sich selbst und etwas, das wir »Außenwelt« nennen, zu unterscheiden. Und wie wir das eigentlich mit unseren Sinnen bewerkstelligen, ist eine der großen Fragen des *Traité des sensations*. Unsere Statue ist der Geruch, den sie wahrnimmt, und nichts weiter. Sie ist sozusagen ein minimalistisches Wesen.

Natürlich hat die Statue keinerlei Möglichkeit, sich eine Vorstellung von etwas Materiellem zu verschaffen. Sie kann die Gerüche, die der Reihe nach ihr kaltes Bewusstsein passieren, genießen oder missbilligen. Aber Wünsche, Verlangen, Sehnsucht kann sie nur empfinden, wenn wir eine weitere Voraussetzung einführen: die Erinnerung. Denn nur wenn die Statue neben der momentanen Geruchsempfindung auch Erinnerungen an andere hat, kann sie tatsächlich anfangen, Vergleiche zu ziehen; dieses ist schlechter als das Vorhergehende. Oder umgekehrt.

Dieses Gedankenexperiment wird dann auf unterschiedliche Art variiert. Condillac stellt sich eine Statue vor, die sowohl Geruchs- wie Geschmackssinn besitzt. Er überlegt, was mit einem ähnlichen Wesen geschieht, das ausschließlich über Sehvermögen verfügt. Wird ein solches Monster eine Vorstellung von Raum haben? Es erlebt keinen Raum, sagt Condillac, es ist, was es sieht.

Wie können wir zu einer Idee von der Außenwelt gelangen, wenn wir für immer in unsere eigenen Sinneswahrnehmungen eingesperrt sind? Aber die Statue wird sich in diesem Zustand erweitert fühlen. Das Sehvermögen reicht aus, um sowohl Formen wie Farben zu erkennen.

Ein weiterer Höhepunkt in dieser Geschichte ist eine Statue, deren Sinnenwelt auf den Tastsinn begrenzt ist. Erst hier beginnt Condillac die Möglichkeit zu sehen, Zeit und Raum zu entdecken, zwischen sich und der Welt zu unterscheiden. Diese Statue ist im Unterschied zu all den anderen in der Reihe äußerst beweglich, ja, eine richtig unruhige Statue. Mit ständig ausgestreckten Armen probiert sie aus, was sie in Bewegung setzen kann und was nicht.

Ein solches Wesen muss ein andauerndes Bedürfnis empfinden, sich zu bewegen, die Hände auszustrecken und die Dinge um sich her zu spüren. Bis es erschöpft in eine Art Schlaf fällt. Wenn es seine Augen schließt, sind nur die Erinnerungen an die Berührungen übrig, und sie verblassen langsam. Schließlich sind keine mentalen Prozesse mehr vorhanden; Condillacs Monster schläft.

Aber bald wird es wieder erwachen und seine Entdeckungsreise durch die neu gefundene Welt fortsetzen.

Countertenor

Ein interessanter Akzent in einem Stockholm, das sich nach zwanzigjähriger Abwesenheit durchaus neu und spannend ausnehmen kann, sind die neuen blauen Busse, lang wie Regionalzüge, mit Bälgen in der Mitte und mit Biogas betrieben. Wie das Gas entsteht, möchte ich lieber nicht erforschen.

Das Faszinierendste an diesen Bussen ist die Stimme. Man steigt ein, man wird normalerweise von einem sehr maskulinen Herrn begrüßt, nicht selten mit Vollbart. Und entdeckt, dass er im Lautsprecher die Haltestellen mit einer warmen, sinnlichen Altstimme bekannt gibt.

Ist der Herr ein Countertenor, ein Virtuose in der Klasse von Arno Raunig oder wie sie alle heißen? (Der Uneingeweihte sei auf eine ausgezeichnete Aufnahme mit Raunig hingewiesen: »Arno Raunig – Sopranist – Farinelli Arien«. Ach nein. Manchmal bricht der Fahrtcomputer zusammen, und dann kommt eine liebliche, lyrische Frauenstimme mit immer verwirrenderen Namen wie Slussen am Norrmalmstorg und Norrmalmstorg am Slussen.

Dieses wunderlichen Hörspiels überdrüssig, greift der Fahrer ein. Und mit seiner eigenen Stimme gibt er die Straßen und Plätze bekannt. Diese Stimme ist heiser und rauh. Klingt sie nicht – zu allem Überfluss – ein wenig westbottnisch?

Eine einflussreiche Schule innerhalb der modernen Literaturforschung betont diese Sache mit der Stimme. Wenn wir einen Dichter lesen, sagen wir Gustaf Fröding, kann das nicht geschehen, ohne dass wir auf irgendeine Weise seine Stimme wiederzuerschaffen versuchen. Was dann immer eine Interpretation bedeuten muss. Platon hat für mein Gefühl eine hellere Stimme als Aristoteles. Warum? Unzweifelhaft gibt es einen Unterschied zwischen den Stimmen der Toten und der Lebenden.

Jahrelang habe ich aus meinen Gedichten gelesen, in Schweden, in den USA, in Deutschland, ja, sogar in Italien, und mir manchmal eine stille Verwunderung darüber erlaubt, warum Leute kommen, um sich das anzuhören. Warum Busgeld und Babysitterkosten für etwas ausgeben, was man viel bequemer in seinem Lehnstuhl zu Hause erleben kann?

Schließlich bin ich auf die Antwort gekommen: Man will seine eigene Stimme, die Stimme des Lesers, mit der des Dichters vergleichen. Man fühlt einen Unterschied, wenn man die berühmte Aufnahme von T. S. Eliots *Das wüste Land* oder wenn man Gunnar Ekelöfs eigentümlich nasale und etwas leiernde Stimme in »Röster under jorden« gehört hat.

Natürlich entsteht eine interessante Spannung, wenn wir zum ersten Mal eine authentische Lesung eines Dichters hören, den wir nur von unserer eigenen Interpretation her kennen. Die Lesung besitzt die Autorität des Dichters, aber in unserer eigenen Lesung verbirgt sich eine andere Autorität, die nicht unerheblich ist.

Eine eigentümliche Situation entsteht, wenn man seine eigenen Gedichte in Übersetzung liest. Ich habe oft daran gedacht, wenn ich in Deutschland gelesen habe. Für die Zuhörer scheint es, als würde ich eine authentische Stimme wiederherstellen, aber was ich ihnen in Wirklichkeit liefere, ist ja meine Imitation der Übersetzerstimmen: Hans Magnus Enzensberger, Verena Reichel ...

Wer ist wer? Wer ist der Countertenor?

Determinismus

Wenn wir glauben, dass Träume, die in Erfüllung gehen, wirklich ein Ausdruck für ein – unterbewusstes oder vielleicht göttliches – Wissen über die Zukunft sind und nicht nur unwahrscheinliche, aber statistisch mögliche Koninzidenzen, muss vernünftigerweise die Zukunft *vorliegen*. Wie eine Filmsequenz in ihrer Gesamtheit vorliegt, mit dem, was dem Bild, das wir gerade betrachten, vorangeht und dem, was nach diesem Jetzt kommen wird. Wenn es morgen ein Frühstück für mich geben wird, steht es sozusagen aufgedeckt da. An seinem Ort in der Zeit. Wie McTaggart betont hat, ist dieses Bild der Zeit nicht in der Lage, den Fluss der Zeit zu erklären. Die Zeit reduziert sich auf eine topologisch geordnete Serie von Ereignissen – vorher – nachher –, wie die Bücher in einem Regal.

Aber nichts davon erklärt, warum wir dann nicht an einem dieser Zeitpunkte hoffnungslos stillsitzen.

Es gibt tatsächlich keine zufriedenstellende philosophische Erklärung für die Natur der Zeit. Die beiden Möglichkeiten, die es gibt – die Zeit ist eine eingefrorene Ordnung beziehungsweise die Zeit strömt –, führen zu unsinnigen Konsequenzen. Wenn die Zeit eine gefrorene Ordnung ist, wird Veränderung unbegreiflich. Wenn die Zeit strömt – wo hindurch strömt sie dann?

Das äußerst ärgerliche Ding an sich

»An einem Winterabend liest Örtstedt Kant
und findet ihn wirklich interessant.«
So beginnt, wie bekannt,
Hjalmar Gullbergs Gedicht über Kant.

Eine Stelle in der *Kritik der reinen Vernunft*, die den Cambridgephilosophen G. E. Moore besonders beschäftigt hat, ist in einer Fußnote zum Vorwort der zweiten Auflage von 1787 versteckt:

[...] so bleibt es immer ein Skandal der Philosophie und allgemeinen Menschenvernunft, das Dasein der Dinge außer uns (von denen wir doch den ganzen Stoff zu Erkenntnissen selbst für unseren inneren Sinn herhaben) bloß auf Glauben *annehmen zu müssen, und, wenn es jemandem einfällt, es zu bezweifeln, ihm keinen genugtuenden Beweis entgegenstellen zu können.*

Diese Behauptung, die genaugenommen bedeutet, dass es nur eine Glaubenssache ist, ob es außerhalb meines Bewusstseins Motorräder und Hunde gibt, ärgerte G. E. Moore so sehr, dass er den Versuch unternahm, sie zu widerlegen. Der Aufsatz, der zum ersten Mal 1939 gedruckt wurde, heißt »Proof of an External World«. Nach einer Reihe von einleitenden Unterscheidungen verficht Moore den Standpunkt, dass man, wenn man beweisen kann, dass zwei menschliche Hände existieren, auch bewiesen hat, dass es sie in der äußeren Welt gibt. Wie denn? Indem man sie vor sich hochhält, natürlich!

Wer die klinische Geschichte des großen Neurologen und Menschenfreunds Oliver Sacks, *Der Tag, an dem mein Bein fortging*, gelesen hat, wird leicht geneigt sein, ironisch anzumerken, es sei der Fehler der Philosophen, dass sie entweder zu wenig von Physik verstehen oder zu wenig über Neurologie wissen. Sie schummeln auf beiden Gebieten.

Sacks erzählt aus eigener Erfahrung von einem komplizierten Beinbruch, bei dem ein neurologischer Zustand eintritt, in dem er buchstäblich sein eigenes Bein nicht als sein eigenes erkennen kann. Er besteht darauf, das fremde Ding aus dem Bett zu werfen. Dies ist mein Bein. Aber das ist überhaupt nicht so selbstverständlich, wie Moore glaubt. Und wenn es nicht selbstverständlich ist, bricht dann der Beweis in sich zusammen?

Sind die Kohlen im Feuer *wirklich* rot? Ist der Himmel *wirklich* blau? Wenn »wirklich« bedeuten soll, »unabhängig von einem Sinnesorgan, einem Nervensystem und einem Gehirn«, ist die Antwort selbstverständlich: nein. Die Sache wird etwas deutlicher, wenn wir von Düften sprechen. Riecht Teer *wirklich* nach Teer? Es gibt ein Molekül, den sogenannten Benzolring, der einen charakteristischen Geruch hat. Tauscht man nun die Atome in diesem Molekül mit einer Kombination ganz anderer Grundstoffe aus, behält aber das Ladungsmuster bei, bleibt der Geruch. Was die Nase wahrnahm, war eine Ladungsstruktur.

Gehen wir zum Allerkleinsten über, wird es noch schlimmer. Haben Quanten wirklich die Eigenschaften, die sie haben? Ohne von jemandem gemessen zu werden?

Wer wagt es jedoch, den Schleier rings
um die reine Wirklichkeit zu lüften, um das Ding des Dings?

Studienrat Örtstedt scheut bestürzt zurück
vor dem, was keiner je erblickt hat noch erblickt.

Wenn nun das Ding in seiner groben Hand zerbricht!
– Er gibt's mit Dank zurück, er will es nicht.

Elektrische Fische

Sie bewegen sich in dem dunklen warmen Wasser, umgeben von einer schwachen elektrischen Ladung. *Apteronotus albifrons* gehört zu den sogenannten südamerikanischen Messerfischen, oder zur Gattung der Gymnotiden. Diese aalartigen Fischarten leben in dem sehr schlammigen Süßwasser des Amazonas, wo es überhaupt keine Sicht gibt. Der Fisch spürt erwiesenermaßen auf irgendeine Art den Unterschied zwischen Tag und Nacht, denn die schwachen elektrischen Impulse, die er aussendet, haben nachts eine höhere Amplitude.

Von einem Band von spezialisierten Zellen, das ungefähr längs der Seitenlinie verläuft und wohl eine Weiterentwicklung dessen ist, was früher einmal Muskelzellen gewesen sein müssen, sendet er schwache elektrische Impulse (20 mV, 65–145 Hz), die eine Art Feld oder Halo um den Körper herum bilden. Dasselbe System enthält eine Reihe von elektroempfindlichen Sensorzellen. Wenn ein Gegenstand, sagen wir ein herabgefallener Ast, in dieses elektrische Feld gerät, ändert sich der Widerstand, und der Fisch weiß, dass er da ist.

Das ist, könnte man vielleicht sagen, eine Form des elektrischen Sehens.

Wie fühlt es sich an, die Welt auf diese Art zu erleben?

Wie sieht die Welt des *Apteronotus albifrons* aus? Leben wir in derselben Welt? Ergibt es überhaupt einen Sinn, von einer *Welt* zu sprechen?

Das außerordentlich Bemerkenswerte ist, dass der Apteronotus auch im Dunkeln die Anwesenheit anderer Fische derselben Art spürt, nämlich durch deren elektrisches Feld. Und damit nicht genug, die Geschlechter können einander durch verschiedene Frequenzen in den äußerst schwachen elektrischen Feldern unterscheiden. Ungefähr wie wenn Marcel im dritten Teil von *Auf der Suche nach der verlorenen Zeit* in einer dunklen Gasse einen Augenblick lang meint, den Rock einer Frau gestreift zu haben. Und schon dadurch erotisch ungeheuer erregt wird.

Emeritusgemeinheit

Die Jugend hat ihre Fallen, zum Beispiel einen übertriebenen Glauben an die eigene Unsterblichkeit, was leicht zu fatalen Unfällen mit Motorrädern und an Berghängen führt, und das Alter hat die seinen.

Eine gefährliche und destruktive Versuchung ist es, sich in Dinge einzumischen, mit denen man nichts mehr zu tun hat. Oder – mit anderen Worten – man sollte den Mut haben, einzusehen, dass die eigene Anwesenheit nicht mehr benötigt wird.

Die Universität liefert ein Beispiel für eine noch schlimmere Pest: Einst talentierte oder einflussreiche Personen, die sich weigern, einzusehen, dass ihre Zeit vorbei ist, legen sich verschiedene Strategien zu, ebenso wirkungslos wie desperat, um den Lauf der Zeit aufzuhalten.

Harmlos sind ja in der Regel die pathetischen Versuche, sich an seinem Arbeitsplatz festzubeißen; rührende kleine Büros mit einem winzigen Bücherregal, das mit anderen emeritierten Kollegen geteilt wird, soll eine letzte Reviermarkierung darstellen. Besuche im Korridor, die immer peinlicher und linkischer werden, je weniger bekannte Gesichter man trifft.

Ernster zu nehmen sind die desperateren Versuche, sich ins rechte Licht zu rücken, die oft in reine Gemeinheit übergehen. Jüngere Wissenschaftler, die den Geronten nicht in ausreichend vielen Fußnoten erwähnt haben, werden grundlos des Plagiats beschuldigt oder schlicht der Inkompetenz. Das Verharren in dem einen oder anderen mächtigen Forschungsvorhaben wird dazu benutzt, die Entwicklung durch die Ablehnung von Mitteln zu steuern und die Jugend daran zu hindern, weiterzukommen. Biographen, die kein gutes Haar an sämtlichen früheren Kollegen lassen, haben die nicht zu unterschätzende Fähigkeit, nachhaltig dem Vertrauen auch in all das zu schaden, was der Geront in früheren und gesünderen Epochen geleistet hat.

Der kluge Geront meidet diese gefährlichen und für den Nachruhm oft katastrophalen Fallen. Wenn man eine Tätigkeit aufgibt, geht man mit Lust und Liebe zu einer ganz anderen über. Ist man ein Industriemanager gewesen, geht man dazu über, eine Museumseisenbahn zu betreiben. Ist man Autor gewesen, kann man mit Gewinn zur Malerei wechseln. Ein einst reiches schriftstellerisches Werk mit einer Reihe von immer blasseren Alterswerken zu verwässern ist zutiefst verwerflich. Aber wie oft sehen wir, dass das geschieht.

Jenseits der siebzig spricht der kluge Geront nur dann schlecht über Altersgenossen und Nachrückende, wenn es eine absolute moralische Notwendigkeit gibt. Ein kluger Geront ist großzügig, wohlwollend und hört mehr zu als er redet. Und vor allem mischt er sich nicht allzu sehr in sein verflossenes Leben ein.

Emily

Der Fluss Pecos ist eigentlich nicht besonders sehenswert. Überwiegend trocken, mürrisch und griesgrämig und ohne auch nur einen Schilfhalm an seinen rotbraunen Ufern fließt er durch eine Landschaft, die so flach, so endlos und so inhaltsleer ist, dass man meint, sich im Seelenleben und im Gehirn eines dummen Menschen zu befinden. Aber dieser Fluss, den man überquert, wenn man die Interstate 10 Richtung Westen von San Antonio nach El Paso fährt, ist die Grenze zu dem, was traditionell der Wilde Westen heißt.

Hier draußen ist es wirklich langweilig. Nicht einmal ein richtiger Busch für die mageren Ziegen, vor allem Kakteen und scharfes Gras. Die wunderbaren roten Berge der Chihuahua-Wüste haben noch nicht angefangen, aber wenn man dann südwärts nach Alpine fährt, werden sie allmählich sichtbar. Die Chisos Mountains im Süden und die Davis Mountains im Norden. Und im Südwesten liegt das rätselhafte Marfa, berühmt für seine unerklärlichen nächtlichen Lichtphänomene.

Die Davis Mountains, die schön, aber öde sind, besitzen zwei Sehenswürdigkeiten. Die eine ist McDonalds astronomisches Observatorium, dem die kristallklaren atmosphärischen Verhältnisse in diesen dürren Wüstenbergen zugute kommen. Und das andere ist das Museum von Fort Davis, einst Garnison für die blauberockte Kavallerie der US Army, diese *frontiersmen in blue* der Republik Texas, bekannt durch manches Gefecht mit Apachen und Comanchen, gefürchtet von den durchaus mordlüsternen Nomaden dieser Wüsten und geliebt von den Siedlern. Das Museum ist gepflegt und interessant; in den Mannschaftsräumen herrscht eine fast schon metaphysische Ordnung. Jeder Mann hat seinen Tropenhelm und seinen Sattel an den richtigen Nägeln über dem Bett hängen.

Das Leben kann für diese Kavalleristen nicht immer leicht gewesen sein. Sie waren im Herzen des Apachenlandes stationiert, und ihre Aufgabe war es, die langsamen Mauleselfuhren zwischen Nord und Süd zu schützen.

Südlich von der kleinen Stadt Fort Davis, deren Drugstore noch heute eine uralte Art von Icecream Soda serviert, das nach den amerikanischen zwanziger Jahren schmeckt, liegt das Garnisonsgebiet mit all seinen intakten Gebäuden. Ein kleines Grabmonument auf dem ehemaligen Garnisonsgebiet trägt die sentimentale Inschrift:

HERE LIES INDIAN EMILY
AN APACHE GIRL
WHOSE LOVE FOR A
YOUNG OFFICER INDUCED
HER TO GIVE WARNING OF
AN INDIAN ATTACK
MISTAKEN FOR AN ENEMY
SHE WAS SHOT BY A
SENTRY, BUT SAVED THE
GARRISON FROM MASSACRE

ERECTED BY THE STATE OF TEXAS
1936

1936 war ein entsprechendes Jahr. Es war ja das hundertste Jubiläum der ehrenvollen Befreiung von der mexikanischen Diktatur, und es war das Jahr, in dem Arbeiter als eine Maßnahme von Roosevelts New Deal die Touristenanlage in Fort Davis fertigstellten, noch heute eine erstklassige Anlage im rustikalen Stil der Rooseveltzeit.

Dieselben Arbeitskorps bauten die gewaltigen Dämme in dem texanischen Colorado River weiter östlich und beendeten damit die verheerenden Frühjahrsüberschwemmungen des Flusses. Sie schufen Kraftwerke und künstliche Seen. Und brachten gern hier und da Gedenktafeln an.

Die Geschichte dieses Monuments ist ja ergreifend. Nachweislich ersetzt es eine viel ältere einfache Holztafel mit der Inschrift: »Indian Squaw – killed by accident«. Dieses Ereignis soll um 1880 herum stattgefunden haben.

Lasst uns hier einen Augenblick verweilen und mit gezogenem Hut das Schicksal des armen Mädchens bedenken.

Denn gleich beginnen die in der Geschichtsschreibung unvermeidlichen Komplikationen. Das Mädchen soll also den Leutnant Easton geliebt haben, das Oberhaupt einer Familie, die sie angeblich nach einem Apachenangriff zu sich genommen hat. Später soll sie sich mit den Ihren wieder vereint haben, um noch später wiederzukehren, getrieben von der tiefen Liebe, die sie für den Leutnant empfand.

Es ist nur so, dass es nie einen Apachenüberfall, weder erfolgreich noch auch nur geplant, auf Fort Davis gegeben hat. Und die sorgfältigen Listen der Kavallerie enthalten keinen Leutnant Easton. Noch schlimmer ist, dass jeder amerikanische Außenposten aus dem 20. Jahrhundert dieselbe Geschichte unter seinen Legenden hat. Elton Miles bemerkt trocken in seinen *Tales of the Big Bend* von 1917, »Indian Emily makes a good story, sentimentalism and all«.

Aber noch heute fragen Touristen immer als erstes nach Emilys Grab. Wir schicken ihr einen freundlichen Gedanken. Existenz ist nicht immer so wichtig, wie die Leute glauben.

Epikur und der tiefste Brunnen

Epikur lebte von 370–341. Sein Name ist auf eine etwas ungerechte Weise mit den Freuden der Tafel und möglicherweise auch des Fleisches verknüpft. Das ist nicht ganz zutreffend. Sein Lebensideal lief nicht so sehr auf Genüsse, sondern eher auf Gemütsruhe hinaus. Er war der Meinung, dass Aberglaube und Furcht vor dem Unbegreiflichen uns daran hindern, glücklich zu werden. Auf dem Hintergrund all der unheimlichen und erschreckenden Ereignisse in der griechischen Mythologie, von unterirdischen vulkanischen Dämpfen berauschten Pythien, Menschenopfern und besonders der Opferung unschuldiger junger Mädchen wie Iphigenie; Harpyen und Sirenen, die wie böse Vögel die Lebenden in das Land der Toten entführen, wird dies eine äußerst sympathische Haltung. Ein Philosoph der Aufklärung vor 2300 Jahren.

Noch bemerkenswerter ist, dass Epikur tatsächlich etwas formulierte, was große Ähnlichkeiten mit einem zusammenhängenden physikalischen Weltbild hat, eine Theorie, die später über lange Zeit die Debatten der Antike beeinflussen würde, nämlich der Atomismus. Das Interessante dabei ist, wie sehr die logische Struktur der modernen Physik gleicht; er versucht, gewisse grundlegende Bedingungen zu formulieren und fragt sich, zu welchem Zustand sie führen.

Epikurs Atome sind unteilbar und befinden sich in ständiger Bewegung durch eine unendliche Leere. Aristoteles wird später bemerken, dass Epikur nicht erklärt, warum sie sich bewegen. Er nimmt es genau damit, dass die Bewegung eine Ursache haben muss. Aber Epikur erklärt ja auch nicht, warum sie existieren.

Wenn die Atome kollidieren und einander in verschiedenen Mustern anziehen oder abstoßen, entsteht die ganze ma terielle Welt. Aber damit nicht genug; da es unendlich viele Atome in einer unendlichen Bewegung gibt, muss es unendlich viele verschiedene Welten geben. So ungefähr steht es in einem der erhaltenen Fragmente, dem Brief an Herodot. Es ist wohl nicht ganz klar, was der Philosoph mit »Welten« meint. Seine Kenntnisse der Astronomie waren ja andere.

Der Gedanke an die unendlich vielen Welten erinnert auf eine schlagende Weise an eine Idee, die man bei einigen sehr modernen theoretischen Physikern findet, zum Beispiel bei Jimmy Wheeler, nämlich dass alles, was physikalisch möglich ist, früher oder später verwirklicht wird. Eine seltsame Idee, aber ganz rational.

Auf dem Grund von Epikurs Philosophie ahnt man ein neues Grauen vor dem unendlichen All und seinen dunklen, tiefen, sternenübersäten Brunnen. Und es ist eine andere Angst als die vor den Harpyen oder vor Monstern wie Skylla und Charybdis.

Erdener Straße

Ein paar Meter vom Wissenschaftskolleg entfernt, an einer friedlichen Straße unter hohen Eichen und Ulmen, wo eine Ecke des Halensees still im Hintergrund plätschert, mit teuren Autos, eleganten Damen mit lächerlich kleinen Hunden an der Leine, mündet die Wallotstraße in die Erdener Straße, die sich fast gleich darauf mit der Koenigsallee vereint. Eine gefährliche Straßenecke. Eine komische Kreuzung. Nicht zuletzt, weil die Koenigsallee hier eine ziemlich scharfe Kurve macht. Der gesamte Verkehr, und vor allem die großen doppelstöckigen Busse der Linie 119, müssen hier die Ruhe bewahren. Wenn sie nicht vollkommen wahnsinnig sind.

Es ist leicht zu verstehen, warum Walther Rathenaus Mörder gerade diesen Ort für das Attentat wählten, am Mittsommerabend des Jahres 1922, irgendwann zwischen zehn und elf Uhr vormittags. Genau an dieser Stelle wird der umstrittene, aber ungeheuer ideenreiche Außenminister der Weimarer Republik, der in einem ziemlich langsamen, offenen, von einem Chauffeur gefahrenen Auto die Koenigsallee herabkommt, von einem großen schweren Auto mit zwei jungen Männern in Lederjacken überholt. Ein Handwerker, Herr Krischbin, auf dem Weg zu einer nahe gelegenen Baustelle, sah alles aus einer so kurzen Entfernung, dass er vor dem Automatenfeuer der Mörder hinter einem Sandhaufen in Deckung gehen musste. Sie waren gut zu erkennen, zwei bartlose, ziemlich junge Männer in nagelneuen langen Ledermänteln (»mit Marmorknöpfen«). Der eine beschoss den Außenminister mit einer Salve aus einer Maschinenpistole – eine im Jahr 1922 noch moderne Waffe, die während des großen Krieges nur in deutschen Spezialverbänden benutzt worden war. Gerade dieses Exemplar hatte einer der Mörder, Erwin Kern, ein paar Tage davor aus Schwerin geholt. Obendrein warf einer der beiden eine Handgranate in das Auto. Eine mutige junge Dame, Krankenschwester von Beruf, Helene Kaiser, stürzte sich in das teilweise ausgebrannte Auto und versuchte heroisch, dem schwerverletzten Außenminister das Leben zu retten. Er hatte jedoch fünf Schüsse abbekommen, unter anderem durch die Wirbelsäule, und starb kurz darauf. Man sieht immer frische Blumenkränze an dem Gedenkstein, der an der Ecke Koenigsallee und Erdener Straße steht.

Die Mörder, die später festgenommen und in einem Prozess, der viele Fragen unbeantwortet ließ, verurteilt wurden, flüchteten in rasender Geschwindigkeit durch die Wallotstraße, die in einem Bogen zurück zur Koenigsallee führt. Sie müssen also an dem Fenster vorbeigekommen sein, hinter dem dieser Artikel gerade geschrieben wird.

Die Mörder waren nur allzu typische Repräsentanten der damaligen fanatischen geheimen Gesellschaften und nationalen Verbände, halbuniformierte, lose integrierte Typen – nicht unähnlich Adolf Hitler, der sich zur gleichen Zeit in München aufhielt.

Der politische Mord gehörte zur Tagesordnung; es gab davon ein paar Hundert pro Jahr. Die meisten blieben unaufgeklärte, dunkle Affären, nicht ganz unähnlich den politischen Morden in der modernen schwedischen Geschichte; die Mörder konnten wie verrückte, psychisch gestörte Typen erscheinen, die in die Psychiatrie gehörten. Aber es fällt, genau wie in den modernen schwedischen Fällen, schwer, zu glauben, dass sie ganz ohne Unterstützung handelten. Ohne Ratgeber und ohne Finanzier.

Erwin Kern, Ernst Werner Techow und Hermann Fischer gehörten nicht einem, sondern mehreren kleinen fanatischen Jugendverbänden an. Allem Anschein nach waren sie vollständig mittellos. Trotzdem konnten sie es sich offenbar leisten, eine Maschinenpistole aus Schwerin zu holen, ein Ober borgte ihnen ein sechssitziges Auto, jemand anders versah sie mit eleganten langen Ledermänteln, eine nicht gerade billige Ausrüstung im Berlin von 1922. Kurz gesagt: Wer zahlte? Das ist wohl das eigentliche Rätsel beim Mord an dem Außenminister.

Rathenau hatte viele Feinde. Er war Jude und ein selbstverständliches Hassobjekt für Antisemiten. Er war reich, sehr reich, Erbe von AEG, Deutschlands Vorgänger von Schwedens ASEA, eine dieser Firmen, die das ungeheure Potential der neuen elektrophysikalischen Errungenschaften, Wechselstromgenerator und Dreiphasenmotor, erkannt hatten, ganz zu schweigen von der elektrischen Beleuchtung. Während seiner aktivsten Zeit als Industrieller saß Walther Rathenau in sechzig Unternehmensvorständen. Seine philosophischen Schriften und besonders die politischen waren zutiefst umstritten. Rathenau war in seinen Büchern ein warmer Fürsprecher des Gildensozialismus vom Typ des Arbeitnehmerfondssozialismus, wie ihn Schweden aus Deutschland importiert hat. Walther Rathenau wollte die Reichtümer der Reichen auf eine Art bürgerliches Normalmaß reduzieren. Die Zeit und die Arbeit, die man darauf verwendet, die Rasenflächen in privaten Parks in perfekter Form zu halten, würden dem produktiven Ackerbau weggenommen, schrieb Rathenau, und die Energie und die Seemannschaft, die man dafür braucht, eine private Yacht in Gang zu halten, müssten als direkter Diebstahl von den Bedürfnissen der Handelsflotte betrachtet werden. Diese eigentümliche und zutiefst unliberale Sicht auf Eigentum, eine bemerkenswerte Mischung aus extremem Kommunismus und gewöhnlicher Gier, wäre vielleicht noch akzeptabel gewesen, wäre sie nicht von einer palastartigen Villa in Grunewald mit Marmortreppen, eichengetäfelter Bibliothek und schön bemalten Türstürzen ausgegangen. Das Haus steht noch. Rathenau machte sich mit solchen Ideen natürlich Gegner bei der damaligen Großfinanz. Und der ihm feindselig gesinnte Industrielle Hugo Stinnes konnte Walther Rathenau leicht als Heuchler und Zyniker darstellen.

Dieses Bild ist nicht ganz unwahr. Es gibt durchaus unangenehme Seiten bei Walther Rathenau, die von einer eigentümlichen Gefühlskälte zeugen. Während seiner Zeit bei der Versorgungskommission in den Jahren des Ersten Weltkriegs schreibt er an Ludendorff und verlangt, dass etwa hunderttausend belgische Fabrikarbeiter zur deutschen Industrie zwangsüberstellt werden sollen. Er benutzt nicht das Wort »Sklavenarbeiter«, aber genau darum handelt es sich. Und das ist doch ein etwas überraschendes Faktum für einen Politiker und Denker, der Bücher über das Primat des Geistes über die Materie schreibt und über das Bedürfnis, die Seelen von der seelentötenden mechanischen Arbeit am Fließband zu befreien.

Die Wahrheit ist, dass die Denker selten leben wie sie lehren. Jefferson hielt sich Sklaven.

Man kann vielleicht sagen, dass Walther Rathenau unsympathisch war, aber seine Feinde waren noch unsympathischer.

Was vermutlich an diesem Sommervormittag 1922 der auslösende Faktor für den Mord an der Ecke Erdener Straße wurde, hatte aber vielleicht gar nichts damit zu tun. Die enormen Reparationsforderungen des Friedens von Versailles waren, als Rathenau gegen den Rat aller Freunde den Außenministerposten annahm, vollkommen unrealistisch. Es war ganz einfach nicht möglich, die Zeiten für die gewaltigen Lieferungen von Gold und Rohstoffen einzuhalten, die gefordert wurden. Der Weg zur Masseninflation tat sich auf.

Es gab eine Front der Verweigerer, mit starker Unterstützung des Volkes, und es gab Politiker wie Rathenau, die den einzigen Ausweg in einer Art Bereitwilligkeitspolitik sahen. In einer Reihe von dramatischen Begegnungen, in Wiesbaden, Genua, Rapallo, versuchte Rathenau Zeit zu gewinnen und vor allem zu erreichen, dass Nachkriegsdeutschland ein Verhandlungspartner wurde, nicht ein Gefangener, dem man Handschellen anlegen und in schweren Fällen immer mit der Besetzung des Ruhrgebiets und des Rheinlands drohen konnte.

Rathenaus Politik war vermutlich die intelligenteste, die man in dieser Situation aufbieten konnte, aber seine Gegner im Ausland, Lloyd George und Clemenceau, hatten ein deutliches innenpolitisches Interesse daran, eine gewisse Kriegsstimmung aufrechtzuerhalten (wie die Republikaner jetzt in den USA). Und Rathenaus Feinde, die in Deutschland während vieler Jahre sorgfältig ihr Netz geknüpft hatten, konnten ihn jetzt endgültig zum jüdischen Verräter abstempeln, der Deutschlands letzte Ressourcen verkaufte.

Der Weg zur Erdener Straße stand offen.

Erinnerung an eine Wolke

Der 4. Juli 1953.

Ich erinnere mich sehr gut an diese Wolke. Den ganzen Vormittag lang war es heiß, sehr heiß, diese stechende Hitze, die ich gewöhnlich mit Gewittern verbinde. Und dann, irgendwann gegen drei, war die Wolke da, riesig, über dem westlichen Waldrand des Sees Norra Nadden aufgetürmt, tiefblau und mächtiger als andere Wolken. Am 12. Juli 2003 ruft mich ein Herr an. Es ist kurz nach dem fünfzigjährigen Jahrestag der Wolke. Er heißt Björn Bark und ist jetzt der lokale Niederschlagsbeobachter in Skultuna, Västmanland. Seine Verwandtschaft, die aus Ramnäs stammt, kenne ich. Ein Bark baute in den dreißiger Jahren den ersten Kahn meines Vaters, und der war ganz hervorragend und hielt über zwanzig Jahre. Es ist eine alte Familie aus Ramnäs. Bark ist natürlich ein Soldatenname. Bark will mit mir über eine Wolke reden, die am 4. Juli 1953 gegen Mittag von Nordwest über den See Norra Nadden hereinzog.

Vor fünfzig Jahren und neun Tagen. Wer behauptet, Wolken hätten keine Geschichte, weiß nicht, wovon er spricht. Björn Bark, ein Herr in den Sechzigern, der mich an diesem Sommertag anruft, spricht eigentlich für einen Halbwüchsigen, den es einmal gab. Ein erschreckter Halbwüchsiger wie ich selbst, der an diesem Tag im Jahr 1953 das seltsame Wetterphänomen beobachtete, das sich am Nachmittag des 4. Juli ereignete. Tatsächlich befand er sich nur ein paar Kilometer von der Stelle entfernt, an der ich selbst das Unwetter beobachtete, bei Brattheden, mit einer erschreckenden apokalyptischen Aussicht über den See, auf dem der Riesenhagel Zweimeterkaskaden hochwarf, wie Vorschlaghämmer auf die Dächer donnerte und entlang dem steinigen Ostufer des Nadden einen Rand von toten Fischen hinterließ, getötet, glaubt Herr Bark, durch den enormen Wasserdruck, den das Bombardement der Hagelkörner verursacht haben muss. Ich selbst glaube: durch die schnelle Temperaturveränderung, wenn Hochsommerwasser von fast zwanzig Grad innerhalb weniger Minuten mit Eis aufgefüllt wird. Das ist jedenfalls meine Theorie. Andere mögen ihre eigene haben.

Ein paar Eisenbahnwaggons voll Eis. Hartes, bläuliches Eis, gelagert in etwas, das fast Jahresringen gleicht, blaues, reines Eis aus den höchsten Luftschichten. Ich habe einige der Körner in der Hand gehalten. Der Grund für Björn Barks Anruf ist, dass der Forscher Haldo Vedin am SMHI in Norrköping gern ein unabhängiges Zeugnis hinsichtlich einer Behauptung von Herrn Bark haben will, die den Forschern schwerfällt zu glauben; einige der Hagelkörner wogen 600 Gramm. Schon mit 200 Gramm wäre es ein Rekord; der Hagelschlag über Brattheden ist der größte, der in unserem Land beobachtet wurde. Aber 600 Gramm? Ich erinnere mich, dass sie größer als Hühnereier waren. Aber warum haben wir sie nicht auf die Haushaltswaage gelegt? Ich weiß es nicht mehr. Ich weiß nur, dass sie erschreckend groß waren, dass sie das Gummidach von Papas Ford Anglia durchschlugen und Beulen im Blech hinterließen. Charakteristische Beulen, die ich sonst nur an alten Autos in Texas gesehen habe. Das Seltsame ist, dass anscheinend kein einziger Mensch zu Schaden kam. Hingegen einige Kühe auf der Weide und natürlich jedes Gewächshaus in der Gegend. Die eigenartige metaphysische Stimmung, die ein solches extremes Erlebnis weckt, ist schwer wiederzugeben. Es ist so, als ob die gewohnte, wohlbekannte Natur sich plötzlich als totaler Fremdling erweist, und als sei unser ganzes Vertrauen zu ihr nichts anderes als unsere eigene Einbildung. Und so ist es ja. Die Menschen in Dresden müssen im Sommer 2002 etwas Ähnliches empfunden haben. Der Sommerhimmel ist blau, nur weil es dahinter eine tiefe, undurchdringliche Dunkelheit gibt. Der Planet hat seine Geheimnisse.

Im Jahr 1939 war es ein Bark, der unten am Hüttenwerk Einars Kahn baute. Er war grün und rot, seetüchtig und schnell mit einer guten Wasserlage, die ihn bei stillem Wetter sonderbar schnell dahingleiten ließ. Es dauerte über siebzehn Jahre, bis Einar ihn in einem Anfall von Schwermut idiotischerweise zu Kleinholz machte.

Bark baute ihn für einen ziemlich guten Preis. Damals achtzig Kronen. Es war zu einer Zeit, als die schwedische Krone noch einen Wert hatte und die Abendzeitung fünfunddreißig Öre kostete. An Werktagen.

Und als der Kahn gestrichen und fertig war und Einar seine achtzig Kronen aus einer großen Lederbrieftasche bezahlt hatte, die er in der Gesäßtasche trug, setzte er sich zum ersten Mal auf die Bank und ruderte ihn, immer zufriedener mit seinem Boot, den ganzen Weg durch den Kolbäcksån und über den Norra Nadden.

Aber das Unwetter am 4. Juli?

Es begann als ein sehr schöner Tag. Daran erinnere ich mich. In diesem bleichen, trüben Oktoberlicht, in dem ich gerade sitze, ist es schwer, sich so etwas vorzustellen. Kein gewöhnlicher warmer Tag. So ein ganz spezieller Tag, an dem es morgens keine Brise gibt. Kein Grashalm bewegt sich. Die ganze Welt liegt still und wartet. Darauf, dass etwas Besonderes geschieht.

Die Espen, ja, sogar die Espen stehen ganz still. Ihre Blätter (mit dem schmalen Schaft, gleichsam seitlich zusammengedrückt). Etwas, das sie sonst nicht einmal nachts tun.

Diese Stille am Anfang sehr warmer Tage habe ich fast nie verkannt.

Die Sonne leuchtete immer heißer von einem ganz wolkenlosen Himmel. Sie wollte etwas. Es war nicht leicht zu wissen, was. Die Eltern waren zum Einkaufen nach Surahammar gefahren. Es galt dort als billiger als im Laden des Hüttenwerks von Ramnäs. Sie kommen mit seltsam leeren Händen zurück. Haben sich nicht recht darauf besinnen können, was sie wollten oder was sie brauchten. Eine einsame Möwe flog über den See.

Und plötzlich, mittags um eins, stand die Wolke da.

Einige Wolken haben eine Geschichte. Das Metereologisch-Hydrologische Institut gibt seit 1881 eine ausgezeichnete wissenschaftliche Zeitschrift heraus, die nicht ganz überraschend *Wetter und Wasser* heißt. Die Nummer 6, Juli 2003, enthält einen interessanten kleinen Artikel über das fünfzigste Jubiläum der Wolke über Brattheden. Oder jedenfalls über das extreme Regengebiet, das zwei Tage lang über Mittelschweden hinzog und an einigen Stellen bis zu 120 mm Regen ergab, die Himlaspelbühne in Rättvik demolierte (am Tag vor einem Auftritt von Jussi Björling) und ein paar Waggonladungen reinen Eises im Norra Nadden deponierte.

»Über dem nördlichen Götaland bildete sich am 4. Juli ein kleineres Tiefdruckgebiet, das sich langsam nach Ostnordost über das südliche Svealand bewegte. Die Luftmasse war dort sehr labil, weshalb es zahlreiche und heftige Gewitter gab. Allmählich bildete sich eine zusammenhängendere Regenfront nördlich des Tiefdruckgebiets.« Soweit der wissenschaftliche Aufsatz von Schwedens Metereoloisch-Hydrologischem Institut, ein halbes Jahrhundert später veröffentlicht.

Ja freilich, aber warum diese unerhörte Energieentwicklung, warum dieser Hagel, der von extremen Aufwärtsströmungen immer wieder in die eisbildenden Höhen gehoben wird, so dass sich das Eis Schicht um Schicht anlagert? Warum entwickeln sich nicht alle Regenfronten so? Warum sind manche Lieben anders als andere?

August Strindberg, der August des *Blauen Buchs*, hätte sicher geistige und dämonische Kräfte hinter einem Unwetter wie diesem vermutet. Das tue ich nicht. Das Gewitter hatte es nicht auf mich abgesehen. Auch nicht auf Herrn Bark. Es hatte es auf gar nichts abgesehen.

Vor ein paar Jahren, 1987, schrieb Vedin mich an, weil er wusste, dass ich die Wolke und ihr Wüten beobachtet hatte. Es ging um diese 600-Gramm-Hagelkörner, die uns in die tropische Wettbewerbsklasse geführt hätten, den enormen, zerstörerischen Hagelschlag auf dem Flugplatz von Dallas-Fort Worth vor ein paar Jahren.

In meiner Antwort sprach ich, etwas frivol vielleicht, davon, dass etwas Exklusives und angenehm Nutzloses darin liegt, sich für längst vergangene Unwetter zu interessieren. Darauf antwortet Dr. Vedin im Jahr 2003: Aber ich kann Ihnen versichern, dass es sehr gute Gründe für dieses Interesse gibt. Indem wir das Vergangene studieren, können wir etwas über das Kommende lernen, und die Gesellschaft fragt mit immer größerem Interesse nach der Gefahr von extremen Wetterereignissen. Denn eines ist sicher: Ist etwas einmal eingetroffen, dann wird es früher oder später wieder eintreffen.

Farbe und Farbenlehre

Es gibt Philosophen des eher introvertierten Schlags, die sich einreden, »Farbe ist eine Eigenschaft von Oberflächen«. Wenn ich einigen Interessierten demonstrieren will, wie zutiefst einfältig eine solche Behauptung ist, pflege ich sie dazu aufzufordern, eines von Goethes Schattenfarbenexperimenten aus der *Farbenlehre* zu machen:

Man setze bei der Dämmerung auf ein weißes Papier eine niedrig brennende Kerze; zwischen sie und das abnehmende Tageslicht stelle man einen Bleistift aufrecht, so daß der Schatten, welchen die Kerze wirft, von dem schwachen Tageslicht erhellt, aber nicht aufgehoben werden kann, und der Schatten wird von dem schönsten Blau erscheinen. Daß dieser Schatten blau sei, bemerkt man alsobald; aber man überzeugt sich nur durch Aufmerksamkeit, daß das weiße Papier als eine rötlich gelbe Fläche wirkt, durch welchen Schein jene blaue Farbe im Auge gefordert wird.

Es ist ja klar, was Goethe mit großem Enthusiasmus erkannte, dass Newtons sonst so vortreffliche *Optik* nicht die Ressourcen hat (und sie auch nicht zu haben behauptet), sich um

Schattenfarben zu kümmern. Sie entstehen in einem subtilen Zusammenspiel (oder was Platon *homilía* genannt hätte) zwischen Außenwelt, Auge, Herz, Hirn. Was ist es denn, kann man sich fragen, was in diesem Experiment grün ist? Eine Oberfläche? Wohl kaum. Ein Schatten? Aber gehört ein Schatten zu dem, was grün sein kann? Ein Schatten hat doch nur eine Art negative Existenz. Er ist eher der Mangel von etwas, als dass er selbst etwas ist.

Was Goethe hier unter Beweis stellt, ist seine bewundernswerte Fähigkeit, die Welt untheoretisch zu sehen, so wie sie sich ausnimmt, bevor wir eine Menge Erklärungen und Theorien erfunden haben, die uns auf bestimmte Begriffe festlegen. Und außerdem hat die Schattenfarbe Anlass zu einem der schönsten Abschnitte in der ganzen deutschen Literatur gegeben. Er handelt von einem Farberlebnis an einem Winternachmittag oben auf dem Röcken:

Als aber die Sonne sich endlich ihrem Niedergang näherte, und ihr durch die stärkeren Dünste höchst gemäßigter Strahl die ganze mich umgebende Welt mit der schönsten Purpurfarbe überzog, da verwandelte sich die Schattenfarbe in ein Grün, das nach seiner Klarheit einem Meergrün, nach seiner Schönheit einem Smaragdgrün verglichen werden konnte. Die Erscheinung ward immer lebhafter, man glaubte sich in einer Feenwelt zu befinden, denn alles hatte sich in die zwei lebhaften und so schön übereinstimmenden Farben gekleidet, bis endlich mit dem Sonnenuntergang die Prachterscheinung sich in eine graue Dämmerung, und nach und nach in eine mond- und sternhelle Nacht verlor.

Goethes äußerst kritische Worte in der *Farbenlehre* (1810) über den ungefähr hundert Jahre älteren Kollegen Isaac Newton und seine *Optik* (1730) sind dagegen ungerecht.

Goethe hat eine Reihe von Einwänden: Isaac Newtons Konzentration auf die Camera-obscura-Situation, in der das Licht auf einen abstrakten Strahl reduziert wird, indem es gezwungen wird, einen schmalen Spalt zu passieren, ist Gewalt gegen die Natur. Das göttliche Licht wird zu einer Art Christus, den Newton kreuzigt. Wahre Naturbetrachtung darf die Natur nicht stören, sagt Goethe und richtet sein Prisma zum Fenster hinaus, statt es auf einem zuvor bestimmten Weg des Lichtstrahls zu plazieren. Man fragt sich, was er über *Supercolliders* und ähnliche gewaltsame physikalische Instrumente zu sagen gehabt hätte.

Newton zeigt, dass weißes Licht potentiell Licht von allen Spektralfarben enthält. Das entscheidende Experiment funktioniert so, dass ein Lichtstrahl, isoliert durch einen Schlitz, ein Prisma passieren muss, normalerweise aus Glas, wobei die verschiedenen Wellenlängen nach dem Brechungsindex in verschiedene Farben zerlegt werden. Man führt dann *einen* dieser farbigen Lichtstrahlen durch ein neues Prisma. Er ändert jetzt *nicht* wieder die Farbe, und genau das ist der Beweis. Es ist ein höchst elegantes Beispiel für die experimentelle Unterstützung einer Theorie.

Goethe – andererseits – lädt uns dazu ein, das schöne Experiment mit den Schattenfarben zu machen, und zeigt damit, dass Farbe auf ganze andere Art entstehen kann als durch die Lichtbrechung. Das ist auch ein wichtiger Versuch, aber er widerspricht tatsächlich keiner von Newtons Behauptungen.

Genau genommen handelt Newtons *Optik* nicht von Farbe, sondern von Licht. Chromatologie ist eine andere Wissenschaft, zu deren Gründung Goethe beitrug. Newton bemerkt in einer Definition (Buch I, Teil II), dass Lichtstrahlen nicht gefärbt sind. Sie haben hingegen die Fähigkeit, auf verschiede Arten in unserem Auge Farbwahrnehmungen hervorzurufen, und das tun sie auf eine gesetzmäßige Weise. Das Licht ist in der Welt, die Farbe entsteht in dem, was er unser *Sensorium* nennt.

Das Bemerkenswerte an Newtons *Optik* ist, dass er oft wie ein Pythagoreer argumentiert. Wenn er zum Beispiel in Buch I, Teil II die Proportionen zwischen dem Brechungsindex der verschiedenen Farben durch Glas diskutiert, findet er, dass er etwas vor sich hat, das einer musikalischen Skala gleicht: Sie sind angeordnet wie die Zahlen $1, \frac{8}{9}, \frac{5}{6}, \frac{3}{4}, \frac{2}{3}, \frac{3}{5}, \frac{9}{16}, \frac{1}{2}$ und repräsentieren, sagt er, »die Saitenlänge des Grundtons, der Secunde, kleinen Terz, Quart, Quinte, großen Sexte, Septime und Octave des Grundtons« …

In den Händen des großen Systembauers beginnt das Licht auf seiner wahrhaft chromatischen Skala zu spielen, denn in Isaac Newtons Welt herrschen äußerste Ordnung und Harmonie.

Aus irgendeinem Grund, vielleicht weil ich es gewohnt bin, allzu keusch zu lesen, brauchte ich die Hilfe des großen Platonübersetzers Paul Woodruff an der University of Texas, um zu erkennen, dass die Begegnung zwischen Licht und Auge, wie im Dialog *Theaitetos* beschrieben, tatsächlich eine sexuelle Begegnung ist, ein Liebesakt (156 D).

Es ist ja so, dass die alten Griechen Schwierigkeiten hatten, sich zu einigen, welches das aktive und welches das passive Element beim Sehen ist, das Auge oder das Licht.

Bei einem Teil der Philosophen dominiert eine sogenannte Extramissionstheorie, das heißt, das Auge sendet eine Art Energiestrahl aus, der das Bild einfängt und es zu uns zurückführt. Deshalb kann der Blick der Medusa töten und erstarren lassen, und in der modernen Alltagssprache »werfen« wir kritische Blicke aufeinander. Bei Epikur sind es dagegen die Atome, die uns Bilder schicken, fast wie eine dicke Suppe aus Berührungen und Abbildern. Sowohl die Extramissions- wie die Intramissionstheorien haben ihre Probleme: Wie können die Bilder einander passieren, und wie können verschiedene Personen gleichzeitig ungefähr dieselbe Sache sehen?

Platons Art, mit dem Problem umzugehen, ist als so etwas wie ein Kompromiss beschrieben worden. Licht und Auge begegnen einander, und aus der Heftigkeit der erotischen Begegnung entsteht das Bild:

... dann wird, indem beide sich bewegen, nämlich das Sehen auf seiten der Augen, die Röte aber auf seiten des die Farbe miterzeugenden Gegenstandes, auf der einen Seite das Auge erfüllt mit der Gesichtswahrnehmung und sieht alsdann und ist geworden nicht eine Gesichtswahrnehmung, sondern ein sehendes Auge ...

Ebenso ist nun alles Übrige [...] auf dieselbe Art zu verstehen, daß es nämlich an und für sich nichts ist, wie wir auch vorher sagten, sondern daß in dem einander Begegnen alles allerlei wird vermöge der Bewegung.

Das lustige Wort »*homilía*« (ὁμιλία), das ich mit »Umgang« übersetzt habe, kann durchaus auch durch »*Liebesakt*« ersetzt werden. Das Verb ist »*homileo*« (ὁμιλέω), und das *Griechische Schulwörterbuch* des vortrefflichen Menge-Güthling bietet, mit der passenden Finesse für Halbwüchsige, die Variante: »insbesondere: *fleischlichen Umgang mit jemand haben*«.

Da *mein Buch dafür bestimmt ist, in jeder gebildeten Familie vorhanden zu sein und auch von den Jungen gelesen zu werden*, beenden wir hier unseren Diskurs. Es kommt nämlich später im Dialog noch schlimmer. Und zugleich hat der

Philosoph einen wichtigen Schritt auf eine moderne Theorie des Sehens hin getan; er hat verstanden, dass es sich um eine Interaktion handelt.

Feminismus

Als wir in den sechziger Jahren in Uppsala Ästhetik studierten, gehörte es zur Pflichtlektüre, Yrjö Hirns *Das ästhetische Leben* zu lesen. Er schreibt unter anderem bezüglich der »Kategorie des Humors«, dass die Frau aufgrund ihrer hohen Berufung (als Ehefrau und vor allem Mutter) keinen Humor habe und nicht haben könne. (Man fragt sich, wie das wohl bei seiner Frau war, falls er eine hatte …) Aber es machte einen großen Eindruck auf mich; das Bewusstsein davon, dass da etwas falsch war, unheimlich falsch, begann immer stärker in mir Fuß zu fassen. Denn entweder war ich keine Frau, oder der ehrenwerte alte finnlandschwedische Professor für Ästhetik schwafelte ganz einfach drauflos. Dass mein eigener Vater ganz selbstverständlich den Führerschein der Brüder bezahlte, aber der Ansicht war, Frauen am Lenkrad seien lebensgefährlich (mit der Zeit nahm er diesen Ausspruch zurück, schämte sich dessen sogar), was dazu führte, dass ich erst ziemlich spät den Führerschein machte, selbstverständlich auf eigene Kosten – ist ein weiteres Beispiel für Tausende von selbsterlebten Ungerechtigkeiten, viele grob, andere mehr oder weniger subtil. Ich möchte den Leser nicht mit noch mehr Beispielen ermüden – doch, eins noch: Als ich mein erstes Kind bekommen hatte und mit dem Stillen kämpfte, ich wollte wirklich stillen, gab aber nach drei Monaten auf, sagte der Kinderarzt: »Ist es, weil man einen M. A. hat, dass man nicht stillt?« Seine eigene vortreffliche Frau hatte »heimlich« ihre Kinder bis zum Alter von einem Jahr gestillt, und sie hatte eben keinen M. A.

Kein Wunder, dass man Feministin wird, das heißt, »eine Anschauung« vertritt, »die eine Bewegung unterstützt, welche für die volle (ökonomische, soziale und politische) Gleichstellung mit dem Mann arbeitet«. Ist der Inhalt dieser Definition des Begriffs Feminismus etwa besonders aufregend? Es sind doch nur wenige, die eigentlich etwas dagegen haben können, dass man versucht, auf der Gleichberechtigung der Frauen mit dem Mann zu bestehen und dafür zu arbeiten.

Trotzdem scheint das Wort »Feminismus« immer noch viele zu ärgern, die meinen, dass sie absolut keine Feministinnen sind – und glauben, dass sie mit dieser Feststellung irgendwelche Punkte sammeln könnten, nämlich bei den Männern. Sie sind nämlich richtige Frauen.

Ein mir nahestehender Mann definiert sich als Amateurfeminist – »richtige« Feministen könnten eigentlich nur Frauen sein, meint er. Während ein anderer Mann in meinem Umkreis zugibt, dass er sich auf eine diffuse Weise angeklagt fühlt, wenn er das Wort Feminist hört – er hat das Gefühl, als wäre er an irgendetwas schuld. Und vielleicht ist es so. Männer müssen natürlich auf ein paar »selbstverständliche« Privilegien verzichten, müssen dazu gebracht werden, etwas abzugeben. Allzu viele Männer sind frustriert oder fühlen sich bedroht, wenn der Feminismus zur Sprache kommt – sie meinen, dass es wirklich keine Diskriminierung von Frauen mehr gibt, jedenfalls nicht in Schweden und bestimmt nicht von ihnen. »Ich habe niemals Frauen unterdrückt«, heißt es. »Habe so etwas nie bemerkt. Ich selbst habe immer auf Frauen gehört. Frauen, die behaupten, unterdrückt zu sein, haben übrigens keinen Humor.« Eigenartsfeministen, Gleichheitsfeministen, liberale Feministen, lesbische Feministen, Radikalfeministen, biologische Feministen, marxistische Feministen, Anarchofeministen, Ökofeministen – die Vielfalt der Ausrichtungen deutet darauf hin, dass es eine Desperation gibt, nichts scheint sich zu bewegen, oder es bewegt sich zu langsam. Es klingt so gut, dass Männer und Frauen zusammen die Ungerechtigkeiten zwischen den Geschlechtern beseitigen sollen. Natürlich wäre es das Beste. Aber es klappt offenbar nicht richtig.

Die Theoretiker sprechen jetzt von der dritten Welle des Feminismus. Es ist nicht so leicht zu bestimmen, worin er besteht, wie bei den früheren, dem Feminismus von Simone de Beauvoir und dem Feminismus von Kate Millet. Darüber, wie genau die dritte Welle definiert werden soll, herrscht keine Einigkeit. Nach den selbstverständlichen Forderungen nach sozialer Gerechtigkeit kommen neue, nicht immer miteinander vereinbare Vorstellungen. Es ist selbstverständlich, dass die Frauen, etwas weniger als die Hälfte jeder normalen Bevölkerung, ein mächtiger potentieller Verbündeter sind, wenn man sie für das eigene Programm gewinnen kann, zum Beispiel einen längst verbrauchten revolutionären Sozialismus.

Da ist es natürlich verlockend – aber wenig rational –, Bürgerkriege in Afrika und Klassenunterschiede in einer globalisierten Ökonomie durch Männerdominanz zu erklären. Linksorientierte politische Philosophen – wie Nancy Fraser in *Widerspenstige Praktiken: Macht, Diskurs, Geschlecht* – scheinen so zu argumentieren, als sei die Frauenbewegung fast eine Form der marxistischen Revolution.

Interessanter sind die modernen Richtungen des Feminismus, welche die Rolle der weiblichen Perspektive innerhalb der Wissenschaften studieren wollen, nicht nur in den Gesellschaftswissenschaften, sondern auch in Physik und Biologie. Es ist ein interessantes Faktum, dass zwischen 1970 und 2004 der Anteil der weiblichen Doktoranden in naturwissenschaftlichen Fächern in den USA von 7 auf 46 Prozent angestiegen ist. Wie Evelyn Fox Keller belegt (*Journal of Biosciences*, Jg. 29, Nr. 1, März 2004), hat die weibliche Perspektive zu neuen Entdeckungen auf Gebieten wie Genetik und Ökologie geführt. Das gilt beispielsweise für die unterschätzte aktive Rolle der Mutter bei der genetischen Auswahl und eine lange beibehaltene Auffassung vom Zellkern als einer »maskulinen« Formation, einer Art Fortsetzung der Spermie, die ihrerseits zu einer Unterschätzung der Funktionen der Zellperipherie geführt hat.

Ob es auch eine Veränderung durch die weibliche Perspektive auf die physikalischen Prozesse und Gesetze gibt, wäre eine interessante Frage, die hier offenbleiben muss. Immerhin hat die feministische Revolution innerhalb der Biologie offenbar dazu geführt, dass wir die Natur teilweise mit neuen Augen sehen können. Dabei sollte man allzu weitgehende Schlussfolgerungen zwischen Tierischem und Menschlichem allerdings vermeiden. Das Weibchen der gelben Dungfliege hat beispielsweise eine große Anzahl an Samenbeuteln, in denen sie Spermien von verschiedenen männlichen Partnern verwahrt, und sie lässt unterschiedliche Sorten durch, je nachdem, in welcher Umgebung und unter welchen Temperaturen sie ihre Eier legen will. Was können wir daraus lernen? Dass es Arten gibt, die eine viel größere reproduktive Freiheit haben, als der Mensch sich je erhoffen kann?

Ich habe mich immer gefragt, warum so viele Männer – nicht nur in der allerältesten oder etwas älteren Generation – sich oft derart verschließen, wenn das Thema zur Sprache kommt, warum sie nicht einfach neugierig sind auf die Erfahrungen der Frauen mit Diskriminierung, ja, Unterdrückung. Es würde sie tatsächlich bereichern, sich Erlebnisse »von der anderen Seite« anzuhören. Denn natürlich gibt es eine deutliche Machtordnung der Geschlechter, o tristes Wort, aber es gibt kein besseres. Diese Machtordnung hat nichts zu tun mit der »Gleicher-Lohn-für-gleiche-Arbeit-Problematik« (die ja selbstverständlich ist), vielmehr kann die Unterdrückung viel subtiler sein, so subtil, dass sie nur von jemandem bemerkt wird, der ihr ausgesetzt ist.

Und was soll man nun tun? Gesetzgebung, Gleichberechtigungspläne, ja, das haben wir, aber auch Männern muss diese alltägliche Machtordnung bewusst gemacht werden. Junge Männer haben heute im allgemeinen eine vernünftige Sicht auf die Gleichberechtigung, zumindest in der Theorie. Das gilt jedenfalls für das Klassenzimmer in dem Gymnasium, in dem ich unterrichte. Ein kleines Beispiel: Als wir Strindbergs heftig frauendiskriminierendes Vorwort im zweiten Band der Ehegeschichten lasen, waren auch die Jungen empört, und einer davon sagte: »Wenn man vor hundert Jahren tatsächlich so dachte, dann verstehe ich, wie man Feminist werden kann.« Nach einer kurzen Pause fügte er hinzu: »Ich bin wohl einer.« Niemand widersprach ihm, und seine Lehrerin fühlte Hoffnung aufkeimen.

Fermi, Enrico

Enrico Fermi liegt in der Kirche Santa Croce in Florenz begraben. Während Machiavellis und Rossinis Gräber in derselben Kirche beinahe Theaterbühnen gleichen, wo der Marmor in mächtigen Falten fällt und Cherubim und Putten über den Toten dahinsegeln, kann man Fermis Grab leicht übersehen, eine rote Sandsteinplatte gleich links vom Haupteingang. »Er befreite die Kräfte der Natur«, steht auf dem Stein. Was wohl eine gute Charakterisierung ist. Der Mann hinter der ersten kontrollierten Kernreaktion, die am 2. Dezember 1942 in Chicago stattfand, war nicht nur ein Experimentalforscher von welthistorischem Format, sondern auch ein großer Theoretiker. Die ganze subtile Handhabung von Antipartikeln und den Freiheitsgraden der Antipartikel hat sozusagen ihren Ursprung in Rom.

Was für phantastische Jahre müssen das gewesen sein zwischen 1927 und 1938, als Fermi Professor in Rom war! Was für ein Gefühl, dass die Natur sich öffnete und dass es auf alle Rätsel eine Antwort geben muss! Und was für eine Einfalt der intellektuell primitiven Faschisten, diese blühende italienische Naturwissenschaft in die USA zu vertreiben!

Der Kreis von Fermis Schülern war wirklich glänzend und durchaus faszinierend. Der Bemerkenswerteste unter seinen Schülern war vielleicht der seltsame Ettore Majorana. Er wurde nur zweiunddreißig Jahre alt und verschwand unter mysteriösen Umständen im Jahr 1938 von einem Schiff vor Neapel. Majorana, der sich unter anderem für die noch ungelösten Fragen der Anwendung der Relativitätstheorie auf Elementarteilchen interessierte, war ein Mann von dem Schlage, der an der Arbeit für die erste nukleare Bombe teilgenommen haben könnte, wenn er länger gelebt hätte. Er hatte nicht nur bei Enrico Fermi studiert, sondern auch bei Heisenberg und Niels Bohr.

War es Selbstmord, Mord oder nur ein Unglücksfall in jener Nacht, in der Majorana sein nasses Grab fand? Darüber hat der sizilianische Autor Leonardo Sciascia einen sehr spannenden kleinen Spionageroman geschrieben, *Das Verschwinden des Ettore Majorana.*

Am 13. April 2002 starb in Kalifornien Oreste Piccioni. Er muss wohl der letzte Lebende von Enrico Fermis Doktoranden gewesen sein. Er promovierte 1938 in Rom. Während der ersten Kriegsjahre führte er in Rom im Keller des Gymnasiums, in dem er noch unterrichten durfte, fortgeschrittene Experimente durch. Mit Vakuumröhren, die er selbst herstellen musste. Er emigrierte 1946.

Leider scheint Oreste Piccioni als ein verbitterter und enttäuschter alter Mann gestorben zu sein. Er behauptete, er selbst sei es gewesen, der im Jahr 1954 Emilio Segrè und Owen Chamberlain die technischen Ideen zum Gebrauch von starken Magnetfeldern geliefert hätte, die zur Entdeckung des Antiprotons führten. Diese beiden Forscher bekamen 1959 den Nobelpreis für das Antiproton, und 1972 erhob der offenbar sehr ideenreiche, aber verbitterte Piccioni vor Gericht Anklage gegen sie und forderte 250 000 Dollar vom Preisgeld. Plus eine Art Anerkennung seiner Bedeutung.

Das zeigt, dass man gewiss sehr intelligent sein und es einem trotzdem an Weisheit fehlen kann. Diese Art von verbitterten, paranoiden Alten, die sozusagen in letzter Minute versuchen, ein zusätzliches Gewicht in die Waagschale des Nachruhms zu werfen, trifft man gar nicht so selten an. Was sie zu zeigen vermögen, ist nur, dass es ihnen nicht gelungen ist, die grundsätzliche Absurdität der menschlichen Lage zu erkennen. Es gibt keinerlei Grund, sich um seinen Nachruhm zu kümmern; denn die Toten wissen nicht, dass es sie je gegeben hat.

Das ist eine der am häufigsten übersehenen Tatsachen des Lebens.

Flöten

Nun wollte Wilfried also wissen, was ich von Konrad halte.

Ich schob die CD in den Recorder. Es waren einmal zwei Jungen, die in der Klasse die Jüngsten waren und in Mathematik die Besten. Konrad, der Allerbeste, wurde Flötenspieler, Spezialist für Barockinstrumente und Professor auf diesem Gebiet. Dr. Wilfried Melder, der Zweitbeste, gründete später die GSF, die Gesellschaft für Strukturanalyse in Aachen, und entwickelte *Diadem*, eine geniale Software, das unter anderem für die Analyse der Prüfstandsdaten in den modernsten Autos von BMW und Mercedes sorgt.

Nun – ich legte also die CD ein, »ohne Furcht und Hoffnung«, und traute buchstäblich meinen Ohren nicht. Ich möchte behaupten, dass ich in meinem Leben ziemlich viel Flötenmusik gehört habe. Live und in Studioaufnahmen. Aber etwas Ähnliches noch nicht. Ich hatte keine Ahnung, dass so etwas möglich war.

Jeder Ton traf mitten ins Zentrum, ein Timbre von übernatürlicher Rundheit, etwas von Buchsbaum und etwas von angesengtem Holz, eine ungeheure Leichtigkeit in der Aktion, ein großes schwebendes Legato wie ein Adler über einer einsamen Klippe. Vollständige Reaktionsbereitschaft des Instruments, selbst in Lagen, die bei jeder Flöte schwierig sind, ungefähr von G an abwärts.

So etwas gelingt nur wenigen Flötisten auf der Welt. Und nur auf außergewöhnlichen Instrumenten.

Freilich: Die Flöte, die Konrad Hünteler benutzt, stammt von dem legendären Instrumentenbauer Jacob Denner aus Nürnberg (1681–1735). Von den vermutlich tausend Geigen, die Antonio Stradivari hat bauen können, haben sich ungefähr sechshundert in unsere Zeit gerettet. Von Denners Flöten waren lange nur drei erhaltene Exemplare bekannt, und alle drei befanden sich in Museen in Nürnberg beziehungsweise in Brüssel. Sie sind also viel wertvoller als Stradivaris Geigen.

Da schlafen die drei. Dass es so wenig Querflöten von der ursprünglich klappenlosen oder nahezu klappenlosen Art gibt, liegt daran, dass die Böhmflöte, als sie Anfang der 1830er Jahre auftauchte, eine solche Revolution bedeutete, dass man die alten Flöten ganz einfach als veraltet wegwarf. Wie Konrad Hünteler sagt, müssen sie zu Hunderten als Ofenholz verfeuert worden sein. Über die Kämpfe zwischen Böhm und seinem unglücklichen Mitbewerber Hauptmann Gordon aus Lausanne sollte ein Schweizer einmal einen Roman schreiben.

Im Spätherbst 1991 ereignet sich dann etwas Wunderbares.

Als ein altes Haus in der Nähe von Nürnberg abgerissen werden soll, entdeckt man auf dem Dachboden eine elegante, aber ziemlich verstaubte Lederschatulle. Man öffnet sie und findet eine komplette Buchsbaumflöte, nach Art des 18. Jahrhunderts in sechs Teile zerlegt, die alle Denners Namen und Signatur tragen, eingraviert in das dunkle, mit Säure behandelte Buchsbaumholz. Sie ruht auf einer Polsterung aus verblichenem Saffianleder, anscheinend ganz intakt und unbeschädigt.

Dieses Instrument hat vermutlich niemand gespielt, seit die Böhmflöte in den 1830er Jahren ihren Siegeszug antrat. (Später sollte man die Flöte auf etwa 1720 datieren.) Der Besitzer hat eine Tochter, die Klavier spielt und Interesse an der alten Flöte bekundet. Sie nimmt sie mit zu ihrem Klavierlehrer, der sagt, er verstünde zwar nichts von Flöten, aber wenn er den Fund bekannt machen dürfte, würde sich vielleicht ein Sachverständiger melden. Zwei Tage später ruft ein reicher Herr an und bietet dem Besitzer 15 000 Mark. Die Familie ist begeistert. Und verkauft die Flöte.

Konrad Hünteler gelingt es nun, das Land Nordrhein-Westfalen zum Kauf des Instruments für 350 000 Mark zu überreden und darüber hinaus, wie heutzutage nicht ungewöhnlich, das Recht zu bekommen, die wunderbare Flöte zu verwahren und darauf zu spielen. Ich vermute, mit einer guten Sachversicherung.

»Soft complaining flute« heißt es ja in Händels »Cäcilien-Ode«. Dahin führt uns dieses magische Instrument zurück, in eine Zeit, als das *Panische* des Flötenspiels noch wirksam war.

Jetzt ist sein langer Schlaf zu Ende. Dornröschen ist erwacht. Die Aufnahme heißt »Die Denner-Flöte. Georg Philipp Telemann. 12 Phantasien für Traversflöte. Musikproduktion Dabringhaus und Grimm«.

Ich schob also diese CD in den Recorder und fand, dass Wilfried gut ist, sehr gut, aber Konrad ist der Beste. Allerdings scheint mir, Konrad hat Wilfried irgendwie gebraucht. Glaubt mir: Diesen Streit kann ich nicht schlichten.

Florenz

Auffällig an italienischen Städten ist, dass sie fast alle eine starke Eigenart haben. Wie sehr unterscheiden sich nicht das glamouröse und zugleich ein wenig heruntergekommene Rom und das fleißige und steinreiche Mailand! Wenn man aus anderen Ländern kommt, wie den USA oder Schweden, wo es jeweils so aussehen kann, als gäbe es nur eine einzige Stadt, die Stadt als Ballungsraum, in unzähligen Varianten und Wiederholungen, aber mit denselben abgenutzten Markennamen an den Boutiquen und den Junkfoodrestaurants McDonald's und Pizza Hut, dann erscheint die Individualität der italienischen Städte ungeheuer erfrischend.

Florenz ist natürlich ein gutes Beispiel. Mit der vollendeten Architektur des Doms, des Campaniles und des Baptisteriums in grünem und weißem Marmor ist das Stadtzentrum so bemerkenswert, dass man gar nicht mehr das Gefühl hat, in Europa zu sein. Oder vielleicht in einem anderen Europa, einem, das hätte entstehen können und vielleicht den schönsten Orten Indiens geglichen hätte. Florenz ist eine Stadt, bei der man sich genau überlegen sollte, in welcher Jahreszeit man sie besuchen will. Im Juni und Juli ist die historische Altstadt derartig überfüllt mit Touristen, vor allem Japanern, dass die Schlangen vor dem Baptisterium oder der Galleria degli Uffizi um den Block herum reichen und man stundenlang anstehen muss. Die Eintrittskarte für das einzigartige Museum am Arno reserviert man im Sommer Monate im voraus, und wehe dem, der sich verspätet. Dieses Museum mit seinen vielfältigen Bildern von Leonardo da Vinci und so oft zitierten Gemälden wie Botticellis »Geburt der Venus« gehört zu denen, die jeder gebildete Mensch wenigstens einmal im Leben durchwandert haben sollte. Unglücklicherweise haben alle gebildeten Menschen aus den fünf Erdteilen das erkannt. Um an einem Sommertag die berühmten Bronzetüren des Baptisteriums ungestört sehen zu können, muss man schon um fünf oder sechs Uhr morgens kommen.

Die Uffizien waren vor einigen Jahren in eine sehr fesselnde Kunstdebatte verstrickt. Jahrzehnte-, wenn nicht jahrhundertelang waren die großen, ehrwürdigen Museen von einer ganzen Horde von Restaurateuren umgeben, ungefähr wie ein altes Pferd auf der Weide von Fliegen. Unter emsiger

Berufung darauf, dass die alten Meisterwerke vor dem unmittelbaren und endgültigem Verfall stehen, haben sie sich mit Terpentin und Feinpinseln über die Leinwände hergemacht und es geschafft, deren Farbskalen und Ikonographie dem Geschmack der eigenen Zeit anzupassen. Art Watch hat vor ein paar Jahren unter seinem bissigen Leiter des englischen Zweiges, Mike Daley, und mit Mitgliedern wie dem großen E. H. Gombrich erreicht, dass der Louvre auf die Restaurierung der Mona Lisa verzichtete.

Jetzt ist die Zeit für Leonardo da Vincis »Die Anbetung der Könige« gekommen, ein nicht ganz vollendetes Jugendwerk des alten toskanischen Meisters. Sogar die Direktorin des Museums, Dr. Anna Maria Petrioli Tofani, hat behauptet, der hölzerne Malgrund sei in einem solchen Zustand, dass das Gemälde »wiederhergestellt« werden müsse. Diesmal protestierte die gesamte qualifizierte Kunstwelt dagegen, dass man an einem unvollendeten da Vinci herumlaboriert. (Das wäre genauso vulgär, wie eine Fortsetzung von Schuberts »Unvollendeter« zu schreiben.) Und siehe da, die nach Bohnerwachs duftende alte Institution gab nach. Das Gemälde ist unverändert geblieben.

Es wäre jedoch ungerecht zu behaupten, wie die *New York Times* es tut, dass die Uffizien eine verstaubte Institution seien. Die große Ausstellung im Jahr 2001 über die Zentralperspektive und ihre Rolle in der Kunstgeschichte gehört zum Anregendsten, was der Verfasser dieser Zeilen in den letzten Jahren gesehen hat.

Wie kontrastierend leer an Touristen ist doch dasselbe Florenz an einem Wintertag, nehmen wir die erste Woche im Dezember. In die Uffizien kommt man mühelos hinein, in den Bars gibt es nur echte Florentiner, die ihren Strega und den

Nachmittagskaffee einnehmen. Und was man sehen will, das sieht man auch.

Der Kluge begreift natürlich, dass es viel mehr Interessantes gibt als das, womit der Massentourismus sich beschäftigt. Einen Dom wie Santa Croce zum Beispiel. Bemerkenswert nicht nur, weil er ein Altargemälde von Caravaggio enthält, sondern vor allem wegen seiner Gräber. Hier ruht Machiavelli, der einflussreiche Verfasser des *Fürsten*, unter einem stilvollen Grabmonument. Noch monumentaler ist Gioachino Rossinis Grab, ebenfalls auf der Südseite. Es sieht aus wie eine Opernbühne aus Marmor mit elegant drapiertem Vorhang.

Florenz in den Tagen vor Weihnachten bietet ein ansprechendes Bild christlicher Zivilisation. Festliche Dekorationen erleuchten die engen Straßen, durch die einst Petrarca und Dante gegangen sind. Schnee gibt es hier nicht, dafür aber mehrere bunte Weihnachtsmärkte, wo man fast alles kaufen kann.

Frau Professor Maria Cristina Lombardi, eine florentinische Schönheit, wie wir sie von den Botticelligemälden her kennen, Übersetzerin eines eindrucksvollen Bandes von Tranströmers Gedichten ins Italienische, behauptet gern, die Florentiner seien streitsüchtig wie zu Dantes Zeiten. Die hohen Verteidigungstürme, in denen sich die verschiedenen Familien während besonders konfliktreicher Episoden der Lokalpolitik samt Knechten und Dienern einschlossen, kommen nicht von ungefähr, sagt die Professorin, in den Bussen streiten die Einheimischen sich auch heute noch fürchterlich. Mir fällt es schwer, ihr zu glauben. Der normale Umgangston in Florenz erscheint äußerlich urban und zivil.

Und scherzhaft. Hier wie an anderen Orten gilt es, sich ein Stück weit von den Hauptzentren des Tourismus zu entfernen. Ein Tipp: Nach dem obligatorischen Spaziergang durch die Uffizien begibt man sich hinunter zum Arnokai und schlendert nach rechts, entlang dem immer seltsam schillernden Fluss (mal braun, mal silbern) hinauf zur Trattoria il Bambino, Corso 35. Erlesene Weine und vortreffliche Fische werden oft vom Chef persönlich serviert. Er sieht tatsächlich ein bisschen wie ein wohlwollendes Baby aus.

Ein ziemlich großes Baby allerdings, denn jahrzehntelang war er Bodyguard von verschiedenen kommunistischen Führern der Toskana. Das kann man sich in der deutlich von der Oberschicht geprägten Klientel seines Restaurants nicht vorstellen.

Flussneunauge

Dieser aalartige, aber in der Süßwasservariante viel schmalere Fisch ist eigentlich kein Fisch, sondern gehört zu den Wassergeschöpfen, die es lange vor den Fischen gegeben hat, nämlich die sogenannten Rundmäuler. Sie saugen sich an ihrer Beute, die ein Fisch oder ein totes Tier sein kann, mit einem kieferlosen Saugmaul fest. Sie sind die einzige Klasse einer im übrigen ausgestorbenen zoologischen Ordnung, und diese Familie, die 41 Arten umfasst, hat sich – das weiß man aufgrund von aufgefundenen Fossilien – seit 280 Millionen Jahren nicht verändert. Lamprete, französisch *lamproie*, englisch *lamprey*, Sauger, Steinsauger, sind verschiedene Namen für diesen leckeren Organismus, der also kein Fisch ist, und der auf der östlichen Seite der Ostsee am meisten geschätzt wurde. Doch kann man ihn periodisch auch in unseren wohlsortierten Fischhandlungen finden, beispielsweise bei Melanders in Östermalms Markthalle in Stockholm.

Der große Doktor Ch. Em. Hagdahl – wie er sich konsequent in seiner *Koch-Kunst* von 1879 nennt (dem Jahr, in dem Strindbergs *Das Rote Zimmer* erscheint) – beschreibt die Flussneunaugen, besonders die jungen, als eine besondere Delikatesse. Er weist darauf hin, dass das Skelett aus einer Art von Knorpeln besteht und dass das Tier also als Ganzes gegessen werden kann, ohne entgrätet zu werden.

»In Frankreich«, fügt der gelehrte Mann hinzu, »werden sie in kleine Steingefäße eingelegt, mit Butter bedeckt und weitumher versandt; bei uns werden die größeren durch Räuchern konserviert und am kalten Büfett oder als Horsd'œuvre verzehrt. Am besten ist der Fisch im Monat Dezember.«

Hagdahl bietet drei Zubereitungsarten an: marinieren und mit holländischer Soße servieren, dünsten oder mit Zwiebeln, Rotwein und Champignons kochen.

Außergewöhnlich und zitierenswert ist, was Hagdahl über die bekannten Flussneunaugenteiche der alten Römer zu berichten hat:

Es wird berichtet, die alten Römer hätten ihre Sklaven ins Wasser geworfen, um die Fische zu füttern. Kaiser Augustus ließ den Pollio davon unterrichten, er gedenke, ihm einen Besuch abzustatten. Ein Sklave zerschlug eine Kristallvase, und Pollio befahl sogleich, ihn den Flussneunaugen zum Fraß vorzuwerfen, doch der Sklave warf sich dem Kaiser zu Füßen und flehte um sein Leben. Augustus begnadigte ihn und ließ alle Kristallvasen seines Gastgebers zerschlagen und die Überreste in den Fischteich werfen. Wenn die Dankbarkeitsbezeigungen für sein Festmahl auch weder dem Pollio noch seinen Fischen behagten, hatten zumindest die Sklaven keinen Grund, mit dieser Übereinkunft unzufrieden zu sein.

Freud

Doktor Sigmund Freud war der Meinung, dass das sexuelle Verlangen oder die Libido die grundlegende Triebkraft für jede menschliche Handlung sei.

Am ersten Tag der Sommeroffensive im Ersten Weltkrieg starben 30 000 Engländer.

Wenn wir Freud beipflichten, müssen diese 30 000 Tapferen deshalb gestorben sein, weil etwas mit ihrer Libido oder mit der ihrer Feinde oder möglicherweise mit der Libido ihrer Führer nicht stimmte. Sie suchten Lust, aber offenbar an der falschen Stelle.

Wenn Freuds Erklärung überhaupt eine Erklärung sein soll, muss sie historische Phänomene wie dieses erklären können. Müssen wir erklären, dass wir Freuds Erklärungen für baren Unsinn halten?

Wenn Freud mit den Triebkräften des Menschen recht hätte, würde die Menschheit immer noch aus Sammlern und Vegetariern bestehen, auf ein paar wohltemperierte Täler in Afrika beschränkt.

Friedensprozesse

Jede Zeit hat ihre Wahnvorstellungen, ihre Lebenslügen. Und mit Lebenslügen ist das gemeint, was Henrik Ibsen so beschrieb: Lügen, die das Leben leichter machen.

Eine der eher grotesken modernen Wahnvorstellungen ist die von der Effektivität der sogenannten Friedensprozesse. Seit Ende der vierziger Jahre ist im Nahen Osten ein Friedensprozess im Gang, seit etwa einem Jahrzehnt einer im Sudan und mehrere auf dem Balkan. Afrika hat mehrere Friedensprozesse laufen, aber genug der Beispiele.

Wer unvorbereitet mit dem Wort »Friedensprozess« konfrontiert wird, stellt sich gern vor, dass wir es hier mit einem Prozess zu tun haben, der vom Krieg zum Frieden führt. Nach dieser nicht sehr raffinierten und ganz altmodischen Definition waren die Invasion in der Normandie und die Atombomben auf Hiroshima und Nagasaki Etappen in einem schmerzhaften Prozess, der zum Frieden führte. Zu einem sehr soliden, lang anhaltenden und unbestreitbaren Frieden. Niemand in den USA fürchtet einen erneuten japanischen Angriff auf Pearl Harbor. Und von Potsdam und Berlin erwartet kein vernünftiger Mensch mehr eine Bedrohung des Weltfriedens.

Diese erfolgreichen Friedensprozesse haben etwas gemeinsam. Sie waren militärische Entscheidungen, so endgültig, dass niemand sie je in Frage stellen konnte. Allerdings kostete es einiges, sie zustande zu bringen.

Die heutigen Friedensprozesse sehen bekanntlich ganz anders aus. Sie sind in Wirklichkeit Kriege oder – wie die Diplomaten es lieber nennen – »*low level warfare*«. Worin dieses niedrige Niveau besteht, kann man sich fragen, der Krieg zwischen dem Sklavenhändlerregime im nördlichen Sudan und der muslimischen Bevölkerung im Süden hat ungefähr eine Million Menschen das Leben gekostet. Man führt also Kriege verschiedener Art, während die internationalen Organisationen Seminarübungen anberaumen, unter Teilnahme der Repräsentanten der kriegführenden Parteien. Je länger diese Übungen andauern, umso mehr werden sie zur Institution. Und natürlich immer wirkungsloser. Zugleich entsteht eine neue Industrie: das internationale Friedenprozessieren mit all seinen Zulieferern. Hier öffnet sich für den

Geneigten eine interessante Karrieremöglichkeit: die des professionellen Friedensstifters.

Zu den Eigentümlichkeiten dieser neuen Branche gehört die praktisch hemmungslose Heuchelei, die sie gestattet. Arafat saß mit israelischen und amerikanischen Friedensprozesslern in Friedensgesprächen, während seine engsten Mitarbeiter in israelischen Städten verschiedene Mordaufträge ausführten. Und sein Gegner Scharon fuhr ganz unbekümmert fort, den Bau von Siedlungen auf der Westbank voranzutreiben, während er mit gefurchter Stirn die ungewisse Zukunft der Region diskutierte.

Vor einigen Jahren schwebte ein Cobra-Helikopter über einem brutalen, aber schon fast zur Routine gewordenen serbischen Massenmord. Der Repräsentant der Vereinten Nationen drückte seine tiefe Genugtuung darüber aus, dass man auf diese Weise das gesamte Geschehen *mit den Zielkameras des Helikopters filmen konnte.*

Diese seltsame Illusion sollte keine große Zukunft haben.

Friedrichs weißer Punkt

Caspar David Friedrichs »Böhmische Landschaft« ist, wie mehrere seiner berühmtesten und am häufigsten zitierten Bilder, ziemlich klein, 71 mal 104 Zentimeter. Und wie die meisten dieser Bilder, die man nur in Büchern gesehen hat und bei denen man längst die Hoffnung aufgegeben hatte, sie in Wirklichkeit zu sehen, hängt sie in Dresden in der Gemäldegalerie Neue Meister.

Eine friedliche Landschaft mit einer ausgeprägten Farbperspektive; im Vordergrund sanfte Hügel in verschiedenen

Schattierungen von Grün, im Hintergrund bläuliche Berge, die ins Violette spielen.

Der weiße Punkt, der sich in der unteren Mitte des Gemäldes befindet, ist so geringfügig, dass man zuerst meint, es sei eine Art Störung, vielleicht eine Beschädigung der Leinwand. Er nimmt wohl nicht einmal ein Hunderttausendstel der gesamten Bildfläche ein. Trotzdem ist er es, an dem der Betrachter sofort hängenbleibt. Er wird bald erkennen, dass das, was er sieht, der Schornstein eines Hauses ist, das halb verborgen im Grünen liegt, und aus diesem mikroskopischen Schornstein steigt eine winzige Rauchfahne auf. Auf diese Weise gelingt es dem Maler, eine Geschichte auszudeuten; denn jetzt sehen wir, dass ein nur teilweise erkennbarer Weg zu diesem Haus hinunterführt. Wie so oft bei Caspar David Friedrichs Gemälden bekommen wir den Eindruck, an einem kurzen, einem herausgelösten Abschnitt einer Erzählung teilzunehmen, von deren Anfang und Ende wir keine Ahnung haben. Dieses Bedürfnis, das Bild als Teil eines Handlungsverlaufs darzustellen, findet sich ja auch bei Turner, und in der kommenden Generation der Impressionisten wird es dann rasch verschwinden.

Das Interessante an der »Böhmischen Landschaft« ist jedoch die tiefe Einsicht in das visuelle Denken und seine Syntax, die der Maler zeigt. Er vertraut voll und ganz darauf, dass dieser weiße Punkt das erste ist, was das Auge entdecken wird, trotz seiner außerordentlichen Kleinheit. Es ist diese Fähigkeit, winzige Kontraste wahrzunehmen, das zu sehen, was nicht stimmt, die das menschliche Sehen so brauchbar, so intelligent macht.

Auf die gleiche Weise sitze ich an einem Sommerabend an einem See in Västmanland und entdecke einen ähnlich kleinen weißen Punkt auf der großen, silberfarbenen Wasserfläche, ein Motorboot, das sich vielleicht zehn oder fünfzehn Kilometer weiter weg befindet. Aber es ist das erste, was ich sehe.

Oder vielleicht sollte man besser sagen: das erste, was ich denke.

Gedicht

Man kann sich manchmal bei der Frage ertappen, was die Poeten eigentlich tun und wozu. Manch einer wird diese Fragen als allzu naiv empfinden. Aber was ist gegen naive Fragen einzuwenden? Die naiven Fragen, beispielsweise warum es Elektronen gibt oder warum es überhaupt eher etwas gibt als gar nichts, sind ja die spannendsten Fragen.

Was ist ein Gedicht?

Ich erinnere mich an eine Diskussion im Literaturclub der Studenten in Uppsala um 1959 herum, als die jugendlich enthusiastische Versammlung diese Frage erörterte und zu einer Antwort kam, die uns damals in ihrer Einfachheit alle ansprach: Ein Gedicht hat einen ungleichmäßigen rechten Rand, während der rechte Rand der Prosa gleichmäßig ist. Ach; wir hatten ja die Prosagedichte vergessen! Was ist dann ein Prosagedicht? Ein Gedicht, könnte man vielleicht antworten, das die Prosa als seine Versform gewählt hat. Das zeigt etwas Interessantes, nämlich dass ein Gedicht sich in fast jeder beliebigen sprachlichen Form äußern kann und trotzdem ein Gedicht bleibt.

Was ist ein Gedicht? Ein verbales Kunstwerk, das aus einer Anordnung von Wörtern besteht, die mit syntaktischen und stilistischen Erwartungen mehr oder weniger übereinstimmen können. Das klingt nach einer guten Definition, bringt uns aber nicht sehr weit. Man könnte ja auf dieselbe Art sagen, dass ein gemaltes Kunstwerk aus Farbpigmenten besteht, die mit verschiedenen visuellen und stilistischen Konventionen mehr oder weniger übereinstimmen. Eine solche Definition drückt ziemlich genau aus, was einen Rubens, einen Seurat und einen Jackson Pollock verbindet, aber es klärt nicht den Unterschied zu Tapetenmustern oder Bettüberwürfen.

»Wörter« beziehungsweise »Farbpigmente« sagen etwas über die jeweilige Kontaktfläche des Gedichts beziehungsweise des Gemäldes mit der Außenwelt, ihre Art, mit den anderen zu kommunizieren, aber nichts über die Eigenart des Gedichts oder des visuellen Kunstwerks.

Ein Gedicht wird aus Wörtern gemacht, im gleichen Sinne wie ein Gemälde aus Farbpigmenten gemacht wird, aber was mit diesen Wörtern gemacht wird – das ist etwas anderes.

Gedichte erwecken oft den lustigen Eindruck, Schwierigkeiten zu haben, ihren Platz in der Wirklichkeit zu finden. Wenn man mit »Wirklichkeit« drei Raumdimensionen und eine Zeitdimension meint, ist das nichts Besonderes. Gedichte haben ja so viele mehr.

Wir wählen ein Beispiel. William Bronks (1918–1999) »Living instead«:

Nothing much can we do about it so we live
the way old bones and fossils lived, the way
long-buried cities lived: we live instead
– just as if and even believing that here
and finally now, ours could be the real world.

Dieses Gedicht hat eine phonetische Dimension; es kann laut gelesen werden, und seine Vokale geben ihm Farbe und Leben. Es hat eine syntaktische Dimension, die gerade in diesem Fall sehr nah an normaler englischer Prosa liegt. Diese syntaktische Dimension kann in verschiedenen Gedichten völlig verschieden aussehen. Man kann sich sehr weit von der standardisierten Syntax entfernen, die jede Sprache besitzt, wie der große Gunnar Björling:

Ein paar Tage vergehn
Es ist nicht lange her
Und jetzt ruht
Unter Stein und Stein
Und noch schlägt die Tür
In Sturm und Wind
Ein paar Tage vergehn
Es ist nicht lange her
Und jetzt ruht.

Es wäre natürlich ein Fehler zu glauben, dass ein Gedicht keine Syntax besitzt, weil seine Syntax nicht mit der kanonisierten übereinstimmt. Wenn wir einen Poeten wie Björling etwas ausführlicher lesen, werden wir herausfinden, dass er in allerhöchstem Grad eine eigene Syntax entwickelt, eine Syntax, in der die Leerstellen, die Leerzeilen und die Abstände zwischen den nur tropfenweise fallenden Wörtern genauso wichtige Bausteine werden wie die Wörter, die auf dem Papier zu lesen sind.

Jedes Gedicht hat eine phonetische Dimension, haben wir gesagt. Aber diese phonetische Dimension, die bei einigen Poeten diskreter ist und bei anderen, beispielsweise bei Goethe in »Über allen Gipfeln« oder in Joseph Brodskys Poesie, sehr dominierend werden kann, ist nicht dasselbe wie die rhythmische Dimension.

Über den Rhythmus in der Poesie seit der klassischen Antike sind Regalmeter geschrieben worden, über Jamben, Trochäen und Anapäste. Für denjenigen, der sich für das Thema interessiert, kann es vielleicht interessant sein zu hören, dass noch in unseren Tagen keine totale Einigkeit darüber herrscht, wie die Feinstrukturen der Versmaße zu analysieren sind.

Was kommt als Nächstes? Die Bedeutungsdimension des Gedichts, die semantische. Aber da geht es nicht um eine, sondern um viele Dimensionen; denn eine Bedeutung kann in einer anderen eingeschlossen sein. Dies ist eine etwas primitive Art, über Metaphern zu reden.

Als das Interessanteste an Metaphern ist mir immer erschienen, dass sie gut oder schlecht sein können. Wir haben eine wenigstens intuitive Vorstellung über den Unterschied zwischen einer Wahrheit und einer Unwahrheit. Aber wie erkennen wir, ob eine Metapher gut ist? Es ist doch ganz klar, dass man über den Erfolg nicht in Meinungsumfragen abstimmen kann. Er ist genauso objektiv wie jede beliebige empirische Wahrheit. Wenn beispielsweise Tomas Tranströmer schreibt:

Das Erwachen ist ein Fallschirmsprung aus dem Traum,
hat dieser Satz eine Art von überzeugender Handgreiflichkeit, die mir genauso solide erscheint wie

Eisen schmilzt bei zwischen 800 und 1200 Grad.
Das zeigt, dass sowohl der Prosodie wie der Sprachphilosophie noch viel zu tun bleibt.

Wo befindet sich das Gedicht? Auf der aufgeschlagenen Seite 52 in der ersten Anthologie des Berliner Literaturfestivals, *Die Welt über dem Wasserspiegel* (2001), wo ich es fand? In dem Raum, in dem jemand es liest?

Was für eine dumme Frage! Ein Gegenstand, der mehr Dimensionen hat als Stühle und Tische, kann sich natürlich nicht an einer bestimmten Stelle befinden, genauso wenig wie Brahms Erste Symphonie in der Partitur steckt oder wie ein großer Vogel über dem Orchester brütet. Ein Gedicht kann keinen Platz im Raum haben. Hat es einen Platz in der Zeit? Die Frage wird metaphysisch und interessant, wenn man sich fragt, ob es da war, bevor es geschrieben wurde.

William Bronks »Living instead« sieht in Gerhard Falkners deutscher Übersetzung so aus:

Da kann man nicht viel machen also leben
wir eben wie alte Knochen oder Fossilien, leben wie
längst versunkene Städte: wir leben anstatt
tun so als ob und glauben auch noch, dass hier
und ausgerechnet jetzt unsere die wahre Welt wäre.

Diese hervorragende Übersetzung ist natürlich nur eine von vielen möglichen. Ins Deutsche.

Dann gibt es alle möglichen oder in einigen Fällen realisierte Übersetzungen in all die anderen Sprachen, beispielsweise die schwedische Fassung, die so beginnt:

Inte är det mycket vi kann göra, så vi lever …

Ist das Gedicht auch in seinen Übersetzungen? Oder sind das andere Gegenstände? Verhalten sie sich zum Original etwa wie die Elementarteilchen bei der Heisenberg'schen Unschärfereaktion? Vielleicht ist das Gedicht eine Wahrscheinlichkeitswelle, ein System von konzentrischen Kreisen, von Möglichkeiten mit abnehmender Wahrscheinlichkeit an der Peripherie und der größten im Zentrum, wie das Original?

Und wozu haben wir das alles?

Was für eine dumme Frage!

Goethe

Wenn Schriftsteller nicht allzu oft oder allzu genau gelesen werden, können sie sehr groß werden. Ibsen hat einige total unmögliche Dramen geschrieben, und sogar die meistgespielten beruhen auf seltsamen Konstruktionen. (Ein Herr will sich scheiden lassen, weil sich seine Frau während seiner Krankheit Geld für einen Kuraufenthalt geborgt hat, ein anderer Herr ist darüber verrückt geworden, in Pariser Cafés zu sitzen.) Mit Goethe ist es fast noch schlimmer. *Faust II*, dieses tiefsinnige und vorwärtsblickende Drama, enthält einige unerträglich alberne Szenen, zum Beispiel das öffentliche Kopulieren zwischen dem Doktor und der einzig für diesen Zweck aus dem antiken Schlaf wiedererweckten schönen Helena. Ganz zu schweigen von der schmalzigen, etwas klebrigen Dreiecksbeziehung in dem Roman *Die Wahlverwandtschaften*.

Es gibt bei Goethe ganze Dramen, die total unspielbar sind, zum Beispiel das Hofdrama *Torquato Tasso*, und sein großes Drama im Shakespearestil, *Götz von Berlichingen*, lässt sich heute leicht in eine Lachnummer verwandeln. Etwas, das sich nie mit Shakespeare machen lässt, dem Dramatiker des Jahrtausends. Natürlich sind die *Römischen Elegien* etwas peinlich in ihrer Ich-Fixierung. Daktylen im Bett auf dem Rücken der Geliebten zu zählen, während man mit ihr schläft, deutet nicht auf eine gute erotische Kultur hin.

Goethe schreibt schlampig, hält sich nicht immer an die Kardinalregel der deutschen Grammatik, nämlich den Unterschied zwischen Dativ und Akkusativ, reimt in etlichen seiner Gedichte schlecht und roh und gebraucht die Wörter auf eine recht ungenaue Art. Seine Zeit hat eine ganze Menge dieser Mängel gesehen und manchmal ein fürchterliches Spektakel darum gemacht. Böttiger, der später ein liebenswürdiges Buch über das Weimarer Milieu schreiben sollte, der große vaterländische Dichter Kotzebue und der ständig feindliche Liberale Börne gehörten zu den schärfsten Kritikern. Friedrich der Große begnügte sich in seinem alles andere als chauvinistischem Essay *De la littérature allemande* damit, Goethes Stücke als Nachahmung von Shakespeares »schlechten englischen Stücken« abzulehnen. Versteht man den großen König richtig, hätte er es vorgezogen, dass die deutsche Literatur in ihrer Gesamtheit auf Französisch geschrieben worden wäre, mit Boileau als Maßstab.

Schon 1932 sammelte ein Schweizer, Leo Schidrowitz, eine Auswahl von herablassenden, kritischen und manchmal äußerst gemeinen zeitgenössischen Angriffen auf Goethe in einer kleinen Anthologie: *Der unbegabte Goethe*. Das ist unterhaltsamer Lesestoff, anregend und sehr tröstlich für alle Schriftsteller, die sich je von ihrer Zeit und der Kritik ungerecht behandelt gefühlt haben. Äußerst wenige Schriftsteller sind zu ihren Lebzeiten so beschimpft worden wie Goethe.

Aber würden wir – trotz des Gesagten – auf ein einziges Werk von Goethe verzichten wollen? Vermutlich nicht. Er hat uns verändert, ob wir ihn nun gelesen haben oder nicht.

Goethe – und übrigens dieser Teil der gesamten Weimarer Klassik – kann sich fremd, ja, gekünstelt ausnehmen, wenn man nicht die vielen verschiedenen Teile sieht und wie sie zusammenwirken, um eine Art von monumentalem Tor vom 18. Jahrhundert über die chaotischen und grausamen Veränderungen in die Modernität hinein zu schaffen. Ein Element ist eine neue Art von Gefühl, die im *Werther* und in den *Wahlverwandtschaften* zum Ausdruck kommt. Sie hat in dieser umfassenden Perspektive eigentlich nur eine Entsprechung, und zwar bei einem anderen »Modernisten«: Rousseau.

Die eigentliche Bedeutung des Faustdramas ist seine gnostisch gefärbte Diskussion von Technik und Naturwissenschaft, derselben Naturwissenschaft, die in der *Farbenlehre* mit einem wunderbaren Ideenreichtum angegriffen, variiert und umformuliert wird. Nicht ganz zu Unrecht sieht Marshall Berman in seinem *All That Is Solid Melts Into Air* Goethe als den Vorgänger einer Modernitätskritik, die ihre Fortsetzung bei Marx und Engels findet.

Es ist natürlich nicht verwunderlich, dass Goethes Zeit Schwierigkeiten hatte, diese komplizierte und weitreichende Struktur von Erzählungen und Gedanken zu einer Einheit zusammenzufügen. Sie sah den Hofmann, aber nicht den Gesellschaftskritiker. Oder man sah den Poeten, aber nicht den Wissenschaftskritiker. Durch sein eigenes, etwas anstrengendes Beharren auf Mäßigung, Förmlichkeit und guten Ton (siehe Johann Peter Eckermann, *Gespräche mit Goethe in den letzten Jahren seines Lebens*), machte er es ihnen wahrlich nicht leichter. Jetzt dürfte es etwas einfacher sein zu sehen, dass, so wie Shakespeare der modernste Mensch in seiner fernen Zeit, Goethe der modernste in seiner weniger entfernten Zeit war.

Goethes Verhältnis zur Natur hat etwas Besessenes. Der ordentliche Karl August Böttiger ärgert sich ungeheuer darüber, wie Goethe Faust auf eine Art über die Natur reden lässt, die beinahe wie die Sexualphantasien eines Teenagers klingt:

Wo fass' ich dich, unendliche Natur?
Euch Brüste, wo? Ihr Quellen alles Lebens,
An denen Himmel und Erde hängt,
Dahin die welke Brust sich drängt –
Ihr quellt, ihr tränkt, und schmacht' ich so vergebens?

Aber es ist natürlich gerade diese Haltung, die es ihm erlaubt, zu sehen und so tief in diese Welt hineinzublicken, welche Naturwissenschaft und Technik bald heftig verändern werden. Was ist so bemerkenswert an Goethe? Mit einer Travestie auf Harold Blooms Shakespearebuch könnte man sagen: Goethe hat uns viel mehr als irgendeiner seiner Zeitgenossen verändert. Um das zu sehen, muss man jedoch einen gewissen Blick für die Ablagerungen in der zentraleuropäischen Kultur haben, wo Goethe sich an einer Art von Anfang befindet und wir vermutlich an einer Art von Ende.

Am 28. August 1999 wäre Goethe 250 Jahre alt geworden. Die Neuausgaben, nicht nur der Werke, sondern auch der Tagebücher der alten Weimarer Ausgabe, zeigten, wie wichtig er offenbar in kultivierten Ländern noch ist.

Aus der Bücherflut, mit einer großen Sonderausgabe von Goethes Zeichnungen und Titeln wie *Goethe, der Pazifist*, *Der politische Goethe* und *Die Gedichte des jungen Goethe*, *Hier war Goethe nicht*, *Goethe in der digitalen Bibliothek* sowie Pehr Sällströms *Farbenlehre am Computer*, habe ich die erste Nummer der ehrwürdigen und lesenswerten *Neuen Rundschau* des Fischer-Verlags aus dem Goethejahr herausgekramt. Sie feiert das Jubiläum mit einem *Goethe-Parcours*, das heißt, einem Gang durch Goethes Leben, bei dem bestimmten Jahren Aufsätze einer Reihe prominenter Schriftsteller und Kritiker gewidmet sind.

Zu den interessantesten Beiträgen gehört der des Philosophiehistorikers Rüdiger Safranski, der von den merkwürdigen Verwicklungen erzählt, als der junge Philosoph Schopenhauer ein i-Tüpfelchen auf die Farbenlehre des alten Goethe setzen wollte. Die Bekanntschaft wurde natürlich von einer der vornehmsten Gastgeberinnen Weimars vermittelt, der Romanautorin Johanna Schopenhauer, der Mutter des Philosophen. Schopenhauers Farbenlehre hat große Ähnlichkeiten mit der von Goethe, aber sie ist noch subjektivistischer. Bei Goethe hat die Farbe immer noch Entsprechungen in der Außenwelt, auch wenn die sekundären Qualitäten nicht logisch mit den physikalischen verbunden sind.

Bei Schopenhauer gibt es überhaupt keine Kenntnis der Welt, die nicht Repräsentation ist. Alle Eigenschaften der Welt sind, könnte man sagen, sekundär. Das Gemeinsame ihrer Farbenlehren besteht in einer Art Gleichgewichtsgedanken: Der exzitierte Teil des Auges produziert eine Farbwahrnehmung, bis es ermüdet und dann anfängt, die komplementäre Farbsensation zu produzieren. So wollen denn beide eigentlich Nachbilder und Schattenfarben erklären, diese flüchtigen, aber völlig normalen Phänomene, die einfältige Philosophen gern als eine Art von Gleichgewichtseffekten abtun. Hätte Schopenhauer nur etwas später gelebt, wäre er vermutlich auf dem Weg zu der retinalen Theorie des Sehens gewesen. Es ist psychologisch interessant zu sehen, wie Goethe sich aus der Situation herauswindet. Er will nicht ergänzt werden, und nach einem immer zerstreuteren, aber stets höflichen Schriftwechsel kühlt das Verhältnis zwischen den beiden Herren rasch ab.

Karl Markus Michel erzählt von einer anderen, oft beschriebenen Goetheepisode: dem Zusammentreffen mit Napoleon Bonaparte in Erfurt 1808 bei dem historischen Fürstentreffen. Goethe beschreibt das Ereignis siebzehn Jahre später als eine Begegnung zwischen fast Ebenbürtigen. Weimars Kanzler Müller macht die Episode noch länger und umfassender. Napoleon soll gar eine Bestellung bei Goethe in Auftrag gegeben haben: ein Trauerspiel über Julius Cäsar. Und nach Müller soll Napoleon gegenüber Berthier und Daru die bekannten Worte geäußert haben: »*Voilà un homme!*«

Etwas peinlich ist, dass es tatsächlich eine dritte Aufzeichnung des Gesprächs gibt, und zwar von Talleyrand. Der hervorragende Außenminister war überall in Napoleons Umgebung präsent, nicht zuletzt bei diesem eiligen Frühstückstreffen in Erfurt. Er machte Aufzeichnungen und kontrollierte sie sogar am selben Tag bei einem Lunch mit dem Dichterfürsten.

Bei Talleyrand geschieht wenig, keine ästhetischen Diskussionen, kein Auftrag zu einem Drama, keine Einladung nach Paris, aber überraschend genug fragt der Kaiser nach Goethes Meinung über den beim Zaren vorübergehend gefangenen Nationalisten und Aufrührer Kotzebue. Und genauso überraschend ergreift Goethe Partei für diesen Schriftsteller, den er nach Aussprüchen in literarischen Zusammenhängen verabscheut zu haben scheint:

»Sire, er ist sehr unglücklich, und er hat großes Talent.«

»Adieu, monsieur Goethe.«

Der Poet Durs Grünbein – ein Mann, der im übrigen stets eine gewisse Neigung zu Leichenschauhaus und Anatomiesaal gehabt hat – erzählt eine bemerkenswerte Geschichte aus Goethes letztem Jahr 1832.

Der Dichter ist 82 Jahre alt. Er schreibt an einen für den Medizinunterricht zuständigen Staatsrat und schlägt eine Reform des Anatomieunterrichts vor. Mangels geeigneter Leichen (zurzeit gibt es ja so wenig Hinrichtungen) und geeigneter Aufbewahrungsmethoden sollten Künstler und Holzschnitzer inspiriert werden, Wachs- und Holzmodelle der menschlichen Anatomie herzustellen, wie sie noch immer in Florenz und im Josephinum in Wien betrachtet werden können, vorzugsweise schlafende Schönheiten mit einer Bauchhöhlenanatomie aus Wachs. Es ist ein merkwürdiges Zusammentreffen mit Goethes Interesse an Winckelmann, seiner Faszination durch die biologischen Formen und ihre topologischen Entwicklungen und Inversionen. Er scheint sich an diesen Naturgeheimnissen nicht sattsehen zu können. Und jetzt will er, dass sie in einer ästhetisch zufriedenstellenden Form studiert werden können, statt in Formalin herumschwimmend. Der Staatsrat gibt sich verständnislos. Er kann nicht sehen, dass es in Thüringen an anatomisch informativen toten Körpern mangelt.

Mit einer gewissen Ironie erzählt Durs Grünbein von einer moderneren Variante, dem Raubmörder Joseph Paul Jermingan, der in Denver mit Hilfe eines Kühlmikrotoms in voller Länge in millimeterdünne Schnitte zerteilt wurde und jetzt einem digitalisierten Menschen in Mikrotomschnitten zugrunde liegt, den man im Netz betrachten kann. Vermutlich hätte Goethe dieses Projekt gefallen, aber sicher kann man nicht sein. In der *Farbenlehre* heißt es, man dürfte die Natur nicht zwingen.

Newton zwingt die Natur, wenn er das Licht durch Schlitze und Spalten und durchs Prisma lenkt. Die Natur soll genau dort überrascht werden, wo sie sich befindet. Goethe laboriert nicht mit dem Lichtstrahl, dieser Newton'schen Abstraktion, sondern richtet das Prisma direkt auf das Tageslicht da draußen. Wobei ein neues Spektrum zum Vorschein kommt, ein Goethespektrum. Es ist etwas von einer romantischen Geschichte, die sich hinter der *Farbenlehre* verbirgt. Dieser Traum von einer vom Betrachter ungestörten Natur nimmt sich im Licht der heutigen Naturwissenschaften natürlich höchst illusorisch aus. Was hätte Goethe zu Planck und seiner Naturkonstante gesagt? Ganz zu schweigen von den Riesenbeschleunigern beim CERN und in Texas? Vermutlich hätte er sie als dämonische Überentwicklungen von Newtons Dunkelräumen und Spalten gesehen.

Ja, vielleicht gibt es keine ungestörte Natur. Aber der Traum von einer in ihrem innersten Wesen harmonischen, ausgeglichenen, ja, schönen Natur ist ein Schlüssel zu Goethes gesamter Ästhetik.

Gott

Über Gott wissen wir nichts. Das ist vermutlich am besten so.

Weiß Gott etwas über uns? Das ist nicht bewiesen.

Wie sollten wir das in dem Fall wissen?

Da wir nichts über Gott wissen, werden Behauptungen wie »Gott existiert« oder »Gott existiert nicht« eigentümlich bedeutungslos. Um zu wissen, ob etwas existiert oder nicht, braucht man eine Vorstellung davon, wie die Sache aussähe, *wenn* sie existierte. »Existieren schwarze Schwäne?« und »Existiert eine ganzzahlige Gleichung von $x = y^2$?« sind zwei völlig verschiedene Fragen, aber sie haben eins gemeinsam: Wir können uns vorstellen, welchen Unterschied es machen würde, wenn es diese Sache gäbe oder wenn es sie nicht gäbe.

Diese Sätze haben also etwas, was die Philosophen »Truth-makers« nennen.

Aber was ist der »Truth-maker« von »Gott existiert«? Dass es unseren Feinden schlechtgeht? Das reicht kaum. Zu oft geht es uns schlecht.

Wenn wir die üblichen drei Annahmen machen, die traditionell zu dem einzigen Gott der abrahamitischen Religionen gehören – dass er allwissend, allmächtig und gut ist –, landen wir bekanntlich in Paradoxen. Das ernsteste ist sicherlich das Theodizeeproblem: Wie kann ein allwissender, allmächtiger und guter Gott Völkermord, verheerende Pestepidemien und all die Ungerechtigkeiten zulassen, die für das Leben charakteristisch sind, für das Leben der Gesellschaft wie des Einzelnen? Ganz zu schweigen von der biologischen Evolution, diesem extrem schmerzhaften und langwierigen Prozess, der tatsächlich nirgendwohin zu führen scheint?

Es gibt verschiedene Lösungen für das Theodizeeproblem. Die in unseren Tagen üblichste (Voltaire, d'Holbach, Hedenius) ist die Schlussfolgerung, dass ein Wesen, das diese drei Voraussetzungen erfüllt, nicht existieren kann, da es einer in sich selbst widersprüchlichen Beschreibung entsprechen würde. Man kann natürlich auch andere Wege gehen. Man kann sich vorstellen, dass es einen Gott gibt, der nicht alle drei Voraussetzungen erfüllt, oder keine davon. Der Prophet Jesaja beispielsweise spricht Gott an mit »Du, der Gutes und Böses hervorbringt«. Wenn wir eine solche Lösung akzeptieren, bricht eine ganze moralphilosophische Maschinerie zusammen, nämlich die, welche auf dem Gedanken beruht, dass Gott der Ursprung des Guten ist. Oder wir müssen die monotheistische These aufgeben und uns ein gnostisches Weltdrama vorstellen, in dem ein böser oder amoralischer Schöpfergott sich im Kampf gegen oder im Gegensatz zu unseren tiefsten ethischen Impulsen befindet.

Oder – eine in der radikallutherischen Theologie nach dem Zweiten Weltkrieg nicht ungewöhnliche Variante – wir können Gottes Allmacht in Zweifel ziehen.

Kann Gott einen Stein erschaffen, der für ihn zu schwer zu heben ist? Das ist ein klassisches scholastisches Problem. Vielleicht ist es genau das, was Gott getan hat.

Gottes Enkel

Es gibt kaum etwas, was einen Schweden so nervös und unlustig macht, wie die Vermutung, dass ein Mitmensch spirituelle Interessen hat oder auf irgendeine Weise religiös ist. Wie konnte es dazu kommen?

Dass die Schweden indoktriniert worden sind, die Kirche (»der geistige oder verfassungsmäßige Zusammenschluss der Christen«) nur mit etwas zu verknüpfen, das man missbilligt, scheint völlig klar – wie viele Male habe ich beispielsweise gesehen, dass die Kirche in unseren Lehrbüchern in negativen Ausdrücken erwähnt oder beschrieben wird; man muss nur in das nächste Gymnasialbuch zur Geschichte oder Literaturgeschichte schauen. Vielleicht ein Thema für eine Dissertation? Selbstverständlich kann niemand leugnen, dass im Namen der Religion viel Entsetzliches geschehen ist und noch geschieht, aber das Bild, das man von ihr gibt, ist unnuanciert, dumm und oberflächlich.

Ich habe einen heimlichen Hang zu Kirchen (»Gebäude für den christlichen Gottesdienst«).

Und zur Kirche. Mit solchen Eltern ist das vielleicht nicht so verwunderlich. Mein Vater war eine Art Mystiker (Bô Yin Râ und Meister Eckhart), außerdem tätig als Generalsekretär des Vorstands der kirchlichen schwedischen Seemannspflege, mit dem Erzbischof als nächstem Vorgesetzten. Er war nicht zum Pfarrer ausgebildet, es mangelte ihm an Dogmatik in seinem unabgeschlossenen Studium als cand. theol. (symptomatisch, denn er glaubte nicht an die Unbefleckte Empfängnis). Papa wurde nach seiner gerade beendeten Dissertation in Volkswirtschaft von Nathan Söderblom persönlich in eine kirchliche Tätigkeit hineingezogen, einem Mann, von dem man sagt, dass er die Säkularisierung in Schweden um einige

Jahrzehnte verzögert hat. Meine Mutter hat ihren sicheren Kinderglauben das ganze Leben lang behalten, sprach mit uns, als wir klein waren, das Abendgebet (»Es geht ein Engel um unser Haus, er hat sieben vergoldete Kerzen ...«), und obwohl es nicht ganz passend war, hatte sie eine Vorliebe für naive Lieder wie »Denk an die Rosen am Weg, denk an ihre Dornen, denk an die Himmelsleiter ...«. Ich bin also jemand, den man einen Enkel Gottes nennt. Ich, die ich lange glaubte, dass ich von dort gekommen sei, habe mich wacker emanzipiert, aber was fange ich mit dieser unmöglichen Sehnsucht nach etwas, das mir immerzu fehlt, an? Außerdem habe ich eine Tendenz, stets die Partei der Verlierer zu ergreifen, für den schwächeren Teil (in der Kindheit gelernt), und heute braucht die Kirche eher jemanden, der sie verteidigt, statt sie zu kritisieren. Aber welche Kirche? Und was bekamen wir stattdessen, jetzt, wo die Kirche im großen und ganzen untergegangen ist oder von salbungsvollen Personen wie dem Popstar Carola oder dem homophoben Pfingstpastor Green vertreten wird? Wo sind die respektvollen Gespräche geblieben?

Aber zurück zu diesen Eltern, die mir beide verboten, *Quod scripsi scripsi* (»Was ich geschrieben habe, habe ich geschrieben«) auf meine Abiturientenmütze zu schreiben, ein Ding, das wie eine Studentenmütze aussah, und das dann mit der weißen Mütze vertauscht werden sollte; die Devise war von mir listig erfunden, denn sie spielte teils auf die Abituraufsätze an, die ich geschrieben hatte, und teils auf Pontius Pilatus, der das Schild »Jesus von Nazareth, der König der Juden« nicht vom Kreuz entfernen wollte. Also LÄSTERTE ich. Im Unterschied zu Pontius Pilatus wurde ich gezwungen, meinen Text zu entfernen. Es hatte wohl keinen Sinn, darauf zu bestehen. Ich wäre vermutlich enterbt worden ...

Und Papa konnte wirklich infernalisch sein – wenn meine drei ältesten Geschwister am Samstagabend ausgegangen waren und sich bis spät in der Nacht amüsiert hatten, stellte Papa manchmal um elf Uhr am Sonntag den Gottesdienst in voller Lautstärke an – dann konnte man nicht länger schlafen, denn jetzt war es Zeit für Reue und Besserung.

In meinem Zuhause – das ein großzügiges und offenes Zuhause war – wimmelte es von heimkehrenden Seemannspfarrern, dem einen oder anderen Probst oder Bischof, und dann war da noch der ansehnliche Erzbischof, der meine Schwester traute – er achtete genau darauf, dass die lange Reihe der Gläser nicht mit aufs Bild kam ... Meine ersten Musikerlebnisse und Theatererfahrungen habe ich in der Kirche gemacht.

Einige meiner frühesten Kunsterlebnisse, auch architektonischer Art, haben ebenfalls mit der Kirche als Raum zu tun; ein Kind schafft es, sich während eines Gottesdienstes, der kein Ende zu nehmen scheint, gründlich umzuschauen und jedes Detail des Altarbildes, beispielsweise der Västeråskirche, zu registrieren (warum hatte einer der lilafarbenen Soldaten eine weibliche Brust?) wie auch Skulpturen und Kirchenfenster in dieser und anderen Kirchen. Ich war wohl sieben und mein kleiner Bruder vier Jahre alt, und vorn im Chor wurde die Geschichte von dem reichen Mann und Lazarus gespielt. Hinter dem reichen Mann schritt eine magere, schwarzgekleidete und erschreckende Gestalt mit einem Totenschädelgesicht – ich, in meinem Alter, verstand ja, dass es der Tod war. Als mein kleiner Bruder erschreckt meine Mutter fragte, wer denn der schreckliche Schwarzgekleidete sei, flüsterte sie beruhigend: »Das ist der Krankenpfleger des alten Mannes.« Diese Theateraufführung machte einen großen Eindruck auf mich, ebenso Mamas gut erfundene Lüge. Es war also erlaubt zu lügen?

Und ich gehörte zu denen, die mit Jesus litten, nicht nur in der Sonntagsschule, in die man mich zu gehen zwang, obwohl ich eine Heidenangst vor der bösartigen Gun Britt hatte, sondern auch beim Blättern in einem Heft mit realistischen Bildern von Jesu Leiden – wie konnte man so grausam zu jemandem sein, der so lieb war? Ich weinte untröstlich über diesen Bildern. Aber in den späteren Teenagerjahren verschwand das alles, eigentlich ohne weiteres, in keiner Weise krisenartig. Und irgendwann kommt sie schließlich angeschlichen, diese Neigung.

Ich liebe ländliche schwedische Kirchen. Sind sie offen, was sie heutzutage selten sind, versuche ich immer, hineinzuschlüpfen und mich umzusehen, mich für eine Weile hinzusetzen, fühle mich sowohl merkwürdig willkommen, zu Hause, als auch weggestoßen, ausgeschlossen. Aber den Duft in der Kirche kenne ich aus meiner Kindheit. Ich mag es auch, auf den gepflegten, mit Blumen geschmückten und geharkten Friedhöfen herumzuwandern und ein bisschen über diejenigen nachzudenken, die da liegen, über ein allzu früh erloschenes Leben, über eine Tochter, die ihr ganzes Leben bei den Eltern geblieben ist, oder über jemanden, der sich auch nach dem Tod bedient, indem er den schönsten Platz auf dem Friedhof beansprucht und das prächtigste Monument mit Titeln, Gold und allem Drum und Dran hat.

Es ist seltsam – aber um eine ländliche Kirche herum ist es nie hässlich, das gilt ebenfalls für die nahe gelegenen Gebäude und die Landschaft selbst.

Ich habe oft versucht, unsere Weihnachtsgäste zur Christnacht in die mittelalterliche bohuslänische Kirche in unserer Nähe mitzunehmen, aber vor einigen Jahren, als der alte, vermutlich schartauanisch beeinflusste Pastor es während der kurzen Predigt zwischen den Chorälen schaffte, einerseits den Islam zu verteufeln (wahrhaftig bei der falschen Gelegenheit), andererseits das Wort Sünde viermal zu gebrauchen, hatte sich die Sache gleichsam erledigt.

Trotzdem mag ich es nicht, dass die Kirche all ihre Rituale verliert (der Mensch braucht Rituale) und versucht, sich zu sehr anzupassen. Nein, die Kirche soll auf sich achten, soll wiedererkennbar bleiben, und modernisiert man die Texte oder Choräle zu sehr, besteht die Gefahr, dass sie ihre Mystik verlieren.

Ich liebe die alten Choräle, habe ein persönliches Verhältnis zu ihnen – mir rieseln Schauer des Wohlbehagens den Rücken herunter, wenn die Gemeinde singt: »Geh aus, mein Herz, und suuche Freud in dieser schönen Sommerzeit an deines Gottes Gaaben ...« Die ganze Schönheit des Sommers liegt darin, und sofort taucht das Bild unserer lieben Lehrerin in der Volksschule mit ihrem Harmonium vor mir auf. Die ansteckende Melodie von »Du meine Seele singe, wohlauf und singe schön ...«; Gedanken an Sterben und Tod bei »Ach wie flüchtig, ach wie nichtig ist der Menschen Leben!«. Ich konnte die Unbeständigkeit des Lebens vor mir sehen, wenn wir sangen »Ich bin ein Gast auf Erden und hab hier keinen Stand«. Herrlich war es, in der Christnacht lauthals zusammen mit allen anderen einstimmen zu dürfen in »Fröhlich soll mein Herze springen dieser Zeit, da vor Freud' alle Engel singen«. Und »Morgenglanz der Ewigkeit ...«, wenn die ganze Kirche vor Lichtern erstrahlt und es draußen tiefdunkel ist. Ganz zu schweigen von dem glaubensstarken »Befiehl du deine Wege und was dein Herze kränkt, der allertreusten Pflege des, der den Himmel lenkt«.

Das alles hat etwas so Unschuldiges, etwas so Getrostes, dass man fast neidisch werden könnte.

Ich erinnere mich an eine Reise in der damaligen Sowjetunion mit Freunden, Anfang der achtziger Jahre, als Göran Tunström (auch er ein Enkel Gottes, er, dessen geliebter und bewunderter Vater, Pfarrer in Sunne, plötzlich verstarb, als Göran erst zwölf Jahre alt war) und ich eines späten Abends loslegten (ja, Alkohol spielte eine Rolle) und alle Kirchenlieder sangen, die wir auswendig konnten – und das waren viele.

Die übrigen in der Gruppe waren nicht so besonders angetan, aber wir konnten einfach nicht aufhören! Vielleicht auch ein bisschen aus Trotz, es geschah halb im Scherz und halb im Ernst. Göran sagte, er stünde ganz außerhalb der Kirche und wolle auch nicht hinein, fand aber trotzdem, dass ich, die unter anderem Religionslehrerin war, das Christentum verteidigen sollte, so gut es nun ging. Er meinte, ich sei die richtige Person dazu. Verteidigt habe ich es wohl nicht, allerdings versucht, zu erklären und zu differenzieren.

Vielleicht wird es schließlich Kierkegaard und seine Einstellung zum Glauben sein, das Paradoxe, das Unmögliche an diesem Glauben, das für mein Teil die Oberhand gewinnt – ja, es ist unmöglich, aber trotzdem, gegen alle Widerstände … Gottesgläubigkeit ist eine Entscheidung, ein Akt des Vertrauens. Diesen Einsatz habe ich mich als Erwachsene nie wirklich zu machen getraut, aber ich spüre eine starke Verlockung.

Hecht

Dieser Fisch, eine Art brutaler und fürchterlicher Gangster der Meeresbuchten und Binnenseen, hat etwas Unangenehmes an sich. Wenn die richtig großen Hechte, und sie können sehr groß sein, ins Boot geholt werden sollen, kann es leicht zu panischen Szenen kommen. Ein in der Eile falsch plazierter Finger, im schlimmsten Fall ein Kinderfinger, kann leicht aus Versehen ins Hechtmaul geraten, mit den grässlichsten Konsequenzen. Und wenn das Untier endlich getötet worden ist, was nicht immer ohne den einen oder anderen blauen Fleck an den Füßen der Beteiligten endet, falls sie barfuß sind, soll man sich doch nicht allzu sicher fühlen. Die Hechtkiefer machen noch Stunden nach dem Tod spastische Bewegungen. Wenn die Todesursache ein Haken ist, tut man gut daran, ihn mit einer Zange herauszuziehen und nicht mit den Fingern. Bei der Befreiung aus dem Netz treten andere Komplikationen auf. Es gibt – vielleicht neben großen Barschen – keinen Fisch, der so viele Schäden am Netz verursacht wie größere oder kleinere Hechte. Der charakteristische Hechttrichter entsteht, wenn das starke und desparate Tier in einer Art ständig beschleunigender Kreisbewegung herumrast. Ist der Hecht groß genug und kann lange genug weitermachen, ist er imstande, auch an einem neuen Nylonnetz erhebliche Schäden zu verursachen.

Izaak Walton hat in *Der vollkommene Angler* von 1653 ein ausgezeichnetes Kapitel über den Hecht, in dem er ihn als den raubgierigen Tyrannen der Binnengewässer beschreibt.

Er führt sogar Beispiele an, wie raubgierige alte Hechte Hunde in Teichen angegriffen haben und wie ein großer Hecht sich an dem Maul eines trinkenden Maulesels festbiss. Mit traurigen Konsequenzen, auch für den Hecht.

»Die Natur ist gut« und ähnlicher bösartiger Unsinn löst sich leicht in seine allzu menschlichen Bestandteile auf, wenn man anfängt, über das Leben nachzudenken, das sich unter der Oberfläche eines gewöhnlichen Binnensees abspielt. Es ist schwierig, sich eine schmerzhaftere und brutalere Methode für die Entwicklung der Arten auf dem Planeten auszudenken, als den darwinistischen Kampf ums Fressen oder Gefressenwerden.

Der Übergang zwischen Schilf und offenem Wasser, diese Randzone der Binnenseen, ist der Schauplatz für Leben und Tod. Die Schilfbänke sind die Kinderkammern der Seen. Je tiefer hinein, umso früheres Leben. Der entscheidende und in der Regel auch letzte Augenblick im Leben eines kleinen Fisches ist, wenn er es wagt, den schützenden Schilfgürtel zu verlassen.

Hier halten sich die ganz Großen auf, in Erwartung ihrer Beute. Nicht unähnlich deutschen U-Booten vor der britischen Ostküste im Jahr 1941.

Und hier ist es auch, wo der Spinnfischer seine Schleppangeln plaziert, die vorzugsweise Wobbler sind. Welche man den Farben des Wassers und den Lichtverhältnissen anpassen muss. Wer es vorzieht, mit Schleppangeln zu rudern, sollte sich etwas weiter draußen aufhalten.

Wenn man die richtige Bucht mit der richtigen Wassertemperatur gefunden hat, wird man sich wundern, wie viele und wie große Hechte man an einem einzigen Abend im Dämmerlicht fangen kann, gerade wenn der Wind sich legt und es um die Schilfbänke herum ruhig wird. Zehn bis fünfzehn Kilo Hecht in einer Stunde sind in den västmanländischen Seen gar nicht ungewöhnlich.

Es ist schwer, Sympathie für die alten Hechte zu empfinden, die Walton so treffend die Wölfe des Süßwassers nennt.

Mit Berufung auf Francis Bacon, Gesner und andere zeitgenössische Gelehrte erzählt er Geschichten von Hechten, die ein unglaubliches Alter erreicht haben:

Gesner beruft sich auf einen Fall, der ihm aus Schweden bekannt geworden sei. Der Hecht habe bei seinem Fang einen Ring im Nacken getragen mit griechischer Beschriftung und der Jahreszahl 1449. Die Inschrift sei vom Bischof von Worms geprüft worden und habe ergeben, daß sie aus der Zeit Frederiks II. stamme. Danach müsse der Hecht ein Alter von etwa 200 Jahren gehabt haben. Alte und große Hechte zeichnen sich mehr durch ein imposantes Aussehn und ihren gewaltigen Rachen aus als durch den guten Geschmack ihres Fleisches. Im Gegensatz zu manchen anderen Fischen, z. B. den Aalen, werden die mittleren und kleineren Exemplare von Kennern geschmacklich am höchsten gestellt.

Wenn man einen der richtig großen Hechte totschlägt, was meistens einen Helfer braucht (nur unnötig gefühllose Fischer lassen das Tier am Boden des Bootes liegen und langsam an Erstickung krepieren), kann man einen Augenblick des Bedauerns empfinden, kein Schuldgefühl, aber doch eine Verwunderung, ungefähr wie wenn ein großer Verbrecher hingerichtet wird, über all die Intelligenz, die List, die grausame Erfahrung, die in diesem Moment verlorengehen.

Und einen Augenblick lang können wir einen Denker wie Arthur Schopenhauer und diejenigen, die ihn ihrerseits inspiriert haben, die Gnostiker, die alten Hindus, verstehen: Wie unerbittlich böse ist nicht der Hunger, der durch die Welt geht!

Oder kleben wir ethische Etiketten auf etwas, was keine Moral haben kann? Sind es nur die seltsamen Konfigurationen der Materie, die wir diskutieren? Wofür steht eigentlich der Hecht?

Schon Petronius weist darauf hin, dass Hechte gastronomisch problematisch sind. Sie haben einen etwas unangenehmen Geruch. Petronius verbindet ihn mit dem Bordellduft in den zwielichtigen Vierteln von Ostia – wir sprechen von Kaiser Neros Zeit –, und der Verfasser des *Goldenen Esels* macht uns sehr klar, dass er der Ansicht ist, der Hecht sei ein Fisch, der nur auf die Speisekarte von Bordellen gehört.

Walton findet das ungerecht, aber es ist etwas dran.

Das wirkliche Problem stellt sich erst ein, wenn die Hechte groß werden, das heißt, etwas über ein Pfund. Da hilft keine geschmolzene Butter, auch kein Meerrettich. Nicht einmal die radikale Methode, ein Bett aus grobem Salz zirka 20 Minuten bei 250 Grad, das gewöhnlich bei Barsch und Zander so ausgezeichnete Resultate erzielt, wird mit der Zähigkeit dieser fürchterlichen, durchtrainierten Muskulatur der alten Hechte fertig.

Hier greift der Erfahrene zu anderen Methoden.

Man schneidet dem großen Hecht den Kopf ab. Hebt ihn aber auf, um ihn, wenn er sehr groß ist, als Trophäe zu verwahren (weiche Teile werden mit dem Messer entfernt, das Maul wird mit einem Stöckchen aufgesperrt, das Ganze mit Bootslack in drei Schichten überzogen, und die Trophäe wird über den Winter in einem Keller gelagert, bis der Geruch komplett verschwunden ist), ansonsten, um ihn zusammen mit Flossen und Skelett in einen großen Topf zu legen und Fischbouillon daraus zu kochen. Der Rest ist bereits als Filets herausgeschnitten. Diese werden in kleinere Stücke zerteilt und ein paarmal durch einen altmodischen Fleischwolf gedreht, oder noch viel lieber durch ein modernes Gerät von Cuisinart.

Wenn eine Mousse von passender Konsistenz erreicht worden ist, gibt man Schlagsahne, Eigelb und nach und nach ein geschlagenes Eiweiß hinzu.

Sehr wichtig sind jetzt die Gewürze. Weißer Pfeffer in reichlichen Mengen, Salz und Basilikum, je nach der ursprünglichen Hechtmenge. Quenelles oder, wenn Sie wollen, Fischklöße von geeigneter Größe werden geformt.

In der Bouillon, jetzt fertig geköchelt und durchgesiebt, wird jede Quenelle etwa drei Minuten lang gekocht, mit einem Löffel hineingelegt und wieder aufgefangen.

Dazu serviert man einen trockenen Elsässer Wein.

Herbstküche

Vor dem Fenster schweben die Blätter langsam von den hundertjährigen Ahornbäumen auf den Hof hinunter – jedes Blatt weiß genau, wann seine Zeit gekommen ist.

Über die Felder fliegt eine keilförmige Formation von Wildgänsen, sie schreien einander zu, fliegen ein bisschen hin und zurück, orientieren sich, scheinen noch nicht ganz entschlossen, welche Richtung sie wählen sollen.

In der großen Landküche ist der Holzofen schon an, eine trockene, angenehme Wärme verbreitet sich im Raum. Auf dem braunen Klapptisch liegt ein großer Haufen Pfifferlinge, die zerteilt werden, ein paar Tage auf einem Fliegenfenster getrocknet und dann in Konservengläsern aufbewahrt werden sollen. Ein paar schöne violette Rötelritterlinge, soeben von dem alten Kompost gepflückt – sie lieben Kulturerde –, liegen auf dem Tisch und sehen in ihrer Bläue fast künstlich aus. An einem Konservenglas mit bereits getrockneten Rötelritter-

lingen und einem mit blassgelben Grünblättrigen Schwefel-
köpfen – allein schon die Hüte! – sind die Deckel fest zuge-
schraubt, beide Sorten werden in kommenden Jahren bei der
Zubereitung von Suppen zur Anwendung kommen. Sie halten sich lange. Gelbe Pfifferlinge, noch ungeputzt in ihrem
Korb, sollen tiefgekühlt, aber zuvor noch blanchiert werden.

Noch hat der Herbst sich nicht von seiner rauhen Seite gezeigt, und so steht ein Strauß mit Rosen, Herbstastern, Mal-
ven, ein paar späten Wicken und Oregano, alle in rosa, violet-
ten und helllila Farbtönen, in der blauen Vase mitten auf dem
Tisch. Eine gerettete gelbe Sonnenblume bildet einen schönen Kontrast dazu. Die brandgelben japanischen Laternen
sind hereingeholt worden, um gereinigt und später in der weißen Fensterwatte zwischen Außen- und Innenfenster plaziert
zu werden; in diesem alten Haus werden die Innenfenster
im November mühsam eingesetzt, abgeklebt (eine furchtbar
langweilige Tätigkeit!) und halten dann während der ganzen
kalten Jahreszeit die Kälte fern. Über dem großen Ofen hängen Kräutersträuße: Salbei, Thymian und knisternd trock-
nender Rosmarin. Die Neuheit dieses Jahres an der Kräuter-
front ist eine kleine Pflanze mit Lorbeerblättern; es ist zu
hoffen, dass sie sich zwischen den Topfpflanzen durchsetzt.

Die letzten Tomaten aus dem Gewächshaus warten darauf, im Ofen getrocknet zu werden, mit etwas Salz und
Zucker bestreut. Ein paar Minitrauben mit kleinen blauen,
kernreichen Beeren, auch sie aus dem Gewächshaus, sind
zusammen mit Rhabarber zu Saft gekocht worden, gelobt sei
der Entsafter, der die Sache so einfach macht! Vier Flaschen
nicht allzu süßen Safts sind es geworden – er soll hin und wieder als Tischgetränk serviert werden –, und trinkt man ihn
langsam, kann man tatsächlich sowohl den Geschmack von
Trauben wie den von Rhabarber herausschmecken.

An diesem Tag gibt es Suppe von frisch ausgegrabenen Artischocken zum Abendessen. Diese kann man auch zeitig im Frühjahr ernten, wenn der Winter nicht allzu kalt war. Als »warmes Gericht« teilen wir uns einen inhaltsreichen Taschenkrebs und zum Nachtisch *kalvdans* (Rohmilchpudding) mit Himbeerkompott, *natürlich* selbstgemacht. So kann man also wirklich sagen, dass wir das gute Leben genießen, ja, wir fühlen uns ungeheuer verwöhnt!

Darf es einem so gut gehen? Gehören wir zur letzten oder sagen wir vorletzten Generation, die auf diese Weise alles genießen kann, was eine einigermaßen unzerstörte Natur bietet?

Ingwerbirnen

Die Frauen in unserer Familie werden in der Regel sehr alt und sterben, wenn es denn so weit ist, nur zögernd, als wollten sie sich an etwas erinnern, was sie zuvor noch zu erledigen hätten.

So war es mit meiner Mutter, Frau Margareta Gustafsson, und so war es mit vielen der alten småländischen Frauen, die in ihren oft lebhaften Erzählungen auftauchten.

Besonders erinnere ich mich an die Geschichte von einer Urahne – es handelt sich wohl um die Mutter einer Großmutter von mir, eine Frau, die noch im 18. Jahrhundert geboren sein kann –, die Tag und Nacht in ihrer Kammer in dem eigentümlichen unruhigen Halbschlaf zwischen Leben und Tod lag, der für das Hinwegdämmern sehr alter Menschen charakteristisch ist. Das machte natürlich alle im Hof verstimmt und auf eigentümliche Weise ungeduldig. Wann würde der Tod tatsächlich eintreten?

Während Tage und Nächte ohne eine merkbare Veränderung vergehen und das Einzige, was die Sterbende zu sich nimmt, gelegentlich ein Esslöffel Wasser ist, beginnen die Leute da draußen in der Küche, zunächst gehemmt von der offensichtlichen Nähe des Todes, allmählich wieder zu ihren üblichen Beschäftigungen zurückzukehren. Es wird mit Tassen und Tellern geklappert. Es zischt vom Herd. Es ist Birnenzeit, sie fallen schwer auf den Hang, wenn sie nicht geerntet werden. Also erntet man sie.

Und so geschieht es, dass das ganze Haus plötzlich nach Preiselbeerbirnen duftet. Da kommt die Alte herauf, etwas bleich und unsicher in ihrem Nachthemd an der Tür. Aber sie hat die Welt wiederentdeckt, die sie gerade auf dem Weg war zu verlassen.

Preiselbeerbirnen!

Was hier mitgeteilt werden soll, ist indessen ein Rezept für Ingwerbirnen.

Meine Großmutter väterlicherseits, Tekla, wurde im Jahr 1870 in der Gemeinde Marbäck in Västergötland geboren und starb 1971 in Hallstahammar. Sie hat einiges geleistet im Leben, unter anderem gehörte es zu ihren Aufgaben, bei festlichen Gelegenheiten in Herrenhäusern zu kochen und in der Bank zu putzen. Die letzten drei Jahrzehnte wohnte sie zusammen mit ihrer Schwester in einer Rentnerwohnung in Nibble, auf dem Weg nach Västerås, und diese Wohnung, zwei Zimmer und Küche, hatte einen eigenen kleinen Garten. All das ist jetzt fort, bedeckt von Wohngenossenschaften und Straßen. Aber ich erinnere mich so gut an diesen Minigarten; die Beerenbüsche mit schwerbeladenen Zweigen, die Gemüsebeete mit Mohrrüben, Radieschen und Pastinaken. Die Kirschbäume – zwei, wie es sich gehört – und der Zimtbirnbaum, ein Steckling von den mächtigen alten Zimtbirnbäumen, den ihr Bruder, der Klempner Claeson aus Hallstahammar, in seinem Garten oben in Tomtebo im Überfluss hatte.

Genau wie ihre Schwester und anders als der Klempner war Großmutter Tekla eine sehr fromme Frau. Sie war Mitglied in der Pfingstbewegung, spielte gern Einar Ekberg auf einem Kurbelgrammophon zum Abspielen von 78er Schellackplatten, und ihr Idol war Lewi Petrus. Und bis weit in ihre Siebziger hinein radelte sie herum und verbreitete den *Evangeli Härold*, die Zeitschrift der Pfingstbewegung. Das brachte sie allmählich dazu, ein bisschen über Schmerzen in den Knien zu klagen.

Die Schwestern waren tatsächlich in dem ganzen, in den fünfziger Jahren noch sehr friedlichen Hallstahammar bekannt. Und Tekla, unermüdlich in ihrem Missionseifer (sie war überzeugt davon, dass man, wenn man Pech hatte, in der Hölle landen konnte, ein Schicksal, das sie niemandem wünschte), wurde manchmal »Tekla Gottesposaune« genannt.

Ihr Notizbuch war ein kleines schwarzes Wachstuchheft von etwa hundert Seiten, mit einer überraschend gepflegten Handschrift, voller Rezepte. Eine wahre Goldgrube. Hier findet man Krebssuppe, Biersuppe, unzählige Soßen, Nachtische, von denen man in unseren Tagen kaum mehr gehört hat.

Zu den Nachtischen gehören die im Titel genannten Ingwerbirnen. Ich erinnere mich an sie, serviert mit dünner Sahne, köstlich, mit einem seltsam nachhaltigen Geschmack, einer Mischung aus dem Orient des Ingwers und dem reifen schwedischen Augustsommer der Birnen. Die Erinnerung an dieses Aroma verbindet sich in meinem Gedächtnis auf eigentümliche Art mit Freikirchenfrömmigkeit, Einar Ekbergs schöner Stimme und zerfledderten Bibelseiten, die im Sommerwind umgeblättert werden.

Rezept:

4 Liter Birnen = 2 kg
1 ¼ kg Zucker
6 dl Wasser
8-10 Stück Ingwer

Die Birnen werden in reichlich Wasser gekocht, bis sie gerade eben weich sind, wonach sie abkühlen sollten. Sie werden geschält [und] die Stiele werden geschabt und ein Stück weit abgeschnitten. Ein kreuzförmiger Einschnitt wird am breiten Ende der Birne gemacht. [Vernünftigerweise muss man wohl annehmen, dass der Zucker und die Ingwerstücke mitgekocht werden.]

Insel

Im Meer, westlich von Istrien, soll es eine Insel geben, in deren Mitte sich ein See befindet. Und in diesem See befindet sich wieder eine Insel.

Die Inselgruppe, die am weitesten von allen Kontinenten entfernt liegt, ist die Hawaiigruppe. Im Laufe der Kontinentalbewegungen hat der Meeresboden Zentren vulkanischer Aktivität passiert, die ihrerseits alle Inseln der Reihe nach haben entstehen lassen, vom fruchtbaren grünen Kauai im Norden zu dem sehr jungen Hawaii, wo uns noch immer riesige schwarze Lavafelder und aktive Vulkane einen guten Eindruck davon verschaffen, wie Land entsteht und wie ängstlich und verlassen es aussieht, bevor die Vegetation die Oberhand gewinnt.

Installationen

Installationen haben im höheren Kunstleben den abstrakten Expressionismus abgelöst. Da sie sich im Unterschied zu Rothkos und Pollocks monumentalen Leinwänden nicht einmal in den weitläufigsten Wohnungen aufhängen lassen, müssen sie auf andere ökonomische Prinzipien bauen, Öffentlichkeit und ausführliche Dokumentation. Das hat wiederum zu einem zunehmenden Sensationalismus geführt.

Wir haben lange überlegt, ob wir eine hoffentlich tote Ziege entlang ihres Nullmeridians zerschneiden und sie in eine Badewanne voller Bienenhonig versenken sollen, womit wir ausdrücken wollen, dass wir gegen die Globalisierung protestieren. Oder wir sagen, wir hätten einen kraftvollen Appell an die Nationen der Welt geschickt, das Kyoto-Protokoll zu unterzeichnen. Denn diese Art von Vieldeutigkeit ist gerade die Finesse. Eine Installation, geschickt inszeniert, kann dazu verwendet werden, alles Beliebige zu behaupten. Natürlich müssen nicht alle Installationen Unterhaltung durch Gewalt sein, auch wenn geschmacklose Hinweise auf arabische Selbstmordattentäter (am liebsten weiblich) und echte Leichenteile natürlich weitreichendes Interesse und gute Presse bewirken.

Installationen können auch listig sein. Ein Freund hat kürzlich vorgeschlagen, ein kleines Radio vom Dreißiger-Jahre-Typ aufzustellen, in dem man Mailand oder Riga oder Petersburg einstellen kann. Wenn man Petersburg einstellt, hört man Majakowski Gedichte auf Russisch lesen, und stellt man Mailand ein, kommt Marinetti.

Es gibt viele Variationen. Eine Reihe von Telefonen hängen an der Wand, die, wenn man die Hörer aufhebt, alle möglichen sonderbaren Botschaften von sich geben, von »Ada ist jetzt in Behandlung« bis »Rühr dich nicht, du verdammter Kerl. Ich habe dich im Visier«.

Dr. Friedrich Rothe heißt ein gelehrter Germanist und früherer Universitätsdozent, der seit vielen Jahren in der Carmerstraße in Berlin die Galerie am Savignyplatz betreibt. Diese Galerie, wo man den Besitzer friedlich in einem gelehrten und vergessenen Band lesen sehen kann, der aus dem Antiquariat Peter Schwarz auf derselben Straße stammt, ist vor allem auf zeitgenössische Malerei und Skulptur spezialisiert. Der bedeutende Bildhauer Ernst Baumeister gehört zu den wiederkehrenden Künstlern auf der Liste des Galeristen.

Nun geschah es, dass sich der Boden der Galerie im Herbst 2004 als so verrottet erwies, dass der Besitzer es nicht länger zu riskieren wagte, dort Skulpturen aufzustellen. Von dem Haus, Nummer zehn, sagt man, es sei das erste in Berlin gewesen, das am Anfang des Krieges von einer britischen Bombe getroffen wurde, und es habe sich nie mehr richtig erholt.

Also kamen geschickte Handwerker, brachen den Boden auf und zersägten die verrotteten Balken. Nach einigen Stunden der Arbeit mit Motorsäge und Brechstangen sah dieser Boden aus wie die Eisbrecher auf Caspar David Friedrichs »Eismeer«. Ein Bild von Verwüstung, Verfall, Unordnung, Chaos.

Und wie's der Teufel will! An diesem Nachmittag erlebt Doktor Rothe zum ersten Mal, wie Leute sich in Scharen vor seinem großen Galeriefenster versammeln.

Und eine kühne amerikanische Dame öffnet die Tür einen Spaltbreit und fragt:

»Excuse me, Sir. When do you open this fantastic installation?«

Den Damen der Autorenbuchhandlung zufolge, die alles aus der Nähe verfolgten, ist Doktor Rothe seit diesem Ereignis etwas nachdenklich geworden.

Jagd

Du bist aufs äußerste angespannt – alle deine Sinne geschärft, der Jagdinstinkt geweckt. Du atmest flach. Im Wald herrscht atemlose Stille. Nicht einmal ein Vogel zwitschert. Wenn du auf einen trockenen Ast trittst, knallt es. Du weißt seit vielen Jahren, dass sie sich gewöhnlich gerade hier befinden. Nein, es geht nicht um die Elchjagd. Sondern um die Jagd nach den allerersten Pfifferlingen.

Und dann siehst du sie. Du fühlst, wie dein Körper sich entspannt, lächelst breit und selbstzufrieden und spähst sofort nach dem nächsten gelben Fleck. Die ersten Pfifferlinge sind drall und wie neugeboren, und du weißt, wenn es sie hier gibt, findest du sie auch an allen deinen anderen »Stellen«. Du wirst den anderen triumphierend deinen vollen Korb zeigen können. Auch diesmal wieder. Dein Ruf als unbesiegbare Amateurmykologin wird nicht in Frage gestellt werden.

Nach einer gewissen Selbstüberwindung lässt du diejenigen stehen, die noch nicht richtig erlaubt sind. Dir ist bewusst, dass eine andere missgünstige Person mit Hilfe dieser kleinen übrig gelassenen Pilze deine heiligen Plätze finden kann, aber du riskierst es trotzdem. Du bist immerhin einigermaßen zivilisiert. Es geht nicht um Raubbau.

Der Wald hat noch keinen Herbstcharakter, die Pilze haben noch nicht überhandgenommen, und es gibt keine überwucherten halbvermoderten Pilzkörper. Diejenigen, die hier so früh wachsen, sind gesund und wohlgeformt. Das einzig Gute an dem trostlosen Regen des Sommers, es gibt wenigstens viele Pilze.

Demütig nach unten blickend, nur nach unten, füllst du leicht und frohgemut deinen Korb mit Erstlingen. Wenn man Pilze finden will, muss man nämlich ein wenig demütig sein, seinen Nacken beugen können. Du findest ein paar ganz wurmfreie Steinpilze und so viele bleiche Stachelpilze, dass du sie nicht einmal alle nimmst. Der bleiche Stachelpilz kommt eigentlich viel später, aber in diesem Regensommer gibt es keine richtige Ordnung.

Du veränderst dich während dieser intensiven Stunden. Nicht nur seelisch, sondern auch körperlich. Zum Beispiel entwickeln deine Haare ein Eigenleben, wenn du im Wald unterwegs bist – sie sträuben sich von der Feuchtigkeit und bestimmt auch von der Erregung. Nadeln, kleine Zweige und das eine oder andere Insekt bleiben darin hängen, winzig kleine spinnenartige Kreaturen, die sich darauf verstehen, sich an den unmöglichsten Stellen zu verstecken. Keine Zecken, die gibt es Gott sei Dank in Bohuslän kaum. Deine Kleidung, zuvor ganz adrett, gerät rasch in Unordnung, während du dich kühn durch ein wildes und unwegsames Gelände mit tiefen Löchern, steilen Felsbrocken und seichtem Wasser bewegst. Wenn du dich also schließlich erschöpft, aber tief befriedigt auf den Heimweg machst, siehst du aus wie ein eigentümliches Waldwesen, nur halb menschlich.

Freundliche und wohlmeinende Menschen in deiner Nähe versuchen dich in regelmäßigen Abständen dazu zu überreden, immer einen jüngeren Begleiter dabeizuhaben, wenn du durch deine abgelegenen Wälder streifst. Du bist nicht mehr ganz jung. Aber du wehrst dich stets entschieden gegen diesen Gedanken. Du weißt ihre Fürsorge zu schätzen, aber allein dort herumzustreifen ist fast die einzige Form von Freiheit, die du mittlerweile hast. Du magst diese kleine Herausforderung. Du willst ganz einfach deinen Frieden haben und nicht erreichbar sein, wenn du dich da zwischen Wäldern, Bergen und Tälern bewegst. Das ist ja der Witz des Ganzen.

Während dieser Stunden hast du es geschafft, deine Lebenssituation zu überdenken, mit einigen feindlich gesinnten Menschen abzurechnen, dich mit anderen zu versöhnen und ein paar schwierige Knoten aufzulösen, denn man rückt die Dinge in die richtige Perspektive, wenn man durch den stillen Wald geht, während man dem Rauschen hoher Bäume lauscht, ganz allein auf sich gestellt.

Johannes Scotus Eriugenas Weisheit

Johannes Scotus Eriugena war, wie der Name schon sagt, Ire und wurde um 810 geboren. Im Jahr 850 wurde er der Lehrer am Hofe König Karls des Kahlen. Nicht ganz orthodox, wurde dieser – sehr neuplatonische – Philosoph und Theologe in aufreibende Lehrstreitigkeiten verwickelt. Unter anderem nahm er Abstand von Augustinus' Prädestinationslehre. Eriugena vertrat die Meinung, wir selbst würden unser Leben frei wählen. Möglicherweise ist das die Erklärung dafür, dass niemand so recht weiß, was aus ihm geworden ist. Und ebenso wenig, in welchem Jahr er starb.

Eriugena behauptete, alles, was existiert, könne nur dadurch existieren, dass es einen größeren oder kleineren Anteil an Gott hat. Daraus ergaben sich natürlich gewisse Probleme: Wie soll man ontologisch mit bösen Handlungen, bösen Menschen und bösen Dingen verfahren? Es wird notwendig, sie als im Grunde unwirklich zu deuten; das Böse und die Bösen haben eine nur scheinbare Existenz.

In einem anderen Erdteil und einem anderen Jahrhundert schrieb der große Argentinier Jorge Luis Borges eine Reihe von intellektuell vernichtenden Artikeln über den deutschen Nationalsozialismus und seinen untrennbaren Begleiter, den modernen Antisemitismus. Wohlgemerkt, er tat es zu einem Zeitpunkt, als dies in Argentinien nicht ganz ungefährlich war. Der erste seiner Artikel, der für sich genommen schon sehr klarsichtig ist, erschien 1937. »Ich weiß nicht, ob die Welt auf die deutsche Zivilisation verzichten kann. Es ist schändlich, daß diese durch Lehren des Hasses zersetzt wird.«

Der bemerkenswerteste Text erschien indessen 1944 und war ein Kommentar zur Invasion in der Normandie am 23. August. Er war in der Zeitschrift *Sur* im Oktober 1944 zu lesen und lässt sich heute in *Eine neue Widerlegung der Zeit und 66 andere Essays* studieren.

Hier beruft sich Borges nämlich ganz überraschend auf Eriugena. Nazi zu sein, sagt Borges, ist letzten Endes unmöglich.

Der Nazismus krankt an Irrationalität, wie die Höllen Eriugenas. Er ist unbewohnbar; die Menschen können für ihn nur sterben, lügen, morden, Blut vergießen. Niemand kann im einsamen Kern seines Ich wünschen, daß er siege. Ich wage diese Mutmaßung: Hitler will besiegt werden. Hitler kollaboriert blindlings mit den unentrinnbaren Heeren, die ihn vernichten werden; so wie die metallenen Geier und die Hydra (denen gewiß nicht verborgen blieb, daß sie Ungeheuer waren) auf geheimnisvolle Weise mit Herakles kollaborieren.

Dieser schöne und rätselhafte Text lässt sich, glaube ich, auf verschiedene Arten auslegen. Eine Lesart wäre vielleicht die folgende: Angenommen, Hitler hätte gesiegt und die nationalsozialistische Rassenutopie, der durch und durch militarisierte Staat mit seiner totalitären Staatsökonomie und den Sklavenländern rings um das deutsche Kernreich hätte triumphiert. Niemand hätte in einem solchen Milieu zu leben vermocht, genauso wenig wie man in einem der Schlösser des bayerischen Märchenkönigs leben könnte.

Es ist verlockend, sich dieses Theorem von Borges-Eriugena in Erinnerung zu rufen, wenn man von den modernen Taliban liest. Sie können töten, verwunden und sich in die Luft sprengen, aber sie tun es für eine ganz und gar leere Utopie, ein menschenleeres, trostloses islamisches Priesterreich, das es in der Weltgeschichte nie gegeben hat und auch nie geben könnte.

Als seltsame Schatten aus der absoluten Leere gekommen, treten sie aus eigenem Willen resolut wieder in dieselbe Leere ein.

Kandaules und Gyges

Von allen Geschichtsschreibern der Antike ist keiner so unterhaltsam wie Herodot. Er wurde vermutlich 484 vor unserer Zeitrechnung geboren. Wann er starb, weiß niemand, aber er hat in seinen *Historien* noch Anspielungen auf den ersten Peloponnesischen Krieg gemacht.

Im ersten Buch (7–13) erzählt Herodot eine Geschichte, die mich stets durch ihre kraftvolle moralische Pointe gefesselt hat. Die Frage ist, ob wir hier nicht einen Roman vor uns haben. Iris Murdoch hat das gesehen und in *Maskenspiel* etwas Ähnliches in modernem Milieu zu gestalten versucht. Aber nicht einmal ihr ist es so gut gelungen wie Herodot.

Es geht also darum, wie es kam, dass die sardische Königsfamilie, die Herakliden, nach zwanzig Generationen, oder im Jahr 505, den Thron von Lydien verlor. Derjenige, der dafür verantwortlich ist, Kandaules, der letzte Heraklide, verliebt sich, wie es heißt, »in seine eigene Ehefrau«. Schon hier meint man bei dem großen griechischen Geschichtsschreiber einen leicht kritischen Tonfall herauszuhören. Damit nicht genug, verhext von ihrer Schönheit, beginnt Kandaules vor seinem Vertrauten, einem Befehlshaber der Leibwache namens Gyges, damit zu prahlen. Er versucht Gyges davon zu überzeugen, dass dieser seine Frau nackt sehen müsse, um zu verstehen, wovon er spricht. Schließlich befiehlt er Gyges sogar, genau dies zu tun.

Bei den Lydern ist es eine ungeheuerliche Sache, die Gattin eines anderen Mannes unbekleidet zu sehen. Es wird nicht gesagt, aber man ahnt natürlich, dass Herodot das homosexuelle Element von Kandaules' unglücklicher Idee durchaus bewusst ist.

Gyges ist moralisch entrüstet und sagt, dies sei ein perverser und unsinniger Befehl, den er nicht ausführen könne. Mit allen erdenklichen Argumenten bekämpft er den Vorschlag, denn er ahnt, dass diese Idee zu nichts Gutem führen kann. Schließlich gibt er doch nach und versteckt sich im Schlafgemach des Paares, wo er also die schöne Königin nackt zu sehen bekommt, als sie sich zur Ruhe legt. Peinlicherweise entdeckt die Dame nun, was geschehen ist; sie sieht Gyges diskret aus dem Zimmer schlüpfen. Aber sie lässt sich nichts anmerken, erwähnt das Ereignis am folgenden Tag ihrem Mann gegenüber mit keinem Wort. Stattdessen schickt sie nach Gyges, der bei ihr in der Annahme erscheint, die Königin wisse nicht, was in der Nacht vorgefallen ist.

»Ja, Gyges«, sagt sie, »nun hast du zwei Möglichkeiten, zwischen denen du wählen kannst. Entscheide selber, wie du es haben willst! Entweder du tötest Kandaules und nimmst mich und den lydischen Thron. Oder ich werde dafür sorgen, dass du unverzüglich getötet wirst. Und da ist weiter nichts dabei.«

Gyges versucht erst, diese in seinen Augen unerträgliche Alternativen zu umgehen, aber die starke Königin ist unerbittlich. Vor der Wahl, entweder zu töten oder getötet zu werden, entscheidet sich Gyges für das Leben. Er tötet seinen Freund Kandaules; an derselben Stelle versteckt, an der er die nackte Königin gesehen hat, stürzt er mit einem Schwert hervor und ersticht Kandaules im Schlaf. Er gewinnt die Königin und die Souveränität über Lydiens Land und Volk.

Dies geht jedoch nicht ohne öffentliche Proteste ab. Nachdem aber auch die Pythia, das Orakel von Delphi, zustimmt, ist die Sache klar, und durch fünf Generationen behält seine Familie Lydiens Thron.

Tja, was sagt man zu so einer Frau?

Klima

Eine ungeheure Monotonie prägt die Welt in der Nähe des Äquators. Ein Gewährsmann hat mir versichert, er habe einen Sandsturm bemerkt, der zwei Monate lang jeden Nachmittag exakt um 16.34 Uhr aufzog.

Sicher war es so. Um den Äquator herum läuft das Kräftespiel zwischen Sonnenwärme, Meeresströmungen und Erdrotation ab wie ein Uhrwerk. Wozu man einen Wetterbericht braucht für diese Gebiete ohne Jahreszeiten, wo die Sonne immer zum ungefähr gleichen Zeitpunkt auf- und untergeht und die Temperatur nur zwischen Nacht und Tag wechselt, begreife ich nicht.

Je weiter man nach Norden oder nach Süden kommt, umso chaotischer und unvorhersehbarer werden die Kräfte. Der aufmerksame Hörer des schwedischen Wetterberichts entdeckt mit der Zeit, dass es hier zwei Hauptakteure gibt und fast alles sich um ihr Verhältnis zueinander dreht. Der Tiefdruck über den Azoren und der Hochdruck über Island. Oder umgekehrt. Diese im wesentlichen unvorhersehbare Pendelbewegung zwischen Norden und Süden nennt man Northern Atlantic Oscillation. Wenn der Luftdruck über Island niedrig ist und über den Azoren hoch, bekommen wir einen hohen Index, mit starken westlichen Winden über dem europäischen Kontinent. Ein niedriger Index ergibt kalte Winter und verregnete Sommer in Europa.

Dies ist nur ein Teil eines äußerst komplizierten Mechanismus, der von der Wissenschaft noch längst nicht erforscht ist. Es gibt nicht nur Isobaren und Isotherme. Es gibt auch die Zirkulation des Atlantiks, mit langsam sinkendem Salzwasser, das komplizierte Strömungen um Grönland, Island und Labrador herum formt und zum Wärmetransport beiträgt.

Die Renaissancedenker, zum Beispiel Giordano Bruno, der sich unseren Planeten als eine Art Organismus mit einem komplizierten Kreislauf von verschiedenen Flüssigkeiten vorstellte, waren vielleicht doch nicht so weit von der Wahrheit entfernt, wie man vermuten möchte.

Die Luftdruckverteilung über dem Nordatlantik verhält sich oft wie eine Schaukel und ist nur ein Beispiel unter vielen für solche komplizierten meteorologischen Mechanismen, wenn wir uns weit genug entfernt vom langweiligen Äquator bewegen. Sie bringen das hervor, was wir gewöhnlich Klima nennen, und zunehmende Klimaforschung deutet darauf hin, dass es eine größere Variationsbreite gibt, als man annehmen würde. Bekanntlich konnte man zu Shakespeares Zeit auf der Themse Schlittschuh laufen und den Fuchs vom Pferderücken aus jagen, und bis zum Beginn des 14. Jahrhunderts wurde in England noch reichlich Wein angebaut.

Wir haben wohl alle, eher intuitiv, ein Bild vom schwedischen 17. Jahrhundert als einem strengen Winter, nicht nur im übertragenen Sinn. »Preis sei Gott, dass die Häuser hohl sind«, soll ein Bischof damals ausgerufen haben, als er sich in einem heftigen Schneesturm zum Konsistorium durchkämpfte. Das 18. Jahrhundert verbinden wir hingegen gern mit grünen Parkanlagen, mit Fredman und seinen Nymphen, die unter den Eichen von Djurgården angenehm tafeln.

Ein faszinierendes Buch von Brian M. Fagan, *The Little Ice Age. How Climate made History 1300–1850*, bestätigt eigentümlicherweise dieses Bild. Die Klimahistoriker haben leicht divergierende Auffassungen davon, wann es begann und endete, aber einer vernünftigen Schätzung zufolge begann eine Periode mit einem deutlich verschlechterten Klima in Europa ungefähr mit dem katastrophalen Notjahr 1315 und endete ungefähr 1850. Fagan, ein Archäologieprofessor aus Kalifornien, hat in den letzten Jahren angefangen, sich mit den interessanten Auswirkungen des Klimas auf die Geschichte zu befassen. Eine Forschungsrichtung, die in gewissem Maß in den achtziger Jahren von der französischen Annalesschule begonnen wurde.

Fagan warnt zu Recht vor einer Art meteorologischem Determinismus; das Wetter ist nur eine der vielen Herausforderungen, die es in einer Epoche gibt, und die Art, wie man damit umgeht, kann variieren.

Woher weiß man, wie das Klima im 14. Jahrhundert war? Messungen von Niederschlägen und Temperaturen gibt es erst ungefähr seit dem Anfang des 18. Jahrhunderts. Wissenschaftlich interessierte Geistliche und andere Schreibkundige haben aber auch schon früher über das Wetter Buch geführt. Der tagebuchschreibende västmanländische Prälat Johan Fredrik Muncktell hat während mindestens drei Jahrzehnten täglich Aufzeichnungen über das Wetter in drei västmanländischen Pastoraten geführt. Bezeichnenderweise machte er keine numerischen Aufzeichnungen; was er über das Wetter schreibt, ist oft malerisch und detailliert, aber es ist subjektiv. »Sehr kalt«, »den ganzen Tag geregnet« sind typische Bemerkungen. Solche Notizen reichen weit zurück. Ein Chronist in Salzburg schreibt über das Jahr 1316: »Es gab so viel Regen, dass wir glaubten, die Sintflut sei gekommen.« Berichte über die Weinernte und subjektive Erzählungen werden heute durch zwei andere, sehr viel exaktere Messmethoden ergänzt: die Jahresringe in erhaltenem Holz und, noch exakter, die Bohrkerne, die aus Inlandeis und Gletschern entnommen werden. Der gefallene Schnee verwandelt sich im Gletscher zu beständigem Eis und ergibt eine Maßeinheit für die Niederschläge in einem Winter, ja, auch für die Länge des Winters.

Das Hochmittelalter, eine Epoche lebhafter intellektueller Kraft und großer Kathedralbauten, war wohl eine klimatisch angenehme Zeit mit sehr stabilen Verhältnissen und einer Durchschnittstemperatur von 0,7 bis 1 Grad über der des 20. Jahrhunderts. Das 14. Jahrhundert durchbricht diesen Trend. 1315 und 1316 sind furchtbare Hungerjahre. 1338/39 bricht die Pest in Zentralasien aus. Sie wird von einer Laus übertragen, die ihrerseits im Fell einer Rattenart in der Wüste Gobi lebt. Eine Theorie besagt, dass diese Tiere durch extrem trockene und kalte Verhältnisse in den großen zentralasiatischen Wüsten aus ihrem normalen Lebensraum vertrieben wurden. Einer anderen Theorie zufolge sind sie der Mongolenherrschaft bei ihrer gewaltigen Ausbreitung gefolgt, als Vorratsparasiten im Tross der Karawanen. Um die Mitte des 14. Jahrhunderts gelangten sie in die reichen italienischen Städte. Das war der Anfang der Pest, der wohl größten biologischen Katastrophe in Europa (bisher, fügt der Vorsichtige hinzu). Genua verlor 35 Prozent seiner Bevölkerung in der ersten Krankheitswelle, Paris und Umgebung hat Berechnungen zufolge zwischen 1328 und 1470 zwei Drittel seiner Bevölkerung eingebüßt. Die Legenden von verlassenen Dörfern und Kirchenruinen tief draußen in den großen Wäldern gibt es auch in Schweden und Norwegen. Die Mentalitätsveränderung, die eine Katastrophe solchen Ausmaßes bewirkt haben muss, ist schwer zu beschreiben, muss aber weitreichend gewesen sein.

Man darf sich diese kleine Eiszeit nicht als eine ruhige Periode von durchschnittlich niedrigeren Temperaturen vorstellen. Charakteristisch dafür sind eher plötzliche Schwankungen, eine wilde, chaotische Unruhe der nordatlantischen Luftdruckverteilung.

Diese Veränderungen reichen bis weit ins 19. Jahrhundert. 1816, »das Jahr ohne Sommer« mit extremen Nachtfrösten und scheinbar endlosem Regen, ist nur ein Beispiel. Zur Zeit Karls XIV. Johann verlesen die Pfarrer von der Kanzel herab, wie Muncktell in seinem Tagebuch berichtet, eine königliche Verordnung darüber, wie das Volk sich gegenüber den großen Scharen von umherstreifenden Bettlern verhalten soll, die der Hunger aus ihren Dörfern und von ihren Höfen vertrieben hat. Noch in der Mitte des Jahrhunderts werden in Paris Hilfsaktionen für hungernde Schweden durchgeführt. Zu diesem Zeitpunkt wird das Ende der kleinen Eiszeit angesetzt. Und sie endet, wie sie begann, mit einer Katastrophe: der irischen Kartoffelkrise, die über Jahrzehnte neunzigtausend Menschen pro Jahr zur Auswanderung in die USA trieb.

Natürlich kann Fagan nicht umhin, sich zur allerjüngsten Klimaentwicklung zu äußern. Auch hier bleibt er als Historiker kompetent. Dass der Londoner Nebel, gelb und dick, der durch Straßen und über Plätze schleicht und in Conan Doyles Sherlock-Holmes-Geschichten fette Tropfen an den Fenstern hinterlässt, im wesentlichen Menschenwerk ist, steht wohl außer Zweifel. Es war der Übergang vom Heizen mit Holz zum Heizen mit Steinkohle, der Londons Klima und Atmosphäre veränderte. Ich selbst habe ja erleben dürfen, wie in Berlin die geradezu ätzende Winterluft aus der Braunkohleverbrennung Hunderttausender von Öfen verschwunden ist. Heute ist Berlin ein Ort, wo man richtig gut atmen kann. Und das alles, weil Ostdeutschland befreit wurde.

Dass wir uns in der Periode einer sehr stabilen Erwärmung befinden, steht außer Zweifel. Allmählich beginnt die Einsicht in die wahre Bedeutung der Sonnenkorona und ihrer sehr großen Fluktuationen aber auch die Klimadiskussion zu beeinflussen.

Was Fagan darüber schreibt, ist technisch wohl nicht auf dem letzten Stand. Unter anderem spricht er von einem *Helioseismographen*, der »Schallwellen zur Sonne schickt« und das Resultat misst. Das muss ein verdammt bemerkenswertes Instrument sein, das Schallwellen durch den leeren Raum schicken kann! Was der gelehrte Archäologe vermutlich meint, ist der amerikanisch-europäische Forschungssatellit, SOHO genannt (Solar and Heliospheric Observatory). Aber woher er seine Schallwellen bekommen soll, ist schwer zu sagen. Die Pläne für einen Heliomagnetographen, die es gibt, haben noch keine ablesbaren Resultate geliefert.

Fluktuationen in der Sonnenkorona könnten hingegen sehr wohl der Grund dafür sein, dass die Ozonschicht in der Erdatmosphäre abnimmt, und zwar besonders am Südpol. In diesem Fall hilft es nichts, die Entwicklungsindustrien in der Dritten Welt zu beschneiden.

Wie dem auch sei: Alles, was Fagan zu berichten hat, ist eigentlich ein gutes Argument gegen die oft gehörte Behauptung, dass die globale Erwärmung jetzt gekommen sei, um für immer zu bleiben. Wenn so große Schwankungen im klimatischen System in der Vergangenheit möglich waren, gibt es kaum einen Grund anzunehmen, dass dieses mächtige System jetzt eine neue Bahn eingeschlagen hat, die es für immer beibehalten wird.

Kriminalromane

Mit Kriminalromanen »entspannt man sich«, wie es heißt, »in der Hängematte«. Und das kann man auf viele verschiedene Arten tun. Statt sich in die heutigen, für mein Gefühl oft miserabel geschriebenen und vor allem sozialweinerlichen Kriminalromane zu vertiefen, kann man sich an ein paar friedlichen Nachmittagen den Fünfziger-Jahre-Büchern von Stieg Trenter widmen oder einem Werk von ganz anderem Charakter, den Erzählungen, die Jorge Luis Borges im Jahr 1941 zusammen mit dem jungen Adolfo Bioy Casares veröffentlichte: *Sechs Aufgaben für Don Isidro Parodi.*

Was sie verbindet, allen Ungleichheiten zum Trotz, ist eine Einstellung zum Detektivroman, die man vielleicht klassisch nennen könnte.

In seiner reinsten und ursprünglichsten Form ist der Kriminalroman eine Rätselliteratur. Die grundlegende Spielregel ist, dass der Verfasser – oder derjenige, der das Rätsel aufgibt – dem Leser oder Adressaten keine Voraussetzung vorenthalten darf, die nötig ist, um das Rätsel zu lösen. Oder nehmen wir ein Beispiel von Umberto Eco. Jemand fragt: Ein Schiff ist dreißig Meter lang, hat kürzlich in Genua angelegt und segelt mit einer Geschwindigkeit von zwölf Knoten. Wie alt ist der Kapitän? Und dann antwortet der Fragesteller selbst: Dreißig Jahre. Wie kann er das wissen? Nun, der Kapitän hat es ihm erzählt.

Das ist offensichtlich eine ungültige Art, Rätsel aufzugeben oder zu formulieren. Der Fragesteller muss mit offenen Karten spielen.

Eine andere Eigenheit von Rätseln ist, dass die Frage, die gestellt wird, vermutlich nur eine einzige Antwort hat. Was ist es, das geht und geht und nie zur Tür kommt? Die Uhr. Aber ist es wirklich nur die Uhr, die sich so aufführt?

Gibt es nur einen Mörder im Falle der Leiche des Erbonkels, die man in der Bibliothek fand? Wie oft erleben wir es nicht in der Wirklichkeit (deren Morde sowohl trivialer als auch oft so erschütternd industriell sind, verglichen mit den alten Detektivromanen), dass die Mörder ein Kollektiv sind, so vielfältig und so gesichtslos, dass der Ausdruck »Mordrätsel« sich nie würde einstellen können?

Und außerdem: Wie oft erleben wir nicht, dass ein Ereignis mehr als eine Ursache hat? Wie oft ist es nicht sowohl ein verschlissener Magnet als auch eine schlechte Zündkerze, weshalb der Außenbordmotor nicht anspringt?

Und wie oft stirbt der Patient nicht an drei, vier verschiedenen Altersgebrechen auf einmal! Die in der Wissenschaftstheorie so wichtige Unterscheidung zwischen notwendigen und hinreichenden Bedingungen kommt in der Welt der Kriminalrätsel selten zur Anwendung. Und vielleicht ist das gut so. Bisher hat niemand wirklich zufriedenstellend erklärt, was eine hinreichende Bedingung eigentlich ist. (Hätte der Zweite Weltkrieg nicht stattgefunden, wenn Adolf Hitler als Achtjähriger an Masern gestorben wäre?)

Conan Doyles Romane und Erzählungen halten sich im wesentlichen an dieses Rätselmuster, genau wie Wilkie Collins und etwa zwei Generationen später Agatha Christie. Aber bereits vom Beginn des Genres an gibt es auch den entgegengesetzten Ansatz, den journalistischen. Der Verfasser öffnet dem erstaunten Leser die Tür zu einem geheimen Raum des gesellschaftlichen Lebens, zeigt ihm seine verborgenen Greuel, seine Keller und Speicher. Der Erzähler tritt als ein Eingeweihter auf. In dem modernen schwedischen Detektivroman scheint dieser journalistische Ansatz, der wohl seit dem Beginn der Zeitungspresse und Eugène Sues *Geheimnissen von Paris* existiert, ganz dominant geworden zu sein. Der Kriminalroman neigt dazu, ein Sozialroman zu werden.

Schon in Maj Sjöwalls und Per Wahlöös Martin-Beck-Romanen gab es diese Perspektive. Unter anderem deshalb waren sie zum Zeitpunkt ihres Erscheinens interessant und neu. Aber diese Bücher behielten trotzdem die klassische Rätselform. Die heutigen schwedischen Kriminalromane haben – über eine schwammige und jämmerliche Prosa hinaus – eine starke Tendenz, in Gesellschaftsjournalismus überzugehen. Das ist vielleicht notwendig in einer Zeit, in der das Verbrechen sich nicht mehr so exklusiv ausnimmt wie zur Zeit von Stieg Trenter. In den Trenterromanen gehört der Mörder fast ausnahmslos der gebildeten Mittelschicht an. Wenn die heutigen organisierten Gangsterbanden einander in Großstadtdistrikten niedermähen, geschieht das zweifellos in ganz anderer Atmosphäre als diese Oberklassenmorde.

»Gestern habe ich schräg gegenüber am Kaj mit Svante Freij zu Abend gegessen, und dann fuhren wir hinaus nach Rosenhill und hatten ein Gespräch mit der Witwe.«

»Das wissen wir. Svante Freij hat uns heute Morgen sein Herz ausgeschüttet. Haben Sie nicht über diese Tochterfirma gesprochen, die Erik Karmann gestartet hat?«

»Das stimmt«, sagte ich, »aber hat der gute Svante von diesem Arztbesuch erzählt, den wir in Gamla Stan abge-

stattet haben, nachdem wir vom Djurgården zurückge-
kommen sind?«
Vesper Johnson ließ sein sardonisches Lachen hören.

(*Sturemordet*, 1962)

Dieser Dialog ist außerordentlich primitiv und klingt fast, als sei er einem schwedischen Sprachführer für ausländische Touristen entnommen. Haben die Leute je so gekünstelt gesprochen? Aber das Auffallendste ist natürlich die totale Veränderung des Tonfalls im schwedischen Kriminalroman zwischen den sechziger Jahren und dem 21. Jahrhundert.

Das klassische Kriminalrätsel ist ein Spiel mit praktisch unbegrenzten Möglichkeiten. Wie Umberto Eco in seiner großartigen wissenschaftstheoretischen Studie *Hörner, Hufe, Sohlen. Einige Hypothesen zu drei Abduktionstypen* darlegt, geht es nicht um Ableitungen (alle Bohnen in diesem Sack sind weiß, dies ist eine Bohne aus diesem Sack, also …), auch nicht um eine Induktion (bisher haben sich alle fünftausend Bohnen, die ich dem Sack entnommen habe, als weiß erwiesen, also …), sondern um die Operation, die nach dem großen amerikanischen Philosophen Charles Sanders Peirce gewöhnlich unter dem Namen Abduktion firmiert. Das ist eine heiklere, tatsächlich immer etwas abenteuerliche Art der Schlussfolgerung. Ich sehe einen Bohnensack. In der Nähe liegen einige Bohnen. Können diese Fakten etwas miteinander zu tun haben? Kepler beobachtet die Position des Planeten Mars zu zwei verschiedenen Zeitpunkten und entdeckt, dass diese Positionen unmöglich beide zu einer Kreisbahn gehören können. Wäre es möglich, dass die Planetenbahnen nicht kreisförmig sind?

In den Sherlock-Holmes-Erzählungen wimmelt es von Abduktionen. Der merkwürdige Detektiv, Don Isidro Parodi, den Borges und Bioy Casares verwenden, ist ein Gefangener in einer Zelle. Und er verlässt sie nie. Seine Klienten kommen zu ihm und erzählen ihm ihre Fälle. Und Don Isidro Parodi hört mit der geschärften Aufmerksamkeit des Gefangenen zu und macht seine perfekten Abduktionen.

Selten hat sich ein Kriminalroman weiter von der sozialen Wirklichkeit entfernt. Trotzdem haben diese Erzählungen ein seltsames Eigenleben. Der Gutsherr lässt seine Peonen unter dem Balkon der Hazienda mit den Stieren paradieren. Und verheerend kommt der heiße Nordwind. Und alles, was geschieht, folgt einem ungeschriebenen, aber strengen Szenarium.

Kublai Khan und seine merkwürdige Kanne

Wir leben in einer Zeit, in der die Flugplätze anfangen, einander so sehr zu gleichen, dass der Reisende auf seinem Weg – sagen wir von Austin, Texas, nach Tokio, vielleicht mit einer Zwischenlandung in San José in Kalifornien – den Eindruck hat, er wäre in ein und demselben Gebäude, das den Namen Airport trägt, durch endlose Korridore gewandert. Diese internationale Landschaft mit Flughäfen, standardisierten Hotels (ohne den früheren Luxus der wirklich feinen Hotels, wie man sie heute eigentlich nur noch in Lissabon, München oder Paris findet) und die grob vereinfachte Darstellung der Weltgeschichte durch CNN auf dem Fernsehschirm im Hotelzimmer kann man natürlich auch meiden. Es gibt ja noch Gasthäuser im Allgäu, wo man dem entgeht. Aber für jemand, der eilige Angelegenheiten zu erledigen hat, wird das Reisen unbestreitbar zu einer immer abstrakteren Tätigkeit; ungefähr wie der Besuch beim Friseur, nur mühsamer.

In einer solchen Zeit ist es gut, wenn man auf die großen Reisenden der Vergangenheit zurückgreifen kann: Marco Polo aus Venedig, der im 13. Jahrhundert fast die gesamte damals bekannte Welt bereiste, besonders die Mongolei und China, oder der große Marokkaner Ibn Battuta (1304–1369), muslimischer Pilger, der uns unter anderem eine der ersten Beschreibungen nordischer Kaufleute geliefert hat, die er in dem Gebiet des späteren Russland antraf. Sie seien entsetzlich unsauber, meint er, da sie bei der Morgentoilette dasselbe Wasser verwendeten, um Gesicht und Hände zu waschen. Und noch so viele andere, Carl von Linné und seine Schüler, Astolphe de Custine, Charles Darwin und Sven Hedin.

Besonders unterhaltsam in Marco Polos Reiseberichten sind die Bilder, die er vom Leben des Herrschers über China und die Mongolei zeichnet, des Großkhans Kublai Khan (ca. 1215–1294). Für das christliche Europa, insbesondere Osteuropa, wie auch für China war die plötzliche und scheinbar unaufhaltsame Expansion der Mongolen der reinste Greuel. 1238 berichtet ein Mönch in St. Albans, es gäbe keinen Salzhering mehr zu kaufen, da die skandinavischen Kaufleute die Ostsee nicht zu befahren wagten, aus Furcht vor den Mongolen. Diese Reiter, Bogenschützen, Nomaden und Jäger verstanden es wirklich, Angst und Schrecken um sich zu verbreiten.

Kublai Khan ist bereits ein wenig verfeinerter und staatsmännischer als seine wilden Vorgänger. Und er ist zugleich Kaiser von China. Für Marco Polo bedeutet es natürlich eine besondere Ehre, einem so gefürchteten und mächtigen Herrscher als Ratgeber und Diplomat zu dienen. Sein Tonfall kann manchmal ein wenig an westeuropäische Kommunisten erinnern, wenn sie 1936 aus Moskau zurückkamen und über die Vortrefflichkeit aller Dinge berichteten.

Nun beschreibe ich euch ein kaiserliches Festgelage. Der Tisch des Großkhans steht auf einem Podium. Er sitzt mit dem Rücken gen Norden, sein Blick geht nach Süden. Zu seiner Linken sitzt seine Hauptfrau. Auf der rechten Seite, ein wenig tiefer, haben die Söhne, die Neffen, die Blutsverwandten ihre Plätze.

Und so geht es weiter mit der Schilderung. Was er da beschreibt, muss mit seinen vielen unterschiedlichen Ebenen ausgesehen haben wie eine menschliche Pyramide. Mächtige Becher und Kannen aus Gold zieren die Tische. Aber das merkwürdigste von allen Gefäßen ist eins, das durch die Luft geschwebt kommt und den Becher des Khans füllt, ohne dass eine menschliche Hand es berührt. Denn der Großkhan hat eine beträchtliche Anzahl von Zauberern in seinen Diensten, die solche Wunder zu vollbringen vermögen.

Warum auch nicht?

Labyrinthe

Es gibt divergente und konvergente Labyrinthe. Bei Borges' »Der Garten der Pfade, die sich verzweigen« zum Beispiel entfernt sich der Wanderer immer mehr vom Ausgangspunkt, je weiter er geht. Es ist also ein divergentes Labyrinth. Ein gutes Beispiel für ein konvergentes Labyrinth findet man in Jerome K. Jeromes lustigem Schelmenroman *Drei Mann in einem Boot*. Im siebten Kapitel geraten die Helden in das Gartenlabyrinth von Hampton Court. Und Harris will eine Schar von ratlosen Touristen, die schon lange da herumirren, den Weg zum Ausgang zeigen. Er verliert stark an Autorität, als die Schar zum dritten Mal an der

Stelle vorbeikommt, wo eins der Kinder seine Eistüte verloren hat.

Etwas feierlicher nimmt sich das konvergente Labyrinth in August Strindbergs *Traumspiel* aus, wo die Handlung wieder und wieder zu einer Speisekammertür mit einem charakteristischen Lüftungsloch in Form eines vierblättrigen Kleeblatts zurückkehrt. Im ersten Akt ist es eine Speisekammer, in einem späteren eine Tür in einem Anwaltsbüro und im letzten Akt die Tür einer Kathedrale.

Gibt es irgendeinen Grund, sich in philosophischen Seminaren für Labyrinthe zu interessieren?, fragt sich ein Freund der Ordnung.

Ja. Einige davon haben interessante topologische Eigenschaften; sie basieren auf interessanten Zahlenverhältnissen. Aber viel interessanter ist natürlich ihre Rolle als Metapher für die Welt, in der wir leben.

Lesen

Es ist doch ungerecht, dass tote Schriftsteller nicht spüren können, wenn man sie liest! Können lebende Schriftsteller spüren, wenn man sie liest? Vor einigen Jahren auf dem Campus der University of Texas, in dem alten, klapprigen und langsamen Aufzug in der Garrison Hall, habe ich zufällig ein schönes neues Exemplar einer Ausgabe meiner eigenen Gedichte unter dem Arm.

Im ersten Stock steigt ein energischer junger Mann ein (ungefähr doppelt so groß wie ich, so dass er sozusagen alles von oben mustern kann), der sofort das Buch entdeckt und energisch ausruft:

»Dieses Buch müssen Sie unbedingt lesen!«

»Tatsächlich?«

»Unbedingt!«

»O.K.«, sage ich. »Ich habe es einmal vor langer Zeit gelesen, aber ich werde es noch mal lesen. Versprochen.«

Das rundliche Mädchen mit den sehr dicken Brillengläsern kam durch den philosophischen Korridor gerannt, bog sich vor Lachen, lief in mein offenes Arbeitszimmer und ließ einen Stapel Bücher direkt unter meiner Nase auf den Schreibtisch fallen. Ich fand dieses Verhalten selbst für eine Doktorandin meines Instituts merkwürdig, bis ich begriff, dass das Mädchen mir etwas zeigen wollte, worüber sie so lachen musste, dass sie fast zu ersticken drohte. Sie musste sich ganz einfach einem anderen Menschen mitteilen.

Es stellte sich heraus, dass es die Einleitung eines von J. F. Simmons Lehrbüchern über Topologie und abstrakte Algebra war, worin der Verfasser sagt, dass das Studium der Topologie uns in einen tiefen Abgrund führen könne, nämlich den der Philosophie und der philosophischen Grundlagen der Mathematik.

Das fand sie unbeschreiblich komisch und lustig. War Gödels Beweis etwa nicht seiner Natur nach topologisch?

Süße Jugend, in der man sich über einen solchen Text so amüsieren kann! Es setzt Unschuld voraus, aber was für eine Art von Unschuld, ist schwer zu sagen. So viel ist mir klar, dass man auf das Gelesene anders reagiert, wenn man jung ist. Ergriffen von allem Ergreifenden, erregt – wie dieses Mädchen – von allem Komischen, auf das man stoßen mag. Oder höhnisch ausgelassen, wenn man meint, es besser zu wissen.

Zwischen dreißig und vierzig verbrachte ich einige Jahre in einem Verlag. Ich glaube, das hat meinem Lesen fast fürs ganze Leben geschadet, weil ich gezwungen war, so schrecklich viele schlechte Manuskripte zu lesen. Die eigentliche Aufgabe eines Verlagslektors ist es ja, ein Filter zu sein. Ich erinnere mich heute noch, mit einer Art von stillem Unbehagen, wie die Manuskriptbündel überall in Stapeln lagen, sogar auf dem Fußboden meines Arbeitszimmers. Und ihre unendliche Monotonie. Wie die gewohnten, erprobten und abgenutzten Tricks des Erzählens sich wiederholten. Wie alles in ausgefahrenen Geleisen lief wie die alten Wagenspuren im Kalkstein von El Camino Réal. Die Wahrheit, die düstere Wahrheit, ist ja, dass es sich mit dem meisten, was auch in einem besseren Verlag ankommt, so verhält. Und daher verliert man etwas von seiner Unschuld gegenüber dem Gelesenen.

Dies gilt übrigens nicht nur für unveröffentlichte Manuskripte. Ich muss bekennen, dass fast alle Lyrik-Neuerscheinungen, die ich in den mir geläufigen Sprachen lese, mich ungeheuer langweilen. Sie wiederholen alte modernistische Verfahren, die möglicherweise um 1920 herum neu erscheinen konnten. Und wieder und wieder dieser wunderliche Versuch, eine Sprache für die Eingeweihten zu schaffen, eine Achselhöhle zum Hineinflüstern.

Der ausgezeichnete junge Lyriker Dirk von Petersdorff hat festgestellt (in der *Neuen Rundschau*, Nr. 4, 1997), dass diese ganze längst verbrauchte Bewegung der antidemokratischen, antikonsumorientierten, antitechnologischen Modernisten jetzt sehr schnell zu schrumpfen und hinter dem Horizont zu verschwinden scheint. Er hat natürlich recht – das Interessante ist, dass er mutig genug ist, es zu sagen. Aber natürlich werden Lyriker noch in zehn Jahren sibyllinisch den Untergang des gewöhnlichen, normalen und produktiven Lebens beschwören. Lasst sie nur. Die Gefahr, dass der Rückfall in den Modernismus zu einer Massenbewegung wird, ist vernachlässigbar.

Libau

Unter dem Stichwort »Libau« in *Nationalencykopedin* steht kurz und gut »der deutsche Name für die Stadt Liepāja in Lettland«. Unter dem Stichwort »Liepāja« steht: »Die Stadt, an der Ostseeküste gelegen, ist ein wichtiger Tiefwasserhafen«. Für mich ist es selbstverständlich, dass diese Stadt Libau heißen muss – »die Stadt der Linden« –, das war die Stadt meines Vaters, eine Stadt, die er liebte, aber kurz vor Ausbruch des Ersten Weltkriegs verlassen musste und in die er nie mehr zurückkehrte. Nicht einmal als die Stadt mit ihren langen weißen Stränden in den dreißiger Jahren so etwas wie die Riviera der Schweden wurde. Später kam sie unter sowjetische Herrschaft, und es wurde unmöglich, dort hinzureisen. Die Stadt war eine Militärbasis und für Ausländer gesperrt. Im übrigen glaube ich, dass mein Vater es nicht verkraftet hätte, die Veränderungen zu sehen, welche die Stadt hat durchmachen müssen. Für uns Kinder wurde Libau mythisch, die Stadt jenseits des Meers, in die man nie kam – wenn Papa gute Laune hatte, erzählte er von all den spannenden und besonderen Dingen, die er in dieser Stadt erlebt hatte –, wurde zum Sinnbild für das Phantasieren und das Märchen.

Als Papa sechs Jahre alt war und in der Uelichstraße am Fenster saß, den Kopf in die Hände gestützt, und die Welt da draußen betrachtete, sah er den Zaren und den bluterkranken kleinen Zarewitsch vorbeifahren, die ein paar Tage in einem Kurhotel ganz in der Nähe verbringen wollten. Das muss 1901 gewesen sein. Meine Brüder und ich besuchten Libau (Liepāja) 1990, als es wieder möglich war, dort hinzufahren, gut zehn Jahre nach Papas Tod, und das Haus – eine Patriziervilla von der Art, die es in der Florastraße in Stockholm gibt –

war bemerkenswerterweise noch erhalten, wenn auch stark verfallen.

Jedenfalls stand ich 89 Jahre später am gleichen Fenster und konnte mir gut vorstellen, wie der prachtvolle Wagen, mit dem Zaren und seinem kränklichen Sohn, von vier Pferden gezogen, vorbeigefahren war. Auch das Kurhotel, ein schön verziertes Holzgebäude, lag da, nahe am Strand. Überhaupt gab es die alten Straßen und Häuser noch, es war, als sei eine Glaskuppel darübergestülpt worden. Dass es nur wenige Autos gab, trug zu dem Eindruck bei, dass die Zeit irgendwie stillgestanden war. Indessen waren die Häuser verfallen und sehr sanierungsbedürftig. Während der sowjetischen Zeit war es kaum möglich, auch nur Farbe oder etwas anderes zur Renovierung zu besorgen. Die Entwicklung der Stadt war tatsächlich seit vielen Jahren rückläufig – in den Dreißigern war das Baltikum auf demselben Standard gewesen wie Schweden.

In dem Libau, von dem Papa erzählte, gab es Hundefänger, die freilaufende Hunde einsammelten – man hatte natürlich Angst vor der Tollwut. Tags darauf musste man seinen Hund abholen, hinter großen Gittern, wo sich eine Menge Dorfköter wild bellend gegen den Zaun warfen. Diejenigen, die nicht abgeholt wurden, brachte man um. Einmal hatte einer der Hunde der Familie, der »feine« Pudel Pluto, sich losgerissen und musste die Nacht hinter Gittern verbringen. Papa behauptete übrigens, dass der zweite Hund, der große nette Hofhund Nalle, der nicht ins Haus durfte, sondern seine Tage draußen auf dem Hof verbrachte, tatsächlich lachen und andere menschliche Gefühle ausdrücken konnte. Sagte man: »Was sagt der Hund?«, zeigte Nalle mit abgewandtem Kopf deutlich, dass ihm diese Frage peinlich war – es war gleichsam unter seiner Würde zu bellen. Damals gab es auch eine Art von wunderbarem Gebäck, das »ungesund« genannt wurde – die Kekse waren aus einem Brei von unverkauftem Gebäck vom Vortag gemacht und mit süßem Likör getränkt, also vermutlich ganz unwiderstehlich. Im Besitz der Familie befand sich eine Ölfabrik, man produzierte Margarine und essbare Fette verschiedener Art, so dass Papa immer alle Taschen voller Kokosstücke hatte, die er großzügig unter den Kameraden in der Schule verteilte.

Libau war eine traditionelle Seefahrerstadt, eine der größten Nordeuropas, mit lebhaften Verbindungen zu anderen Ländern, aber während der sowjetischen Zeit war diese Seefahrt fast zum Erliegen gekommen. Als wir auf dem Friedhof standen, auf dem Papas kleiner Bruder, vier Jahre alt, begraben worden und allein zurückgeblieben war, als die Familie das Land für immer verlassen hatte, sahen wir im Hafen unten eine Menge sowjetischer U-Boote liegen, mittlerweile in überwiegend schrottreifem Zustand. Der kleine Vierjährige war an Blinddarmentzündung gestorben – im Jahr darauf hatte man erstmals geglückte Blinddarmoperationen durchgeführt. Er liegt jetzt im gleichen Grab, mit zwei viel später bestatteten lettischen Männern zu beiden Seiten. Zu Papas Zeiten blieb die recht große nordische Kolonie weitgehend für sich, die Familie lernte beispielsweise nie Lettisch, die Klassenunterschiede waren deutlich spürbar. Dieses Grab etabliert eine Art endgültiger Gleichberechtigung.

Luxus

Västmanlands am schönsten gelegener Kaufladen war ohne Zweifel Ängelsbergs Brukshandel. An einem Hang oberhalb der Bahnstrecke, mit einer meilenweiten Aussicht auf die ständig die Farbe wechselnden großen Flächen des Åmänningen. Ja, sogar die ersten Berge von Dalarna, Jätteåsarna, konnte man von dort aus sehen. Dies war der Blick vom Parkplatz des Ladens. Er veränderte sich auf wunderbare Weise mit den Jahreszeiten, aber auch mit den Tageszeiten.

Ja, es war ein richtiger ländlicher Kaufladen, intim, könnte man sagen, eng und nach Gewürzen duftend, nicht selten mit unbegreiflichen Fleischwaren in den Auslagen, mit spielenden Kindern und schwatzenden Pensionären. Allerdings war ein Berater von ICA auf die wahnwitzige Idee gekommen, aus diesem Laden einen Selbstbedienungsladen zu machen, was dazu führte, dass die Leute sich in den schmalen Gängen drängelten und dass es immer zwei Menschenströme in entgegengesetzte Richtungen gab: diejenigen, die gefunden hatten, was sie suchten, und diejenigen, die noch suchten. Der Laden war nicht nur ein Ort, wo man Fleischwurst und Brotlaibe fand; hier wurden private Geschäfte gemacht, hier diskutierte man über Fischrezepte und Abholzung. Und hier trafen die Sommergäste Handwerker, die Bootsbesitzer Mechaniker.

Ängelsbergs Brukshandel ist mittlerweile eine Kunstgalerie. Die Frau eines meiner Freunde hat dort ausgestellt. Ich habe mich nie hineingewagt. Ich würde den Schock nicht ertragen.

Als die Tankstelle von Västerfärnebo von Shell geschlossen wurde, hatten wir, die wir in Nyhyttan wohnten, zwanzig Kilometer zur nächsten Tankstelle, das heißt, hin und zurück vierzig. Da die Umweltfreunde im Reichstag völlig unrealistische Benzinsteuern erzwungen hatten, bedeutete das eine nicht geringe Belastung für uns Bewohner der spärlich besiedelten Gebiete und für die Sommergäste.

Als ich in den siebziger Jahren nach Australien fuhr, warnte mich ein fürsorglicher Arzt: Nimm einen Reservetank mit nach Westaustralien! Du weißt nie, wann die nächste Tankstelle auftaucht.

Die finstere Wahrheit ist, dass es jetzt im nördlichen Västmanland so auszusehen beginnt. Der mathematisch Begabte kann natürlich eine Formel finden, die besagt, wann bei einer gegebenen Tankkapazität das Autofahren unmöglich wird, da das Benzin nicht mehr für die Heimfahrt reicht.

Es wäre noch viel dazu zu sagen. Die starke Position der Ladenketten: Warum haben wir in der Lebensmittelbranche keine normalen Kleinunternehmer mehr, sondern zwei Riesenkonzerne, die oft in Zusammenarbeit mit den Lokalpolitikern verhindern, dass sich eine Konkurrenz etabliert?

Stille, frische Luft und sauberes Wasser gehören in der heutigen Welt zu den vorrangigen Privilegien, die ein Mensch sich wünschen kann. Die Verschlechterung der Infrastruktur in den dünnbesiedelten Gebieten wird diese Privilegien irgendwann unerreichbar machen.

Makrele

In fast jeder Hinsicht ist die Makrele das Gegenteil vom Hecht.

Der Hecht jagt allein, listig, immer hungrig, lustvoll, brutal. Die Makrele scheint fast unfähig, auch nur wenige Minuten außerhalb des gewaltigen Schwarms zu leben, in dem sie sich gewöhnlich aufhält.

Wenn man die relativ leergefischten Binnenseen kennt, ist man von den enormen Makrelenschwärmen beispielsweise im Skagerrak geradezu überwältigt, wo man, wenn es einem gelingt, sich über der richtigen Tiefenströmung zu plazieren, und wenn nicht allzu viele Seehunde in der Nähe sind, innerhalb einer Minute so viele Makrelen fangen kann, wie es Haken an der Handleine gibt. Es kommt öfter vor, dass einer der kleinen Fischerkähne, welche die Makrelenfischer im Sommer in diese nordischen Gewässer hinausbringen, mit tausend Kilo Makrelen heimkehrt.

Wie alle Kollektivisten ist die Makrele ziemlich dumm. Außerdem lebt sie ein unangenehmes Leben. Der grausame Exzentriker, der die Tierwelt erschaffen hat, hat es versäumt, gerade diesen bläulichen, leopardengemusterten Fisch mit einer so einfachen Einrichtung wie einer Schwimmblase auszustatten. Daher ist sie vom Schlüpfen bis zum Tod dazu verurteilt, sich in ewiger Bewegung zu befinden. Sie muss ganz einfach schwimmen, um nicht zu ertrinken. Das heißt: in eine größere Tiefe abzusinken.

Wer im Frühling einen Spatzenschwarm oder im Herbst einen Dohlenschwarm beobachtet, wird sich wohl Gedanken darüber machen, wie sich die Kollektive bewegen, als seien sie eigentlich ein einziger Organismus. Wie können alle Dohlen auf einmal nach steuerbord um den Domkirchturm einbiegen? Und drei Sekunden später nach backbord? Genauso seltsam ist die eigentümliche Fähigkeit des Makrelenschwarms, im gleichen Moment Impulse an alle Beteiligten zu senden.

Haben die Tiere telepathische Fähigkeiten? Oder gründet sich ihr Verhalten nur auf eine für uns unfassbare Gleichheit in Reaktionen und Verhalten? Im Unterschied zum Hecht, der den Kampf auf dem Bootsboden oder im Netz ungern aufgibt, ehe ihm nicht ein paar resolute Schläge mit der Keule ein Ende gemacht haben, und der oft noch im Todeskampf etwas von der ihm innewohnenden Bosheit zeigt, stirbt die Makrele einen leichten Tod. Sie ist unschuldig, wie Kollektivisten es oft sind, und das Unschuldsvolle folgt ihr bis in die Küche.

Frische Makrele, in Butter gebraten und mit etwas grünen Kräutern im Bauch, kann ausgezeichnet schmecken. Aber nach nur wenigen Tagen in der Tiefkühltruhe wird sie holzig. Geräucherte Makrele, die es oft in Restaurants gibt, nicht selten mit Spinat, erfordert tatsächlich Branntwein und ein Pils, um den Gourmet zufriedenzustellen.

Die verschiedenen Konservierungsarten zeugen alle von dem Versuch, einen Fisch, der eigentlich eine Abstraktion ist, interessant zu machen.

»Maxim Gorki« – eine tragische Fliegererinnerung

Ein Ort, den zu besichtigen man nicht versäumen sollte, wenn man Moskau besucht, ist der Friedhof des Neuen Jungfrauenklosters. Er liegt in der nordwestlichen Ecke, nicht weit vom Dynamostadion. Das Kloster mit seinen imposanten Ziegelmauern, eine Erinnerung an die Zeit, als russische Klöster ebenso sehr Verteidigungsanlagen wie geistige Hochburgen waren, mit Schießscharten in den Wehrtürmen, beherrscht ein ziemlich großes Gelände. Der Friedhof ist als Begräbnisstätte ebenso interessant wie die Kremlmauer mit ihren eigentümlichen Kolumbarien. Ja, vielleicht sogar interessanter. Unter großen grünen, schattigen Bäumen breitet sich ein kolossales Gewimmel von Gräbern und Grabmonumenten aus, zum großen Teil mit Skulpturen in dem realistischen Stil, den die sowjetische Kunst bevorzugte. Einige dieser Skulpturen wirken in ihrer Detailtreue leicht komisch; der Radiosprecher, dessen eherne Stimme während des Zweiten Weltkriegs die großen Ereignisse bekannt gab, steht mit Brille und Mikrophon auf seinem Grabstein.

Andere Grabmäler sind hingegen schön.

Seltsam ist die Nachbarschaft der verschiedensten Toten, von Guten wie Bösen. Der Massenmörder Kaganowitsch teilt den Friedhof mit Michail Bulgakow. Immer liegen Blumen auf dem schlichten Grabstein des Verfassers von *Der Meister und Margarita*. Da liegen Molotows unglückliche Ehefrau und Stalins noch unglücklichere Gattin Allilujewa. Nikita Chruschtschow, der einzige sowjetische Regierungschef, der nicht in der Kremlmauer gelandet ist, hat einen schwarzweißen, beinah modernistischen Grabstein. Warum, ist schwer zu sagen.

An der südlichen Mauer befindet sich ein eigentümliches Monument, die große Abbildung eines offenbar gigantischen Flugzeugs, direkt auf der Ziegelmauer, und darunter zeigt ein Hochrelief eine Reihe von Piloten im Profil, mit Lederhauben und Fliegerbrillen der dreißiger Jahre.

So mancher Tourist mag sich gefragt haben, was dieses selbst für sowjetische Begräbnissitten ungewöhnliche Monument darstellt.

Es ist ein Denkmal für das Riesenflugzeug »Maxim Gorki«, benannt nach dem durchaus mittelmäßigen Schriftsteller und leider auch Bewunderer der Straflager entlang dem Weißmeer-Kanal, der eher zufällig für die Legitimation des Stalinismus so wichtig wurde, dass noch heute Orte und Einrichtungen in der russischen Republik seinen Namen tragen.

Die »Maxim Gorki« war eins der größten Flugzeuge, die je gebaut wurden. Das Projekt war ein Ausdruck der technischen Megalomanie, die Stalin und seine Ideologen in den dreißiger Jahren pflegten. Auch andere totalitäre Regime zeigen dieses Interesse für das, was Mao Tse-tung später als den »großen Sprung« bezeichnen sollte. Technologisch sind große Sprünge immer riskant. Das musste schon Isambard Kingdom Brunel Mitte des 19. Jahrhunderts erleben, als der Atlantikdampfer »Great Western« entstand, ein Raddampfer, der alle früheren Schiffe dieser Art an Größe weit übertraf. Beim »großen Sprung« gibt es keine Gelegenheit zur Korrektur, zur schrittweisen Rückkopplung zwischen Plan und Ergebnis, welche die Strategie der kleinen Sprünge ermöglicht. Zweifellos sind die großen technologischen Sprünge charakteristisch für die totalitären Staaten des 20. Jahrhunderts.

Die Aufgabe war ungeheuer. Entfernungs- und Ausdauerrekorde sollten mit der neuen Maschine aufgestellt werden, deren eigentlicher Zweck darin bestand, die technologische Überlegenheit des sowjetischen Menschen zu zeigen. Der Auftrag für das größte Propagandaflugzeug der Welt ging 1932 an den großen Konstrukteur Tupolew.

Eine ganze Flugzeugfabrik mit 800 Mitarbeitern widmete sich ausschließlich diesem einen Projekt. Die Flügelspanne war größer als bei einer modernen Boeing 747. Die Reichweite betrug 1200 englische Meilen und die Geschwindigkeit 137 Meilen pro Stunde. Durch unglaubliche Leistungen nach dem Stachanow-System wurde alles innerhalb von zwei Jahren fertiggestellt.

Am 18. Mai 1935, einem strahlenden Frühlingsmorgen, hob die »Maxim Gorki« vom Flugplatz in Moskau ab, um mit einer Gruppe von Elitearbeitern eine Ehrenrunde zu drehen. Die Riesenmaschine wurde von zwei kleineren Flugzeugen eskortiert, eines an der linken Seite, das dieses Ereignis filmen sollte, und ein noch kleineres auf der rechten Seite, das vor allem dazu diente, den Kontrast zu dem Flugzeugmonster in der Mitte zu unterstreichen. Der Pilot der Begleitmaschine entdeckte im Hauptflugzeug einen kleinen Jungen, der seine Nase am Fenster platt drückte. Da beschloss er, etwas richtig Spannendes zu machen, und setzte zu einem Looping an. Doch er geriet aus der Bahn und stürzte mitten in den rechten Flügel der »Maxim Gorki«. Es kam zur Katastrophe.

Das Ereignis wurde damals in der *New York Times* als das größte Flugzeugunglück der Weltgeschichte beschrieben. Neunundvierzig Menschen kamen dabei ums Leben. Es sind die Piloten, die wir an der Klostermauer sehen. Sie alle wurden postum mit einem hohen Orden ausgezeichnet. Seltsamerweise auch der Pilot, der das alles verursacht hatte, weil er einem kleinen Jungen imponieren wollte.

Dies alles geschah an einem Tag im Mai 1935. Der Krieg sollte diese Art von spektakulären Experimenten bald beenden.

Meer

Große Scharen von Menschen pilgern während der warmen Jahreszeit zum Meer. Kann das, wie Joel Haamer, der erste Muschelzüchter Schwedens, glaubt, daran liegen, dass dort das Leben einst entstand? An der Schnittstelle zwischen Meer und Strand, im seichten Wasser. Zieht es uns ganz einfach zurück zu unserem Ursprung? Interessant ist auch die Vorstellung, der Mensch sei unter anderem gerade deshalb zum Menschen geworden, weil ihm in seiner Kindheit all die guten und leicht zugänglichen Proteine zur Verfügung standen, die es gerade dort an Wassersaum in Muscheln und Austern gibt. In Afrika hat man in Höhlen nahe am Meer Vorläufer des Menschen gefunden. Wer nicht an der Jagd auf Tiere in der Savanne teilnehmen konnte, zum Beispiel schwangere Frauen und Kinder, hatte in dem seichten Wasser leichten Zugang zu gesunder Nahrung. Angeblich haben all diese guten Proteine zur Entwicklung des menschlichen Gehirns beigetragen.

Wenn man langsam in dem klaren Meereswasser herumwatet (ein Binnensee taugt dazu nicht so gut), spürt man, wie sich ein unerklärlich angenehmes Gefühl im ganzen Körper verbreitet – eine große Ruhe. Man geht mit gebeugtem Kopf und schaut hinunter in das grünschimmernde Wasser, wo kleine Garnelen und Flundern einem zwischen den unnatürlich weißen Beinen hindurchflitzen, erschreckt von der ungewohnten Bewegung. Zwischen den bandähnlichen Ausscheidungen der Sandwürmer, die ihr geheimnisvolles Leben da unten im Sand führen, sieht man plötzlich einen Einsiedlerkrebs mit seinen überproportional langen Gliedmaßen in einem gestohlenen Schneckenhaus verschwinden. Er gehört zu denen, die wirklich gefährlich leben.

Ein sanfter Stoß von einer der schweren, gallertartigen, aber ganz harmlosen durchsichtigen Quallen muss einen nicht kümmern, aber es gilt den schönen rotgelben, langen Fäden der Feuerqualle zu entgehen.

So viele Muscheln! Ihre dunkelblaue Farbe schimmert klar im Wasser, und man kann leicht eine schwere Traube von ihnen herausziehen, sie zum Strand bringen, ein bisschen putzen, und am Abend hat man eine leckere Muschelsuppe für die Freunde. Mit einem Bündel in jeder Hand sieht man aus wie eine Fruchtbarkeitsgöttin, wenn man sie zu dem Korb bringt, um sie nach Hause zu tragen. Ein uralter Sammlerinstinkt, alles zu verwerten, was essbar ist. Und kostenlos. Die Kinder streiten sich um die kleinen Seesterne, die sich immer unter den Muscheln befinden. Einigen kann man noch diskret das Leben retten. Denn wenn sie vertrocknet sind, vergessen die Kinder sie. Und was soll man eigentlich mit den feinen kleinen Perlen machen, die man beim Kauen in den Muscheln findet? Sie können leicht eine Zahnbrücke zerstören, so hart sind sie. Vielleicht sollte man sie für einen Ring aufheben?

Um sich herum hört man die Stimmen der anderen, bald fern, bald allzu deutlich, obwohl sich alle in größerer Entfernung befinden. Bis auf die Schreie der Möwen und das etwas einschläfernde Geräusch des Wassers ist es still, wohltuend still.

Kleine Kinder, auch wenn sie sonst unruhig sind, können stundenlang in dem seichten warmen Wasser spielen. Sie haben ja gerade eben erst ihr stilles pränatales Leben beendet, gewiegt im lauen Fruchtwasser der Mutter, vielleicht fühlen sie sich deshalb hier so zufrieden? Die älteren Kinder, ausnahmsweise vollkommen einig, fangen auf dem Bauch liegend und mit klaren, eifrigen Stimmen Taschenkrebse, die sie in einen Eimer mit Algen legen. Dann bitten sie die Erwachsenen, die Taschenkrebse mit nach Hause zu nehmen und zuzubereiten – wobei sie fasziniert zusehen, wie schnell die kneifenden, frechen, dunkel schwarzgrünen kleinen Taschenkrebse sterben, wenn sie in kochendes Wasser geworfen werden. Wie sie augenblicklich gleichsam Beine und Zangen loslassen, ganz still werden und im nächsten Moment rot. Wie schnell der Tod kommt! Der Tod im Kochtopf! Natürlich versuchen wir, sobald die Kinder mit etwas anderem beschäftigt sind, die Gefangenen wieder im Meer auszusetzen.

Wenn man so im Wasser herumwatet, vollkommen konzentriert auf das, was man am Boden sieht, findet man gelegentlich eine Auster. Keine leere Austernschale, davon gibt es reichlich, sondern eine große, wohlgenährte, schwere und formvollendete Auster. Etwas weiter zur Tiefe hin liegen die Austernbänke. Man kann die Auster schnell in das Bikinioberteil stecken, nach einer raschen moralischen Erwägung. Muss man immer eine gesetzestreue und loyale Bürgerin sein? Sicher gibt es schwerere Verbrechen als dieses. Austern soll man nicht vor Oktober essen. Doch der Sammlerinstinkt und das Verlangen nach dem raffinierten Genuss, den eine frische Auster mit einem Tropfen Zitrone bietet, hat bereits alle Bedenken besiegt.

Das Beste an diesen gesegneten Tagen am Wassersaum ist, dass es keinen Ort auf der ganzen Welt gibt, an dem man jetzt lieber wäre. Man kennt weder Datum noch Uhrzeit und vermutlich nicht einmal den Wochentag. Das angenehme Gefühl gleichzeitiger Wärme und Kälte im Körper, wenn man sich allmählich heimwärts begibt, ist reines Glück.

Mit dem Sprachführer einkaufen

Ausgestattet mit Geld (ziemlich viel, da ich mich an einem teuren Ort befinde), bequemen Schuhen und – schändlich genug – einem Sprachführer, begebe ich mich ins Touristengewimmel in Anacapri auf der Insel Capri, um fürs Abendessen einzukaufen. Oft muss ich mich an die Wand drücken und den Bauch einziehen, um die Touristenhorde vorbeizulassen, aber ich muss mir um meine Tasche keine Sorgen machen – laut einer zuverlässigen Quelle hat die Camorra entschieden, dass es hier keine Taschendiebe geben soll. Einige Repräsentanten dieser Bewegung besitzen, derselben Quelle zufolge, gut eingezäunte, geräumige Villen auf der Insel – einige davon klammern sich wie Adlernester an die Klippen, und die Besitzer haben Zugang zu sehr schnellen Booten. Im übrigen heißt es, dass es den Geschäften schaden würde, wenn Capri einen schlechten Ruf bekäme. Stehlen dürfen sie auf dem Festland, besonders in Neapel. Laut einem bösartigen Gerücht sind die Preise hoch, weil die Camorra eine Art von Schutz ausübt, und der kostet ja Geld!

Zwischen luxuriösen Touristenläden mit so unverzichtbaren Waren wie Limoncello, einem verführerischen Limonenlikör in phantasievollen Flaschen, Parfums, die nach den Wünschen der Kunden gemischt werden, exklusiver Markenkleidung und einer Menge bunter Keramik gibt es tatsächlich das eine oder andere Lebensmittelgeschäft. Es leben nämlich auch »gewöhnliche« Einwohner auf der Insel, und diese, die übrigens einen auch für Italiener fast unverständlichen Dialekt sprechen, müssen natürlich auch etwas zu essen einkaufen können. Und wir haben eine Wohnung mit eigener Kochgelegenheit.

Ich versuche, so gut es geht, mich einzuordnen zwischen Müttern mit Kinderwagen, in denen gutgekleidete, pummelige italienische Kinder sitzen, die teils mit überströmender Liebe, teils mit Schelte und manchmal mit einer schnellen Ohrfeige erzogen werden, älteren Männern, die wie für die Ewigkeit auf einer Bank sitzen und philosophieren, und properen, eingemummelten alten Frauen, die in derselben Absicht unterwegs sind wie ich. Aber sobald ich den Mund aufmache, um etwas zu kaufen, verrate ich mich sofort, obwohl ich diskret versucht habe, in meinem Sprachführer unter der Überschrift Einkaufen – Serviceangebote nachzusehen. Was heißt Nussknacker auf Italienisch? Frisch geerntete Walnüsse habe ich bereits, aber wir wollen doch nicht mit einem Stein auf sie einschlagen, um sie zu öffnen. Als ich mit meiner besten Aussprache die Frage auf Italienisch stelle, antwortet der Verkäufer sofort auf Englisch – sehr verletzend – und fragt obendrein, ob ich Schwedin sei. Na warte! Triumphierend komme ich schließlich mit einem Nussknacker nach Hause, aber erst nachdem ich pantomimisch das Nüsseknacken demonstriert habe, eine ganze kleine Theatervorstellung war nötig. Nussknacker heißt übrigens *schiaccianoci*, aber das gehört wohl zum Fortgeschrittenenkurs!

Man fühlt sich nostalgisch zurückversetzt auf den alten Nockebytorg der Kindheit mit all seinen Spezialgeschäften wie Metzger, Fischgeschäft, Bäckerei, Tabakladen und Gemüseladen. So ist es nämlich hier, auch wenn es Supermärkte gibt, in denen man fast alles kaufen kann, jedoch in für einen Schweden völlig unbekannten Verpackungen, was den Reiz natürlich erhöht.

Der Gemüsehändler sagt immer: »*Special price for you, Signora!*«, aber darauf mache ich mir meinen eigenen Reim (ein Freund von ihm, der sich auch in dem Geschäft befand, verdrehte hinter seinem Rücken vielsagend die Augen). Natürlich legt der Händler eher den einen oder anderen Euro drauf, *prezzo speziale*, jaja!

Im Fleischladen, *la macelleria*, sehen die Fleischstücke gar nicht aus wie zu Hause; man zerteilt das Fleisch anders, und es wirkt sehr rot und gleichsam frisch. Der Metzger, in diesem Fall ein rotgesichtiger fröhlicher Kerl in tadellos weißem Kittel, schleppt große rote Fleischstücke von ihren Haken im Kühlraum herbei und muss sie oft wieder zurückschleppen, nachdem sie von einer strengen und anspruchsvollen Hausfrau gründlich begutachtet und aus unbekanntem Grund für nicht adäquat befunden wurden. Wirklich imponierend sind die herrlich würzigen italienischen Würste – da hat die Svenska Korvindustrie AB viel zu lernen. Wie soll man Hot Dogs, Grillwurst oder Fleischwurst ertragen, wenn man wieder heimgekommen ist?

Nachdem das letzte Touristenboot für diesen Tag den Hafen von Capri verlassen hat, breitet sich eine große Ruhe auch über den Touristenvierteln aus; die Einwohner kommen auf die Straße hinaus, um einzukaufen, ins Café zu gehen oder auch nur ein Schwätzchen zu halten; man kann in aller Ruhe ein Kleidungsstück anprobieren, das man während des Tages entdeckt hat, oder sich hinsetzen und einen Cappuccino oder ein kleines Glas Grappa trinken, die relative Kühle des Abends genießen und hochgemute Postkarten an vernachlässigte Freunde und Verwandte schreiben. Und wie endete der Tag? Nun, als Hauptgericht gab es marinierte Sardellen, *alici marinate,* auf Rucolabett mit etwas Zitrone (von einem Baum vor dem Haus) sowie italienisches Landbrot und zum Nachtisch in Butter geschmorte, geschälte Birnenhälften mit gehackten Walnüssen und Zimt. Dazu eine Flasche Pinot Grigio vom Vorjahr.

Motten

Neulich, die Nase in einen Kleiderschrank mit Wollsachen gesteckt, hatte ich das deutliche Gefühl, dass etwas fehlte, und konnte erst nicht begreifen, was es war. Die Wollhandschuhe und Schals lagen ja brav im Regal und warteten auf ihre Auferstehung.

Dann wurde mir klar: Es war natürlich der Geruch nach Mottenmitteln. In meiner Kindheit und Jugend konnte man keinen Kleiderschrank öffnen, ohne dass er einem entgegenschlug, der charakteristische, ein wenig eklige Geruch nach Mottenkugeln aus Kampfer.

So rochen die Anzüge alter Herren. Und in der chinesischen Provinz Yunnan, die ich Ende der siebziger Jahre besuchte, war der Kampfergeruch besonders durchdringend. Es gab ihn in jedem Hotelzimmer.

Ohne Kampferkugeln und sorgfältiges Besprühen war alles Wollige plötzlich voller schrecklicher Löcher und Risse; diese scheußlichen kleinen Larven konnten innerhalb von kurzer Zeit viel anrichten. Jetzt ist all das fort, und ich habe keine Ahnung, wann es verschwand. Niemand scheint die Motten mehr zu fürchten, meine Wollhandschuhe ruhen Saison für Saison friedlich in Västmanland, der Geruch nach Mottenkugeln ist nur noch eine Kindheitserinnerung.

Wann sind diese widerwärtigen Insekten verschwunden und was hat sie vertrieben? Das Kohlendioxyd in der Atmosphäre oder die reinere Luft? Vielleicht kennt ein Entomologe die Antwort?

Aber gänzlich sind die Motten nicht getilgt. Denn sie haben eine breite Spur von Metaphern hinterlassen: Projekte werden eingemottet, große politische und künstlerische Bewegungen mit den Jahren von Motten zerfressen.

So können die Worte manchmal die Wirklichkeit überleben.

Musik

Musik wurde immer mit einer fremden, vielleicht dämonischen Qualität verknüpft, die keine richtige Entsprechung in den anderen Sparten der Kunst hat. Es scheint, als reiche sie tiefer in die Geheimnisse der Welt hinein, als Worte oder visuelle Erlebnisse es je vermögen. Kann es sein, dass die Musik etwas von der Welt weiß, was wir nicht wissen?

Von Pythagoras' Entdeckung der harmonischen Proportionen zwischen den Tönen, das heißt zwischen vibrierenden Saiten von unterschiedlicher Länge, und deren Anwendung auf die gesamte Welt, über Renaissancedenker wie Francesco Giorgi und seine *Harmonia Mundi*, bis hin zu Schönbergs Versuch, eine mathematisch eindeutige Tonalität durch das Zwölftonsystem zu schaffen, lebt dieser Verdacht durch die Kulturgeschichte fort. Vielleicht ist die Musik die Tür zu einer anderen Welt? Aber wenn es eine Tür dorthin gibt, muss es ja auch diese andere Welt geben?

Im folgenden werden wir uns im wesentlichen an die abendländische Kunstmusik halten. Nicht nur weil, wie Milan Kundera richtig bemerkt, keine andere Musiktradition auch nur entfernt mit der Entwicklung und Raffinesse der abendländischen wetteifern kann. Sondern weil diese unwahrscheinlich reiche, erfolgreiche Entwicklung sich auf einen fortlaufenden Widerspruch gründet zwischen vertikalen und horizontalen Prinzipien, zwischen tonal interessanter Polyphonie und klangfarbenmäßig interessanter Homophonie. Wie in einer nie entschiedenen Schlacht sind die Tendenzen zwischen den Extremen hin und her gewogt: hier die reine, mathematisch abstrakte Polyphonie wie in Bachs *fuga canonica* aus dem *Musikalischen Opfer*, da die stark erotisierenden Klangmassen in Wagners *Tristan*-Ouvertüre. Doch hat die *absolute* Reinkultur der einen oder anderen Tendenz – unter völligem Ausschluss der anderen – die Aufmerksamkeit des Publikums nie für mehr als einen kurzen, hektischen Augenblick zu fesseln vermocht. *Pelléas et Mélisande* in seinem erlesenen Klangfarbenflor langweilt uns genauso sehr wie Schönbergs *Moses und Aron*, wie er die Zwölftontreppe pedantisch auf und ab klettert.

Natürlich hat Schönberg recht. Aber er hat allzu recht. Die abendländische Tonalität, die Bach schließlich im *Wohltemperierten Klavier* festlegt, ist eine Konvention, ein Kompromiss. Wer ein Flötenset aus dem frühen 18. Jahrhundert gesehen hat, hat auch die verschiedenen Verlängerungsstücke gesehen, die dazu dienen, den Normalton für die jeweilige Stadt zu finden, in welcher der Flötenspieler sich befindet. Es ist in Verona und Bremen nicht derselbe.

Das Interessante an unserem Tonartensystem mit fünf Ganz- und zwei Halbtonschritten ist seine fundamentale Vieldeutigkeit. Von der verminderten Septime können wir im Prinzip im Tonartenkreis kommen, wohin wir wollen. Und noch interessanter: So, wie das Ganze konstruiert ist, kann ein Akkord sich als ein anderer maskieren. Das ermöglicht nicht nur interessante Modulationen, wir können auch dafür sorgen, dass unsere Hörer nicht mehr nach Hause finden. Genau wie der Held in Kierkegaards *Wiederholung*, der feststellt, dass der zweite Besuch in Berlin nie wie der erste werden kann, kann der Hörer feststellen, dass er nie richtig zu dem Tonalitätszentrum zurückfinden kann, das er erwartet hat. Der späte Beethoven – besonders in den Klaviersonaten – ist ein Meister darin, in der letzten Sekunde das Tonalitätssystem wegzureißen. Dies ermöglicht eine andere interessante Erfindung, die – wenn wir Adorno folgen – der Anfang vom Ende der abendländischen Harmonie ist, nämlich Richard Wagners »unendliche Melodie«. In der *Tristan*-Ouvertüre gibt es zum Beispiel harmonisch gesehen nichts, was den Anfang macht, und nichts, was einen Schluss bildet.

Schönbergs und damit auch Adornos Fehler ist, dass sie in der fundamentalen Vieldeutigkeit des Oktavsystems eine Art Unvollkommenheit sehen. Tatsächlich versuchen sie auf diese Art, den blinden, unentschiedenen Fleck wegzuputzen, der gerade der Fleck ist, welcher die Kunst ermöglicht. Wir wollen die Modulation mit der Malerei vergleichen, dann werden wir rasch erkennen, worum es sich handelt.

Wir plazieren einen Farbfleck, sagen wir Veronesergrün, auf eine sicherheitshalber schwarze Fläche. Wonach sieht er aus? Das ist nicht leicht zu sagen. Veronesergrün ist ja schließlich nur ein Tubenname. Jetzt plazieren wir im Abstand von einem Zentimeter ein wenig Karmesinrot. Sogleich hat sich das Veronesergrün verändert, es hat etwas von sich selbst preisgegeben, was wir vorhin nicht wussten. Wir haben eine Modulation gemacht, allerdings diesmal im visuellen Raum, und der Farbfleck hat begonnen zu sprechen.

Auf die gleiche Weise kann eine scheinbar unschuldsvolle Bemerkung in einem Roman ihre Bedeutung total verändern, je nachdem, was an einer späteren Stelle in der Geschichte passiert. Vieldeutigkeiten, die sich auftun und wieder schließen, sind ein fundamentales Instrument der Kunst.

Genau wie die Reise zum Urlaubsort ein Teil des Urlaubs ist, sagt Merleau-Ponty, ist der Prozess, der zu dem Gegenstand hinführt, auch der Gegenstand. Die Wahrheit kann nur aufgedeckt werden, wenn wir im Krebsgang gehen.

Nacht

O und die Nacht, die Nacht, wenn der Wind voller Weltraum
    Weltraum
uns am Angesicht zehrt –, wem bliebe sie nicht,
    die ersehnte,
sanft enttäuschende, welche dem einzelnen Herzen
mühsam bevorsteht. Ist sie den Liebenden leichter?
Ach, sie verdecken sich nur mit einander ihr Los.
Weißt du's *noch* nicht? Wirf aus den Armen die Leere
zu den Räumen hinzu, die wir atmen; vielleicht dass
    die Vögel
die erweiterte Luft fühlen mit innigerm Flug.
    (Rilke, *Erste Duineser Elegie*)

Es muss wohl viele Jahrzehnte her sein, seit ich zuletzt Angst vor der Dunkelheit hatte. Die Dunkelheit, die Dunkelheit der Kinder, bevölkert von unzähligen möglichen Bedrohungen, hat sich mit den Jahren auf etwas Triviales reduziert, bei dem höchstens die Möglichkeit besteht, überfallen zu werden oder sich auf einem trügerischen Boden das Bein zu brechen. Die Nacht ist zwar eine Zeit, in der es schwer für mich ist, die Welt zu sehen, aber in dieser Zeit ist es auch für die Welt schwieriger, mich zu sehen. Die Nacht ist die Zeit der Diebe und der Prostituierten. Die Nacht ist aber auch die Zeit, in der das Telefon seltener klingelt, die Schritte auf der Straße verhallen, der Regen zu hören ist.

Mich erschreckt heute das erste Tageslicht viel mehr als die Ankunft der Nacht. Mit zunehmendem Alter werde ich immer empfindlicher gegenüber den schmerzhaften Qualitäten des Aufwachens: die Morgendämmerung, die sich ungebeten durchs Fenster hereindrängt, scharf, feindselig und vor allem fordernd. Warum Befehle dieses bösen Lichts entgegennehmen, warum nicht wieder in die freundlichen Höhlen des Schlafs zurückkehren? Am brutalsten wird dieses Licht natürlich, wenn wir die Nacht verbracht haben, ohne schlafen zu können.

Poeten und Gleichgesinnte beschreiben den Morgen oft als hoffnungsvolles, lichtdurchflutetes Erlebnis. Ich glaube, ich habe ihn seit der Kindheit verabscheut. Der Morgen jagt einem nicht nur einen elementaren Schrecken ein; er schafft auch eine Art Verkünstelung in uns. Wir wissen nicht ganz genau, wer wir sind, oder besser gesagt, wir erkennen die Wahrheit in diesem »in Wirklichkeit bist du niemand«. Und musst doch so tun, als wärst du jemand.

Schutzlos stehen wir vor den Augen der Welt.

Aber am schlimmsten sind all die Nächte, die Schlaf und Wachheit zu einem chaotischen, unnatürlichen Gebräu vermischen. Ich meine die Nächte, in denen wir wissen, dass wir sehr früh aufstehen müssen. Um das Flugzeug zu erreichen, um rechtzeitig zu irgendeinem idiotischen Treffen zu kommen, das nur am Morgen stattfinden kann. Und also jede volle Stunde mit teuflischer Regelmäßigkeit aufwachen, um uns zu überzeugen, dass die Zeit zum Aufstehen noch nicht gekommen ist.

Und mit jedem neuen Aufwachen schrumpft die endlich bemessene, verbleibende Zeit, bis wir es aus reiner Verzweiflung vorziehen, aufzustehen und etwas Vernünftiges zu tun, und sei es auch nur Kaffeekochen, anstelle dieser langgezogenen Tortur.

Schlaflose Nächte werden nicht durch die Angst vor dem Einschlafen schlaflos, sondern durch die Angst davor, bald wieder aufwachen zu müssen. Aber vielleicht erleben andere Menschen dies auf eine ganz andere Art und Weise.

Schlaf ist eine geistige Tortur, die ich erniedrigend finde. Das sagt Vladimir Nabokov in seinen faszinierenden Memoiren *Erinnerung, sprich*.

»Von allen Frauen liebte ich den Schlaf am meisten«, schreibt hingegen der originelle schwedische Poet Lars Bäckström in seiner Gedichtsammlung *K. D. Logrens Gedichte*. Wem von ihnen sollen wir Glauben schenken? Nicht viele wären wohl bereit, so weit zu gehen. Beide Herren sind Extremisten. Jeder in seiner Richtung.

Nabokov beschreibt in detailscharfen Erinnerungen das angstvolle Warten der Kindheit auf den Augenblick, wenn der Abend schließlich zur Nacht geworden ist, wenn es keinen Raum für irgendwelche Vorwände mehr gibt. Wenn der Augenblick gekommen ist, in dem die Lampe gelöscht wird. Der Junge versucht sich an das Wachsein zu klammern und sich bis zuletzt gegen die Invasion des Schlafs zu wehren, aber es kommt der Augenblick, in dem nicht nur seine eigene Schlaflampe gelöscht ist, sondern auch das Licht des Kindermädchens unter dem Türspalt dahinten im Korridor. Bei empfindlichen Kindern ist diese Reaktion nichts Ungewöhnliches. Gewöhnlich sind es die Träume, die sie fürchten, eher als den ziemlich oberflächlichen Angriff des Schlafs auf das Bewusstsein. Doch was Nabokov, so sagt er, in seinem Leben am meisten verabscheut hat, ist nicht das Träumen oder Albträumen, sondern die Beleidigung der Vernunft, die der Schlaf in seinen Augen bedeutet. Eine Beleidigung, die jede Nacht kommt und eine Art Verrat nicht nur an der Vernunft, an der Menschheit, ja, am Genie selbst darstellt. Menschen, die, kaum dass sie sich auf dem Zugsitz niedergelassen haben, auch schon einschlafen und mit offenem Mund dasitzen, verabscheut er selbstverständlich.

Wir haben wohl alle schon einmal, zumindest als Kinder,

diesen Widerwillen empfunden, der genauso stark sein kann wie das Bedürfnis nach Schlaf. Eine Art »Komm und nimm mich, aber jetzt noch nicht«. Ein Buch ist allzu interessant, als dass wir nicht noch eine Seite umblättern würden, ein weiblicher Körper ist allzu faszinierend, als dass wir, obwohl todmüde, wirklich die Hände von ihm nehmen könnten. Wir wollen uns, kurz gesagt, nicht freiwillig von den Verlockungen der Welt trennen.

Natürlich hat Nabokovs Schlafangst etwas ausgeprägt Kindliches; eine Todesangst in dem Sinn, dass man sich – wenn man Kind ist – beim Zubettgehen nie ganz sicher fühlt, ob man wieder aufwachen wird. Also eine Art sublimierte oder symbolische Todesangst.

Anders ist es für diejenigen von uns, die eine ordentliche chirurgische Operation mit Vollnarkose durchgemacht haben, in der die Zeit zwischen dem Einschlafen und Aufwachen nicht, wie im Schlaf, eine friedliche Höhle ist, in der man mit Zehen und Ellenbogen zwischen Kissen, Katzen und Frauen herumwühlt, sondern ein scheußlicher, absolut leerer Spalt. Die Zeit zwischen der Welt, in der man eingeschlafen ist, und der, in der man aufwacht, ist nicht existent und damit eine Vorahnung des wirklichen Todes, des großen, totalen Nichts, kurz gesagt, der sonderbaren Welt, die man in Geschichtsbüchern findet, aber in der es einen selbst nicht gegeben hat. Wer das erlebt hat, weiß, wie warm und wach der Schlaf doch ist. Wir wissen, dass Zeit vergeht, wir wissen, dass das Geräusch da draußen ein Wasservogel war, Regen auf dem Dach, eine Straßenbahn, die in einer fernen Kurve quietscht. Natürlich ist dieses ganze Bewusstsein die Anwesenheit, das Dasein in der Zeit. Nicht der Schlaf ist die Beleidigung des Bewusstseins!

Ein interessantes und zudem grundsätzliches Faktum aber

ist, dass unsere Biologie nach den zwei Phasen des Planeten ausgerichtet ist, Nacht und Tag. Und dass uns unsere Biologie daher mit zwei radikal verschiedenen Herausforderungen konfrontiert.

Es gibt eigentlich zwei Arten, auf die man sich zu diesem elementaren Faktum verhalten kann: dass der Tag in die Nacht übergeht und die Nacht in den Tag. Die eine besteht darin, dass man mit gewaltsamen Mitteln die Dunkelheit wegschieben will. Die andere ist die, welche im Ausdruck *im Schutz der Dunkelheit* aufscheint.

Man behauptet, die Nacht sei im Begriff, auf unserem Planeten ausgelöscht zu werden. Immer größere Teile der Kontinente würden nachts künstlich beleuchtet. Natürlich ist das übertrieben. Wer nachts von Austin nach San José fliegt, sieht kaum ein Licht. Die Stille in den großen Wüsten im Südwesten ist ungeheuer. Denn dort gibt es kein Wasser.

Aber dennoch: Aus einer Höhe von dreißigtausend Fuß nehmen sich die amerikanischen Großstädte wie eine Art riesiger Lichtorgane aus. Der Energieverbrauch ist ungeheuer. Wer weiß, wie schwer es ist, eine Glühlampe mit einem Handgenerator in Gang zu halten, begreift, welche gewaltigen Kräfte die industriell organisierten Staaten aufbieten, um die Dunkelheit zu verdrängen.

Nur in den nördlichen Wäldern und den großen amerikanischen Wüsten sieht man einen Sternenhimmel, wie er sich den Astronomen und Astrologen des Altertums dargeboten haben muss.

Diese Nacht, die ursprüngliche Nacht, die sich im Herbst in den großen Wäldern Nordschwedens und über den großen Wüsten der USA und Asiens findet, ist seit sehr langer Zeit die Nacht der Poeten.

Die modernen Städte haben sich seit der Einführung der

Gaslampen (aus dem Oxford der fünfziger Jahre erinnere ich mich an das gelbe Licht der Gaslampen – das ergab einen ganz anderen Charakter als die moderne Straßenbeleuchtung; ein wärmeres Licht, aber mit viel geringerer Reichweite) durch ihre Beleuchtung vollkommen verändert gegenüber den Städten früherer Zeit.

Die Nacht, die partiell beleuchtete Großstadtnacht (denn die Nacht draußen in der Wildnis ist die des Schlafs, der Feuerstellen und der Raubtiere und – zuweilen – der Stunde des Mondscheins), schafft einen eigenen sozialen Raum, der neue Darsteller hervortreten lässt.

Der holde Abend naht, der Freund des Verbrechers; wie ein Komplize naht er, auf wölfisch leisen Sohlen; langsam schließt sich der Himmel wie ein großer Alkoven, und ungeduldig verwandelt der Mensch sich in ein räuberisches Tier.

O Abend, lieber Abend, ersehnt von jenem, dessen Arme ohne Lüge sagen dürfen: Unsre Arbeit ist getan! – Denn der Abend erquickt die Geister, die ein wilder Schmerz zerfrißt, den unermüdlichen Gelehrten, dem schwer die Stirne sinkt, und den Tagelöhner, der gekrümmt sein Lager aufsucht.

Indessen erwachen träge in der Luft die schädlichen Dämonen, wie Leute, die an ihr Geschäft sich machen, und taumeln im Fluge gegen Läden und Vordach. Im Lichtschein, den der Wind unruhig hin und her zerrt, entzündet auf den Straßen sich die Prostitution; wie ein Ameisenhaufen öffnet sie ihre Ausgänge; überall bahnt sie geheim sich einen Pfad, wie der Feind, der einen Handstreich unternimmt; sie regt im Schoß der Schlamm-Stadt sich wie ein Wurm, der dem Menschen seine Nahrung raubt.

Baudelaires monumentale »Abenddämmerung« fasst mit einer erstaunlichen Vollständigkeit die *Soziologie der Nacht* zusammen. Die Nacht öffnet sich anderen Möglichkeiten, von denen einige höchst riskant sind.

Es gibt jedoch ziemlich viele Menschen, die des Nachts ganz respektable Tätigkeiten ausüben: Zeitungsausträger, diensthabende Ärzte, Busfahrer, Flugbesatzungen und ziemlich viele Schriftsteller. Wir begegnen ihnen mit besonderem Respekt. Oder etwa nicht? Dem Respekt, mit dem man jemandem begegnet, der sich freiwillig einer Gefahr aussetzt.

Der größte Teil von Mozarts *Don Giovanni* spielt sich in der Nacht ab. Das Gastmahl des Trimalchio in Petronius' *Satiricon* ist eine ganz und gar nächtliche Geschichte. Petronius selbst ist genau die Art von Mensch, der sein ganzes seltsames Leben am Hof von Kaiser Nero als nächtliches Wesen gelebt haben muss, nur bei Tage schlafend.

Künstler haben einen Hang zum Nächtlichen, zu der Herausforderung, die es bedeutet, die Zeit, in der andere schlafen, mit Geschehnissen zu erfüllen, mit Genüssen, kurz gesagt: mit dem *Fest*.

Das Fest ist seiner Natur nach nächtlich.

Natur

Ein Komitee, das offenbar aus mehr oder weniger halbgebildeten Ökofundamentalisten besteht, hat einen Vorschlag formuliert, wie Schwedens zukünftiger Umgang mit Chemikalien aussehen soll.

Selbstverständlich wird das Bild einer Welt gemalt, die von ungeheuerlichen Gefahren bedroht ist. Das Chemiekomitee klassifiziert bestimmte Stoffe als »Chemikalien«, während andere dies offenbar nicht sind. Es unterscheidet zwischen »natürlichen« Chemikalien und solchen, die der Mensch hergestellt hat. Letztere scheinen ausnahmslos böse zu sein. Was – nähme man diese weisen Männer und Frauen beim Wort – die absonderliche Konsequenz hat, dass Insulin, das von einer Bauchspeicheldrüse hervorgebracht wird, natürlich ist, während synthetisches Insulin mit exakt den gleichen Molekülen, nur ein wenig reiner, etwas Böses ist. Einen besonderen Abscheu scheint die Kommission gegen Substanzen zu hegen, die langlebig und – wie es heißt – bioakkumulierbar sind, das bedeutet, die Tendenz haben, in den Körpern von Tieren und Menschen zu verbleiben. Früher war es die Aufgabe der Politik gewesen, die Produktion solcher Stoffe zu verhindern, wenn sie giftig sind. Die schwedische Chemiekommission geht einen Schritt weiter: Sie will bereits die Produktion solcher Stoffe unterbinden, seien sie giftig oder nicht.

Offenbar hat man die Probleme übersehen, die bereits gewöhnliches Wasser einem so löblichen Programm bereiten muss.

Der arme unwissende Körper hat eine starke Tendenz, Wasser aufzunehmen. Und hierbei – wovon solche beklagenswerten natürlichen Ansammlungen von Dihydrogenmonoxid wie der Åmänningen, der Zürichsee und der Lake Ontario zeugen – kann es sich um eine *schrecklich* langlebige Substanz handeln. Die bereits den Tod unzähliger Menschen verursacht hat: von Phlebas dem Phönizier über die meisten Passagiere der »Titanic« bis zu Ophelia.

Das Ganze erinnert ein wenig an die schwedische Schriftstellerin Ann Margret Dahlquist-Ljungberg, die in den siebziger Jahren, im Zusammenhang mit einer Volksabstimmung über Kernkraftwerke, gegen diese mit dem Argument vorging, nukleare Prozesse seien so unnatürlich. Sie hätte doch nur für einen Moment ihren Kopf zum Sternenhimmel erheben können, denkt man.

Der ökologische Fanatismus hat mindestens eine Gemeinsamkeit mit einer anderen Geißel unserer Zeit, dem muslimischen Fanatismus. Wir haben es mit Menschen zu tun, die zu wissen glauben, was das Richtige ist.

Die *Natur*, dieser notorisch vieldeutige und dunkle Begriff, wird plötzlich zu einem glasklaren Gesetz, einer Norm dafür, wie wir uns verhalten sollen.

Was ist natürlich? Was würde es bedeuten, im Einklang mit der Natur zu leben? Auf Impfungen zu verzichten? Sich die Zähne nicht mehr zu putzen? Ist Krebs ein natürlicher Zustand? Sind Neutronensterne natürliche Phänomene? Die Natur als Norm erscheint mir vollständig porös. Ungefähr wie das bekannte Beispiel mit dem Pferd:

Ist ein totes Pferd ein Pferd? Ja, für den Moslem, den Juden oder den Norweger, die es nicht essen dürfen, aber kaum für den Kavalleristen, der es nicht reiten kann.

Die Natur kann nie eine Norm sein, sagt der tüchtige Doktor Bordeu in Diderots »D'Alemberts Traum«. Denn alles ist Natur.

Ich sympathisiere mit dem Doktor. Aber es ist merkwürdig, wie tief diese mittelalterliche Idee von der Natur als Norm doch sitzt. Sie ist tatsächlich eines unserer am tiefsten verwurzelten Vorurteile.

Wenn wir uns davon befreien könnten, würden wir viel toleranter und netter zu vielen unserer Mitmenschen werden. Und eine Reihe von unbegabten und machthungrigen Menschen würde es ein wenig schwerer haben, Karriere mit Ideen zu machen, die man am treffendsten als den »Geschmack der Woche« bezeichnen kann.

Wie Umweltminister. Und Untergangspropheten.

Nichts

Folgender Dialog zwischen dem Lehrer Alkuin und und seinem Studenten, einem jungen Prinzen, ist aus der Scuola Palatina in Aachen überliefert:

Der Lehrer: »*Videtur mihi nihil aliquid esse.* (Mir scheint, Nichts ist irgendetwas.)«

Der Schüler: »*Nomen est. Res non est.* (Den Namen gibt es. Die Sache gibt es nicht.)«

Die Antwort ist gut, aber sie ist nicht erschöpfend.

Diderot schreibt in seiner *Encyclopédie* so, als hätten die Begriffe *Néant*, *Rien* und *Négation* denselben Inhalt. Das ist jedoch irreführend, *Néant*, oder das *Nichts*, muss als Inbegriff dessen gedacht werden, was nicht existiert. Der Begriff hat einen ontologischen und einen physikalischen Aspekt. Zwischen diesen muss man immer unterscheiden.

Der ontologische Begriff ist abhängig von der Negation als logischer Operation. Spreche ich beispielsweise von »allen Tieren, die es nicht gibt«, scheint es, als würde ich mich auf eine Art negativer Menge oder ein Nichts von Tieren beziehen. Aber eine solche Annahme ist natürlich nur nötig, wenn ich hartnäckig darauf bestehe, dass jeder sinnvolle Ausdruck der Name für etwas sein muss, anders gesagt, sich auf etwas bezieht, das eine greifbare Existenz besitzt. Aber das ist natürlich nicht der Fall. Der Ausdruck »das runde Dreieck« ist begreiflich, obwohl der Begriff, der damit ausgedrückt wird, nicht einmal denkbar ist.

Arnauld und Nicole formulieren diesen Sachverhalt in *Die Logik oder Die Kunst des Denkens* (*Logik von Port-Royal*) aus dem Jahr 1662 mit der ihnen eigenen souveränen Deutlichkeit:

Die Natur eines verneinenden Satzes läßt sich nicht klarer ausdrücken als indem man sagt, sie sei die Vorstellung, daß ein Ding nicht ein anderes ist.

Das Nichts als Bezugspunkt für negative Behauptungen, die wahr sind, ist also nichts weiter als ein Hirngespinst. Das sieht man leicht ein, wenn man bedenkt, dass der Satz

Es gibt kein Krokodil in diesem Zimmer

durch genau dasselbe Interieur verifiziert werden kann, das den Satz

Es gibt keine Flusspferde in diesem Zimmer

wahr macht. (Falls, versteht sich, diese negativen Behauptungssätze wahr sind.) Es gibt keine negativen Fakten, es gibt Fakten, und diese bestätigen verschiedene weitere Sätze, die dann so affirmativ oder negativ sein können, wie sie wollen. Negative Sachverhalte lassen sich nicht abbilden. Ein Zimmer ohne Krokodil hat kein spezielles Aussehen.

Ontologisch gesehen hat Diderot recht: Es gibt kein Nichts. Es ist ein Hirngespinst, geboren aus einer unzureichenden Sinntheorie.

Physikalisch ist das Nichts, als Vakuum betrachtet, das heißt als Raum in Abwesenheit von Materie, zwar ebenfalls ein problematischer Begriff, aber lange nicht so problematisch. Der zufriedene Seufzer, mit dem sich die Atmosphäre um die implodierte Glühbirne schließt, und die Tatsache, dass die Fahrradpumpe zieht, scheinen uns zu bestätigen, dass es das Vakuum wirklich gibt und dass, wie es heißt, die Natur die Leere scheut.

Wirklich? Und die großen, leeren Räume zwischen den Sternen, die dunklen Abgründe zwischen den Galaxien?

Es scheint, als würde das Vakuum, obwohl leer, dennoch Eigenschaften besitzen.

Die antiken Philosophen verwechseln gern das Nichts (im Sinn des Bezugspunkts für die wahren negativen Sätze) mit dem Vakuum als physikalischem Zustand. Wie kann das Vakuum Eigenschaften besitzen, beispielsweise Dauer in der Zeit und Ausdehnung im Raum, wenn es nichts ist? Aristoteles erörtert die Leere in seiner *Physik* (IV: 6-9), er ist zutiefst überzeugt, dass das Vakuum eine Unmöglichkeit ist. Wenn ein Körper sich in einem Vakuum befindet, kann man ja nicht sagen, er befände sich irgendwo, und in einer Leere kann man sich nicht von einem Ort zum andern bewegen, da es darin keine Orte gibt. Ein weiteres Argument, das später großes Gewicht erhalten wird, ist die Sicht auf die Wirkung über eine Entfernung hinweg. In der *Physik* des Aristoteles kann ein Ereignis, etwa der Impuls von einem Billardstock, eine Billardkugel nur dann beeinflussen, wenn es zu einem direkten Kontakt kommt, das heißt, wenn sie durch eine Berührung oder durch eine Serie von Direktkontakten über die dazwischenliegenden Kugeln in Bewegung gesetzt wird. Dieses Dogma hat die Entwicklung des astronomischen Weltbilds verzögert, da die Schwerkraft (Beispiel: Ebbe und Flut, durch die Stellung des Mondes im Verhältnis zur Erde verursacht) aus der Entfernung wirkt, scheinbar ohne Kontakt. Während der italienischen Renaissance siegt die »unwissenschaftliche«, die magische Vorstellung von der Wirkung aus der Entfernung über den »wissenschaftlichen« aristotelischen Standpunkt. Descartes und Leibniz sind gleichermaßen davon überzeugt, dass wir in einer vollständig *dichten* Welt leben.

Eine Standardlösung, mit der etwa Isaac Newton arbeitet, immer differenzierter bis hin zu seinen späteren Werken wie *Optik*, ist die, sich das Vakuum von einer feineren Art von Materie durchsetzt vorzustellen, einem Äther, der dann alle Aufgaben übernehmen muss, die das Vakuum offenbar nicht zu füllen imstande ist. Aber Newton gelangt nie zu völliger Klarheit darüber, wie sich das eigentlich abspielen soll. Wie kann sich das Licht seinen Weg von fernen Sternen bahnen, wenn es einen Äther durchqueren muss?

Im Alltagsleben denken wir uns Wellen, zum Beispiel Wasser- oder Lautwellen, als Impulse mit einer Frequenz und einer Amplitude, die sich durch ein Medium bewegen, sei es eine Flüssigkeit oder ein Gas.

Mit der Entdeckung der Wellennatur des Lichts und der übrigen elektromagnetischen Wellen wurde es möglich, sich Wellen beim Durchqueren eines Vakuums vorzustellen.

Das war schön und gut, bis Hertz und andere den photoelektrischen Effekt entdeckten: Wenn wir eine Glasröhre an jedem Ende mit einer Elektrode versehen und die Röhre evakuieren, sollte vernünftigerweise kein Strom von einer Elektrode zur anderen gelangen können, falls der Strom nicht durch ein Vakuum fließen kann. Das tut er auch nicht. Aber wenn wir die Röhre jetzt von der Seite mit ultraviolettem Licht bestrahlen, wird sie plötzlich leitend, als befände sich etwas darin! Das Licht kann sich wie Partikel oder wie Wellen verhalten (durch Doppelschlitze geleitet, kann es Interferenzmuster bilden), wir brauchen also eine logisch stärkere Theorie, um seine Natur zu verstehen.

Über diese Theorie verfügen wir nicht.

Mit der Entwicklung der Quantenphysik rückt die Frage nach der Wirkung aus der Entfernung insgesamt in ein neues Licht. Von der homogenen Welt des klassischen Modells gelangen wir zur körnigen oder granulierten Wirklichkeit der Schrödinger'schen Wellengleichung. Die Wellenbewegungen durch das große Universum werden in dem kleinen Universum zu Wahrscheinlichkeitswellen. In einer solchen Welt ist es nicht mehr sinnvoll, das Problem der Wirkung aus der Entfernung zu formulieren. Die Welt ist nach ihrer inneren Natur diskontinuierlich und was aussieht wie »Verläufe« wären dann nur statistische Ableitungen aus verschiedenen Wahrscheinlichkeitsmustern.

John A. Wheeler hat sogar mit dem Gedanken gespielt, dass auf minimalem Niveau die Zeit nicht selbständig existiert, sondern aus Ereignissen ableitbar ist, bei denen es keinen Sinn mehr ergibt, von »vorher« oder »nachher« zu sprechen. Wheeler hat diese mikroskopische Urwelt mit einem »Quantenschaum« (»*quantum foam*«) verglichen.

Diderots Frage – die ein spätes Echo auf die Fragen des Augustinus in den *Bekenntnissen* ist: Wann ereignete sich die Schöpfung? Und wo? – wird von modernen Physikern wie J. A. Wheeler und Steven Weinberg damit beantwortet, dass sowohl Zeit wie Raum mit diesem Universum geschaffen wurden. Dazu bemerkt Wheeler treffend, dass wir einen solchen Zustand nicht verstünden. Uns fehle auch jedes Mittel, ihn zu verstehen.

Das aktualisiert eine der Grundfragen der Philosophie: Gibt es prinzipiell unbegreifliche Fragen?

Eine heute allgemein akzeptierte Auffassung vom Universum, verstärkt durch die Entdeckung der kosmischen Hintergrundstrahlung von Mikrowellen, ist die, dass es einen Anfang hat und dass der Prozess, den wir Universum nennen, durch Quantenvariationen in einem Vakuum in Gang gesetzt worden sein kann.

Wenn es uns gelingt, die Verwechslung des physikalischen Vakuums, das durchaus Eigenschaften besitzen kann, mit dem Nichts, das ein Hirngespinst ist, zu vermeiden, ist es nicht befremdlicher, dass das Vakuum imstande ist, sich zu verändern, als dass der Würfel mit einer neuen Seite nach oben zu liegen kommt.

Odysseus und die Sirenen

Wer sind eigentlich die Sirenen und was hat es auf sich mit ihrem Gesang?

In der *Odyssee* begegnen sie uns zum ersten Mal in Gestalt einer Warnung, ausgesprochen von der im Laufe der Zeit, die Odysseus bei ihr verweilt, immer hilfreicheren Nymphe Kirke. Während des Abschiedsmahls nimmt Kirke Odysseus ein wenig beiseite und spricht:

> Dieses hast du denn alles vollbracht; vernimm nun, Odysseus,
> Was ich dir sagen will: des wird auch ein Gott dich erinnern.
> Erstlich erreichet dein Schiff die Sirenen; diese bezaubern alle sterblichen Menschen, wer ihre Wohnung berühret.
> Welcher mit törichtem Herzen hinanfährt und der Sirenen

Stimme lauscht, dem wird zu Hause nimmer die Gattin
Und unmündige Kinder mit freudigem Gruße begegnen;
Denn es bezaubert ihn der helle Gesang der Sirenen,
Die auf der Wiese sitzen, von aufgehäuftem Gebeine
Modernder Menschen umringt und ausgetrockneten
  Häuten.
Aber du steure vorbei und verklebe die Ohren der
  Freunde
Mit dem geschmolzenen Wachse der Honigscheiben,
  daß niemand
Von den andern sie höre. Doch willst du selber sie hören,
Siehe, dann binde man dich an Händen und Füßen
  im Schiffe,
Aufrecht stehend am Maste, mit festumschlungenen
  Seilen:
Daß du den holden Gesang der zwo Sirenen vernehmest.
Flehst du die Freunde nun an und befiehlst die Seile
  zu lösen,
Eilend feßle man dich mit mehreren Banden noch stärker!
  (Zwölfter Gesang, 37–54)

Hier bleiben viele Fragen offen. Wenn es so gefährlich ist, dem Gesang der Sirenen zu lauschen, warum wünscht die sonst so fürsorgliche Kirke, dass Odysseus Gelegenheit bekomme, sie zu hören? Hat sie eine Vorahnung davon, vielleicht sogar ein Wissen, dass er der Einzige ist, der von der Besatzung dieses Schiffs überleben wird, und also der Einzige, der in der Lage sein wird, von dem Erlebten zu erzählen? Oder will sie den Helden einer nahezu übermenschlichen Probe unterziehen?

Erstaunlicherweise rät sie Odysseus, etwas zu tun, wozu man laut Jean-Paul Sartre (in *Das Sein und das Nichts*) nicht imstande ist, nämlich das Kommando über sein zukünftiges Ich zu übernehmen. Er soll seinen Männern gebieten, seinem Befehl zu trotzen. Wenn er sie darum bittet, ihn vom Mast loszubinden, soll er nur noch stärker daran gefesselt werden.

Wir können nicht, sagt Sartre, Versprechungen für unser zukünftiges Ich abgeben, denn in der Zukunft sind wir immer jemand anders. Dies ist das Wesen der Freiheit und folglich der Grund dafür, dass einer, der verspricht, nächste Woche mit dem Rauchen aufzuhören (bei Sartre handelt sich um Dostojewski und das Glücksspiel), es niemals schaffen wird. Die Wahlfreiheit, die wir haben, gibt es nur hier und jetzt. Kirkes Rat zu einem präsumtiven Gegenbefehl an die Männer ist vielleicht eine listige Art, diesen Umstand zu umgehen.

Wie klingt der Gesang der Sirenen? Wenn Kirke der Ansicht ist, er sei es wert, sein Leben dafür zu riskieren, deutet ja alles darauf hin, dass sie ihn tatsächlich irgendwann gehört hat. Als Unsterbliche hatte sie selbst ja nicht so viel zu fürchten.

Wann hat sie ihn gehört? Was hat er ihr bedeutet?

Das Wort »Sirene«, das bei modernen Menschen ausschließlich unangenehme Assoziationen weckt, ist rätselhaft. Es ist, wie der schwedische Religionshistoriker Julius Centerwall in seiner *Mythologie* (Stockholm 1897) feststellt, untypisch für das klassische Griechisch. Das alte deutsche Wörterbuch Altgriechisch von Menge-Güthling verbindet das Wort *seirän* mit *seira*, Seil oder Strick, und *seirios*, was Handpferd bedeutet. Also ein Pferd, das man an der Seite seines Reitpferdes führt, festgebunden mit einem Strick.

Klingt das überzeugend? Was haben zwei Jungfrauen, die mit ihrem wundersamen Gesang Seefahrer anlocken und sie mit ihren Vogelklauen zerfleischen (die sie jedoch bei Homer noch nicht besitzen, sondern erst später auf den Grabmälern und in der Argonautensage), mit der Seilerei und dem Bedürfnis nach Fernkontrolle zu tun?

Centerwall hat eine etwas kühnere Hypothese: dass das Wort in Wirklichkeit orientalischen Ursprungs sei und auf das *sjîr-hen* des Hebräischen zurückgehe, »bezaubernder Gesang«. H. J. Roses *Griechische Mythologie* (London 1928) bringt die Sirenen mit den Harpyien in Verbindung. Dabei handelt es sich um eine Art Seelenvögel, die kommen, um die Lebenden in das Reich der Toten zu holen. Niemand hat so recht zu erklären vermocht, warum man die Sirenen so oft auf spätantiken Sarkophagen abgebildet findet. Aber wenn sie Seelenvögel sind, die aus dem Totenreich kommen, um die Lebenden zu sich zu holen, wird dieser Brauch verständlich.

Die Gefahr beim Gesang der Sirenen, sagt Rose, sei, dass der, welcher ihm lausche, von einem wilden Verlangen ergriffen werde, sich den Singenden anzuschließen.

Aber Odysseus hat doch eben erst, auf Kirkes Anraten, die homerische *noukían* vollbracht, den Abstieg in die Unterwelt, die schamanistische Reise, auf der er sich Rat für seine weitere Fahrt geholt hat. Und er ist, wie Äneas in einer viel späteren Epoche, von dort zurückgekehrt.

Dies kann also wohl kaum die Verlockung sein. Schließlich weiß er, wie es da aussieht, und dass der Hades ein trister, zutiefst uninteressanter Ort ist.

In der griechischen Antike gibt es viel unheimliche Weiblichkeit. Persephone oder die Gorgone Medusa mit Haaren aus Giftschlangen und einem Blick, der versteinern kann. Am erschreckendsten aber sind wohl die Sirenen. Man ist versucht, an das Rilkewort zu denken:

Denn das Schöne ist nichts
als des Schrecklichen Anfang

Phallus impudicus

Wenn ich in den dunklen, geheimnisvollen Wald einbiege, ist der Geruch sofort wahrzunehmen. Ein herber und ekliger Gestank wie von einem verwesenden Kadaver. Ich weiß, bald werde ich mehrere Exemplare des *Phallus impudicus* (von griech. *phallos*, männliches Glied, und lat. *impudicus*, schamlos) sehen, oder des Stinkpilzes, wie er meist genannt wird. Der ganz spezielle Geruch hat dem Pilz auch den Namen Leichenpilz gegeben. Und schon ragt der erste Stinkpilz aus Nadeln und Laub hervor, und dort noch einer und noch einer.

Gerade auf dieser Seite des halb zugewucherten Waldwegs gibt es – solange ich mich erinnern kann – diese schmuddeligen Pilze. Auf der anderen Seite wachsen sonderbarerweise nur die netten Pfifferlinge oder essbaren bleichen Stachelpilze, oft in reichlichen Mengen entlang der Fichtenwurzeln. Manchmal sind es so viele, dass man absichtlich über sie hinwegsehen muss – sie würden den Korb allzu schnell füllen. Das wäre nicht sportlich! Und jeder wahre Pilzfreund weiß, wie schwer es ist, nicht ALLE Pilze zu ernten.

Ich beuge mich über einen langen, schlanken weißen Fuß mit einem olivgrünen schleimigen Kopf. Wie stets ist der Pilz umgeben von hartnäckig surrenden Fliegen, die der aasartige Gestank anlockt. Ganz in der Nähe steckt ein kleines Ei, ein »Hexenei«, in der Erde, das ist das erste unterirdische Stadium des Pilzes. Wie alles in der Natur ist der Pilz listig konstruiert – Insekten, vor allem Fliegen, werden von dem Geruch angezogen und helfen dabei, ihn zu verbreiten.

Schamlos und ziemlich anstößig sind hingegen die ausgewachsenen Pilze. Wie halb oder ganz erigierte Glieder stehen sie da, unnütz, aber phantasieanregend. Natürlich sind sie nicht essbar – wer käme auf den Gedanken, sie zuzubereiten? Möglicherweise könnte man sie einem verhassten Feind servieren. Früher wurden jedoch die Eier als Ingredienzien in Liebesarzneien verwendet, als Aphrodisiakum. Die reine Gleichheitsmagie. Ich nehme einen der ziemlich abstoßenden Pilze in die Hand, und er fühlt sich überraschend leicht an – der Fuß ist hohl. Außerdem wächst er sehr schnell: Die Entwicklung vom Ei zum ausgewachsenen Pilz kann über Nacht geschehen. Die meisten anderen, anständigeren Pilze brauchen viel mehr Zeit. Da ich keinen wirklichen Feind habe und leider auch keinen, den ich verführen möchte, lege ich dieses Exemplar des *Phallus impudicus* nicht in meinen Korb. Vielleicht beim nächsten Mal.

Poetische Automaten

Am 30. Juni 2000 wurde Hans Magnus Enzensbergers Poesieautomat anlässlich eines Lyrik-Festivals in Landsberg am Lech eingeweiht.

Es hat fünfundzwanzig Jahre gedauert, um von der ursprünglichen Idee des Poeten zu einer funktionierenden Maschine zu kommen, und es bedurfte einer exzentrischen kleinen Stadt in Bayern und einiger Enthusiasten, welche den Stadtrat von Landsberg von der Nützlichkeit der Erfindung überzeugen konnten. Nicht zuletzt, um Touristen anzulocken.

Es liegt nicht an der Komplexität der Maschine, dass es so lange gedauert hat. Das Poesie-Programm kommt mit 6 KB aus. Und doch ist diese Maschine imstande, mit der Zeit mehr Gedichtzeilen hervorzubringen, als das Universum beherbergen kann.

Der Saufbruder	schläft.
Homer	geht baden.
Die Regierung	schwankt.

Es versteht sich, dass wir daraus neun Kombinationen bilden können, wenn wir Wiederholungen innerhalb der Zeile verbieten:

Der Saufbruder	schläft.
Der Saufbruder	geht baden.
Der Saufbruder	schwankt.
Homer	schläft.

Etc. bis hin zu

| Die Regierung | schwankt. |

Wir haben also drei Elemente, die in zweiter Potenz variiert werden, was in diesem Fall neun ergibt. Nimmt man statt drei Elementen ein ziemlich gewöhnliches Vokabular von zehn Wörtern in Gedichtzeilen aus sechs Einzelgliedern, erhalten wir schon 10^6 Variationen. Jede dieser Variationen kann als Gedichtzeile gelten. Wenn wir uns Strophen von sechs Zeilen denken, erhalten wir die Permutation einer Permutation von Kombinationen, was zehn hoch sechs hoch sechs Variationen oder 10^{36} ergibt, eine Zahl, die in den Raum zwischen den Galaxien vorstößt.

Variationsprogramme dieser Art gibt es seit dem großen katalanischen Philosophen und Hermetiker Raimundus Lullus (1232–1316), ja, vermutlich noch länger, denn im Hintergrund von Lullus ahnt man al-Ghazali und verschiedene kabbalistische Quellen. Lullus glaubte, man könnte die Welt in ihrer Vielfalt verstehen, wenn es gelänge, all die verschiedenen Kombinationen zu überblicken, die Gottes verschiedene Attribute bilden, und er illustrierte seine dunklen kombinatorischen Studien mit einer Art von Tabellen, die auf einer systematischen Variation der Begriffe beruhten. Es handelt sich also um die gleiche Art von dreidimensionalen Textkörpern, die Enzensbergers Programm bilden. Inspiriert von Lullus träumte Mallarmé von einem Buch, welches das Ende aller Bücher wäre, und dieselbe Idee klingt in Borges' Werk an, in Form der Bibliothek von Babel und dem Buch mit den Seiten, die sich teilen. Das Alphabet durch all seine Kombinationen zu permutieren, ist jedoch eine ziemlich langweilige und zeitraubende Art, Shakespeares *Macbeth* zu schreiben.

Enzensberger wäre nicht der hochintelligente Kopf, der er ist, wenn er sich mit so etwas zufriedengäbe. Er begreift, dass ein funktionierender Poesieautomat einer Reihe von Beschränkungen unterworfen sein muss.

Die Zeichenstränge müssen einen Anfang und ein Ende haben und einen syntaktischen Verlauf besitzen. Es bedarf kurz gesagt einer Syntax, die es ermöglicht, aus dem Ozean von Variationen die kommunizierbaren Verknüpfungen auszuwählen. Ein Vokabular und ein solches Regelsystem zu besitzen heißt, eine Sprache zu besitzen. Außerdem bedarf es eines höheren Niveaus von Regeln für den Gebrauch von Präpositionen, Präfixen und Suffixen, die dieser Sprache ihren speziellen poetischen Charakter verleihen. Über ein solches Supersystem zu verfügen heißt, über einen Stil zu verfügen.

Doch dürfen diese Regeln nicht zu eng gefasst sein. Dann kann das Resultat ähnlich ausfallen, wie wenn ein Kind zum ersten Mal mit Wollgarn zu stricken versucht. Der Satz muss gewisse Freiheiten erlauben.

Der Wortschatz wird zufallsgesteuert, indem die Endziffern einer beliebigen Seite aus dem Telefonbuch von Berlin die Wortwahl bestimmen. In dem kleinen Band, den Enzensberger anlässlich der Einweihung in der edition suhrkamp herausgegeben hat, *Einladung zu einem Poesie-Automaten* (Frankfurt 2000), liefert er einige Beispiele dafür, was die Maschine zu leisten vermag. Eins davon, in englischer Sprache, sieht so aus:

> I miss you, hot girl! Don't lock me into the ash-can,
> and help me to sleep no more!
> Gorgeous treasures all over the place. The others might
>   hardly notice it.
> Sloppy confessions: »The public are too neurotic
>   bascially.«
> Women are perfekt.
> Silent businessmen fill our lives, and common sense runs
>   amuck.
> I listen. My magic is perfumed with rage. I giggle, I sing:
> Fear not our parents glowing in the dark! Downstairs the
>   country is doing fine.

Ist dies nun Poesie? Die Antwort lautet natürlich, dass kein Gedicht jemals Poesie werden kann, ohne dass jemand die Worte aufnimmt und sie auf diese Weise versteht. Kein Satz hat je »eine Behauptung ausgedrückt«. Es sind die Menschen, welche die Sätze benutzen (genau wie sie Schraubenzieher, Schraubenschlüssel und Zangen benutzen), um Behauptungen auszudrücken.

Duchamps Pissoir, das zu einem Springbrunnen wurde, ist die Antwort auf die Frage.

Die Bedeutung eines Blicks kann es nur geben, wenn etwas zurückblickt.

Prediger

»Denn was kriegt der Mensch von aller seiner Arbeit und Mühe, die er hat unter der Sonne?«, fragt der Prediger in seinem mürrischen, klugen kleinen Bibelbuch. Er sagt auch: »Gedenke an deinen Schöpfer in deiner Jugend, ehe denn die bösen Tage kommen und die Jahre herzutreten, da du wirst sagen: Sie gefallen mir nicht …«

Das klingt nicht sehr ermunternd für denjenigen, der sich mit voller Fahrt diesen Tagen nähert. Dem sogenannten dritten Alter. Man kann sich kaum dagegen wehren. Das Paradoxe ist, dass wir nicht alt werden wollen, aber lange leben möchten. Als meine Mutter über sechzig war, sagte sie etwas zu mir, das einen großen Eindruck auf mich, einen älteren Teenager, machte: »Wenn ich morgens nach einem Traum aufwache, in dem ich erst sechzehn Jahre alt war, fange ich fast an zu weinen, sobald ich begreife, dass es nur ein Traum war. Es braucht eine Weile, bis ich verstehe, dass ich jetzt eine alte, weißhaarige Frau bin und meine Eltern schon lange tot sind. Und ich will das überhaupt nicht.« Im Traum konnte sie jedes ihrer Alter erleben.

Nein, man kann nicht behaupten, das Alter spiele keine Rolle: Es bleibt einem weniger Zeit, Menschen, an denen man hängt, sterben, und die Zeit rast immer schneller. Und man kann es als einen persönlichen Angriff auffassen, diesen Raubbau der Jahre am eigenen Körper. Wenn ich im Badehaus oder in der Turnhalle die jungen Mädchen mit ihrer blanken Haut sehe, oder frischgebackene Mütter, die nach der Entbindung wieder ihr normales Leben beginnen, und die älteren Menschen, etwas müden, mit ihren vom Leben gezeichneten Körpern, fühle ich mich auf seltsame Weise gerührt – und auch getröstet. Ich trage all diese Alter mit mir herum, und ich gehöre in einen Zusammenhang: Ich teile meine Erfahrungen mit anderen. Ich lebe.

Als Lehrerin war ich daran gewöhnt, von Menschen verschiedener Altersstufen umgeben zu sein, und es ist mir durchaus bewusst, dass dies ein Privileg ist, dass wir immerzu voneinander lernen und dass wir einander brauchen. So gesehen ist die Schule ein ungewöhnlicher Arbeitsplatz. Die Altersspanne in einem Gymnasium reicht von 15 bis 65 Jahren. Die jungen Lehrer kommen mit neuen Ideen, und wir Älteren geben unsere Erfahrungen weiter. In der Höglandskolan pflegte ein pensionierter weißhaariger und rosenwangiger Lehrer als Vertretung einzuspringen (das war zu der Zeit, als die Schulen sich noch Vertretungen leisten konnten). Er wurde auch geholt, wenn eine Klasse besonders schwierig und störrisch war. Und er verbreitete eine solche Ruhe um sich – bald fraßen ihm die schlimmsten kleinen Schlingel und die trotzig Schweigenden aus der Hand. Ging man im Flur vorbei, hörte man kaum einen Mucks aus dieser Klasse, wo der Geräuschpegel sonst sehr hoch war.

Es ist wohltuend, als nunmehr ältere Lehrerin mit jungen Schülern in Kontakt zu kommen – sie geben einem im besten Fall so viel Energie und Lebensfreude zurück. Und sie hören auf einen! Sie brauchen junge wie alte Lehrer, Frauen wie Männer. »Die Jahre der Jugend in Brunst rasen schnell wie ein eiliger Wirbel. Das Alter hingegen verstohlen schleicht sich unmerklich ein …«, schreibt Stiernhielm drohend in seinem Gedicht über Herkules, der in jungen Jahren seinen Weg durchs Leben wählen sollte. Deutliche altersbedingte Veränderungen schleichen sich tatsächlich so in den Fünfzigern ein. Und es IST schwer, sehr schwer, sie zu akzeptieren. Ja, aber das Alter verändert einen auch zum Besseren. Man wird (im besten Fall) weiser, gleichmütiger und sicherer. So vieles wird unwesentlich, während man anderes höher schätzt. Seine alten Freunde zum Beispiel. Man sollte versuchen, sich nicht um die Altersphobie zu scheren, an der junge Menschen manchmal leiden und, wie es scheint, die ganze Gesellschaft – Liebe kann sich für eine fünfundsechzigjährige Person genauso stark an-fühlen wie für eine fünfundzwanzigjährige, und man kann sich genauso sehr verlieben wie in seiner Jugend. Vermutlich weiß man die Liebe in älteren Tagen noch mehr zu schätzen, sei es, dass man die Freude hat, ihr spät im Leben zu begegnen, oder eine lang andauernde Liebe zu hegen. Man versteht es, mehr daraus zu machen, ohne so streng und fordernd zu sein wie in jungen Jahren. Ältere Menschen sind nicht notwendi-gerweise darauf angewiesen, die Tauben im Park zu füttern.

In einem Buch über das Altern, gemeint ist die Zeit weit über siebzig, las ich die Aussage, man sei ganz einfach neugie-rig, wie es werden wird. Es sei eine Lebenserfahrung wie an-dere, eine, die man nicht missen möchte. Das klingt fast zu einfach und gut, um wahr zu sein, aber warum nicht? Es ist eine ganz gute Haltung. Vielleicht die einzig mögliche.

Privilegien

Die moderne demokratische Gesellschaft scheint gleichzeitig in zwei Prozesse verwickelt zu sein: Sie baut Privilegien ab und führt zugleich neue ein. Dieser Fluss scheint so intensiv, dass die Menge der Privilegien konstant bleibt. Wie in kom-munizierenden Gefäßen.

Die ursprünglichen Privilegien – solche werden in Schwe-den nicht vor König Kristofers Landgesetz im 15. Jahrhun-dert erwähnt – setzen Gegenleistungen voraus, in erster Linie militärischer Natur. Mit der Zeit werden diese Forderungen nach Gegenleistung immer diffuser, während die Privilegien immer mehr als unveräußerliche Rechte empfunden werden. So sieht es noch in Schwedens neuer Reichstagsordnung im Jahr 1866 aus, die in Verbindung mit der Abschaffung des Ständereichstags in Kraft trat.

Und die Macht? Ja, die Macht besteht unter anderem in der Fähigkeit, Privilegien zu erwerben oder zu verteilen.

Und neue Privilegien?

Einige davon sind klein und lächerlich. Zum Beispiel diejenigen, die mit dem Besitz gewisser Plastikkarten verbunden sind, welche die Fluggesellschaften an Vielflieger ausgeben. Ein zweites Handgepäckteil in die Kabine mitnehmen zu dürfen. Zusammen mit den Passagieren der Businessclass einsteigen zu dürfen. Großartig! Es ist erstaunlich, dass jemand sich von so jämmerlichen Vorteilen düpieren lässt. Das sind Scheinprivilegien. Ungefähr wie das Recht eines Unteroffiziers, beim Schlangestehen an der Essensausgabe den Vortritt zu haben.

Andere sind bedeutend größer und durchaus ärgerlich. Managerpensionen in dreistelliger Millionenhöhe und goldene Fallschirme gehören zu den Belohnungen im ständigen Kampf zwischen dem Eigentümer des Unternehmens und seinen Direktoren.

Das große Thema des 19. Jahrhunderts, von Marx, Lasalle und Bernstein gründlich analysiert, waren die Interessengegensätze zwischen Arbeiterklasse und Eigentümern. Diese starken Gruppen werfen sich gegenseitig vor, einander bis zum Anschlag und darüber hinaus auszubeuten. Heute scheint diese entscheidende Grenze dagegen ganz überraschend zwischen Management und Eigentümern zu verlaufen, nachdem die Beziehungen zwischen Eigentümern und Arbeitern in den modernen Industriegesellschaften längst eine durchregulierte Angelegenheit sind.

Den Forderungen nach einer Arbeitergesetzgebung, die sich Ende des 19. Jahrhunderts durchzusetzen begannen, entsprechen heute wohl genauso energische Forderungen, dass das Management in Schach gehalten und daran gehindert werden soll, die Eigentümer auszuplündern.

Die neuesten Gesetze in den USA, veranlasst durch den Enronskandal und ähnliche Katastrophen, sollen gewissenlosen Unternehmensleitern Maßnahmen der Selbstkontrolle und Offenheit auferlegen, die sie offenbar sehr lange ungestraft vernachlässigen konnten. Es geht nicht nur um direkten Betrug, sondern auch um eine Machtvollkommenheit, deren Entsprechung man nur bei den absoluten Monarchen früherer Zeiten findet. So ist es angestellten Industriechefs möglich gewesen, sich mit Pensionen in dreistelliger Millionenhöhe zu versehen, ohne dass die Eigentümer sich dieser Tatsache überhaupt bewusst waren.

Verglichen mit einem normalen Angestelltenverhältnis sind dies natürlich extreme Privilegien.

Wie wichtig sind die Privilegien der Direktoren? Sind diese Parasiten nur eine Art von vergrößerten *frequent flyers*, oder bilden sie ein tiefgreifendes gesellschaftliches Problem? Die Medien schenken ihnen viel Aufmerksamkeit – und zu Recht. Aber die gleichen Medien haben erstaunlich viel weniger an den Privilegien der politischen Klasse auszusetzen.

Eine Untersuchung, die *Das Echo des Tages* vor den Reichstags- und Kommunalwahlen im Jahr 2002 in Schweden durchgeführt hat, enthüllte erstaunliche Unterschiede, unter anderem beim Wohnungsstandard, zwischen den Repräsentierten und ihren politischen Repräsentanten.

Was bedeutet das? In erster Linie vielleicht, dass die Repräsentanten nicht die Bedingungen der Repräsentierten spiegeln können? Es handelt sich um Gruppen, die glauben, etwas miteinander zu tun zu haben, was aber eigentlich nicht der Fall ist.

Meint man mit Privilegien Ausnahmevorteile, die sich nicht innerhalb des offiziellen Regelsystems motivieren lassen, dann hat unsere Zeit natürlich unzählige Beispiele von Privilegien in diesem Sinne gesehen. Die sowjetische Nomenklatura mit eigenen Hotels, eigenen Urlaubsorten und Delikatessgeschäften oder die afrikanischen Familienklans mit ihrem Zugriff auf Hilfsgelder und Staatsfinanzen.

Oder man nehme den widerlichen Diktator im Irak, der Paläste aus Marmor und Gold baute, während sein Land sich den Import von Penicillin nicht leisten konnte.

All das sind gute Beispiele für Privilegien auf unterschiedlichen Ebenen.

Mitunter wird das Wort jedoch in einem so verwässerten Sinn gebraucht, dass es sinnlos wird, beispielsweise wenn man von Bildung als einem Privileg spricht oder davon, sich als weißer Europäer in einem privilegierten Zustand zu befinden.

Ist es wünschenswert, dass es in einer Gesellschaft Privilegien gibt? Viel spricht dafür, dass keine Gesellschaft lange existieren kann, ohne zumindest einige Privilegien zu haben.

Mit den Privilegien ist Verantwortung verbunden, so könnte man einen feudalen Gedanken zusammenfassen, der seine Bedeutung langsam verliert. Der aber immer noch eine Art Gültigkeit hat.

Krankenwagenfahrer und Polizisten haben das Recht – bei eingeschalteten Sirenen – über rote Ampeln zu fahren. Ist das ein Privileg? Eine Definition der Staatsmacht, die seit Max

Webers Zeit eine große, vielleicht auch verhängnisvolle Rolle gespielt hat, besagt, die Staatsmacht sei die Macht, welche das Privileg hat, Gewalt in der Gesellschaft auszuüben. Polizei und Militär haben also das Recht zu Handlungen, die verbrecherisch wären, wenn sie von gewöhnlichen Bürgern ausgeübt würden.

Es ist, wie wir während des EU-Gipfels 2001 in Göteborg gesehen haben, schwer, diese Gewaltprivilegien auszuüben, ohne zugleich mit den bürgerlichen Rechten in Konflikt zu geraten. Aber andererseits ist es auch schwierig, ja, fast unmöglich, sich – außerhalb *the lunatic fringe* – eine Gesellschaft vorzustellen, die ohne Gewaltprivilegien existieren könnte.

Das Reden über Klassenprivilegien ist sinnvoll, wenn man zum Beispiel meint, dass in Schweden oder Russland nur Adlige bis tief ins 19. Jahrhundert hinein Zugang zu Staatsämtern hatten. Aber wenn man nur meint, dass sich Menschen mit größeren finanziellen Ressourcen auf verschiedenen Gebieten bessere oder effektivere Dienstleistungen kaufen können, beispielsweise Wohnungen oder Krankenpflege, wird es recht zweifelhaft, ob wir wirklich von Privilegien reden. Wer einen größeren Apfel kaufen möchte und willig ist, dafür zu bezahlen, von dem kann man ja kaum behaupten, er verletze die Rechte eines anderen. Ein Privileg wird daraus erst, wenn einer größere Äpfel zum selben Preis bekommt, die der Großteil der Bürger für kleinere Äpfel zahlt.

Wie der verstorbene Publizist Leif Carlson zu bemerken pflegte: »Es ist besser, reich und gesund zu sein, als arm und krank.«

Es gibt eine Art ödes und destruktives Gleichheitsdenken, bei dem der Idealzustand darin besteht, dass alle Menschen leiden und am besten genau gleich viel leiden sollen. Man findet es als Argument gegen private Krankenpflege und das

Wohnen in Villen, und nicht selten bei Personen, die zu beidem Zugang haben. Das ist eine deformierte Auslegung des Privilegienbegriffs.

Aber was ist eigentlich ein Privileg? In der klassischen Rechtslehre wird das Wort nicht nur auf Vorzugsprivilegien angewandt (*privilegia gratuita*) – beispielsweise die Steuerfreiheit für Adlige oder kirchliche Institutionen –, sondern auch auf Gesetze, die eine negative Sonderbehandlung bedeuten, sogenannte *privilegia onerosa*. Dazu gehören beispielsweise die Strafsteuern, die Juden in ihrer Eigenschaft als Juden sehr lange in verschiedenen europäischen Ländern bezahlen mussten. Die letztere Anwendung des Wortes ist, wie es scheint, vollständig verschwunden. Eine interessante Frage wäre natürlich, ob es dieses Phänomen, also negative Sonderbehandlung, möglicherweise noch gibt, obwohl der Begriff verschwunden ist.

Einige Beispiele, die uns sofort einfallen, sind die verschiedenen Sondersteuern, die Bürger bezahlen, wenn sie Wohnungseigentümer sind, sterben oder in privilegierten Gemeinden leben. Die eigentümlichen Straßenzölle, die grüne Fanatiker für unsere größten Städte erheben wollen, sind natürlich ein Beispiel für *privilegia onerosa*. Warum mussten die Juden im Mittelalter besonders hohe Steuern an die Fürsten entrichten? Weil sie größere Mühen verursachten als andere Bevölkerungsgruppen? Das war wohl kaum der Fall. Ist es nicht eher so, dass sie schwächer, anfälliger für finanzielle Erpressung waren als andere Bevölkerungsgruppen im Mittelalter? Hätten die Juden, sagen wir in Würzburg im 14. Jahrhundert, sich geweigert, ihre Sondersteuern zu zahlen, wären sie vermutlich vertrieben worden.

Wo verläuft die Grenze zwischen harmlosen Privilegien

und solchen, die auf längere Sicht eine wirkliche Gefahr für die Gesellschaft bedeuten? Das ist nicht leicht zu beantworten.

Wenn der Zugang zu den beratenden und bestimmenden Posten außerhalb der rein politischen Gremien, beispielsweise bei Universitätsvorständen und Forschungsräten, auf eine Weise politisiert wird, dass politisch korrekte Ansichten für den Zugang zu diesen Gremien entscheidend sind, haben wir zweifellos eine Abweichung ins System eingebaut (ungefähr wie wenn man einen Kompass in einem magnetischen Futteral aufbewahrt), die auf Dauer zu Verarmung und Misslingen führen wird. Die grobe Politisierung des akademischen Lebens, die wir Mitte des 20. Jahrhunderts in Schweden erlebt haben, ist ein Beispiel dafür.

Die Schule, mit ihren vielen verbotenen Diskursräumen und ihrem stark zentralisierten Einfluss auf Kurspläne und Leistungsbeurteilungen, ist ein weiteres Beispiel. Die enorme Machtausübung, die hier stattfindet, sollte nicht unterschätzt werden.

Das Gefährliche an diesen Privilegien ist vermutlich, dass sie *Problemformulierungsprivilegien* darstellen.

Die Art, eine Frage zu stellen, begrenzt die möglichen Antworten. Vermutlich hat jede Gesellschaft irgendeine Form von Problemformulierungsprivilegien. Wie Michel Foucault in seiner berühmten Antrittsvorlesung am Collège de France, *Die Ordnung des Diskurses*, betont hat: Die übliche Form, in der ein Diskursverbot auftritt, besteht darin, dass derjenige, der sich äußert, nicht ernst genommen wird, da er nicht das Vertrauen der Zuhörer besitzt. Ein Philosoph kann Ratschläge geben, wie Gehirnoperationen durchgeführt werden sollen, aber er wird leicht in die Lage geraten, dass ihm niemand zuhört. Um bei gewissen Fragen ernst genommen zu werden, muss man gewissen Gruppen, Kreisen, Zusammenhängen angehören. Die oft kooptierend sind, das heißt, dass sie ihre eigenen Mitglieder berufen.

Ist die Tatsache, ernst genommen zu werden, wenn man sich in der einen oder anderen Angelegenheit äußert, ein Privileg? Das kann es offenbar werden, und vielleicht das gefährlichste von allen.

Promenade

Unter dem Wort »Promenade« findet man im *Schwedischen Synonymwörterbuch*: Wanderung, Spaziergang, Rundgang, Gang. Den Inhalt des Worts drückt *Das Wörterbuch der Schwedischen Akademie (SAOB)* so aus: »Die Handlung zu promenieren, eine Fahr- Reit-, Bootstour zu seinem Vergnügen zu unternehmen … vgl. Morgen-, Mondscheinspaziergang u. a.«

Nehmen wir uns dieses »zu seinem Vergnügen« vor. Hier haben wir vermutlich den eigentlichen Sinn des Spaziergangs. Zu promenieren bedeutet also, dass man sich freiwillig und zu seinem Vergnügen auf einen Bummel im Freien begibt. (Man promeniert wohl kaum im Haus, falls man nicht Zugang zu einem großen Schloss hat.) Die Promenade ist im besten Falle ein Genuss für Leib und Seele. Danach fühlt man sich erhoben, handlungskräftig und moralisch aufgewertet. Aber lasst uns versuchen, das innerste Wesen der Promenade zu ergründen. Wann beginnt ein Mensch eigentlich zu promenieren? Ein kleines Kind promeniert ja nicht, es sei denn, möglicherweise an der Hand eines Erwachsenen, sonst laufen Kinder eher auf scheinbar ungeordnete Weise herum. Ist es ein sicheres Zeichen dafür, dass ein Mensch erwachsen geworden ist, wenn er von dieser ungeordneten oder unreflektierten Art sich zu bewegen dazu übergeht zu promenieren, sich also würdiger und bewusster bewegt? Und was ist der Unterschied zwischen Flanieren und Promenieren? Vielleicht sind es die vertiefte Wahrnehmung der Umwelt, das langsame Tempo und die vielen Pausen, die den Flaneur vom Spaziergänger unterscheiden? Vielleicht hat ein Flaneur etwas Lässigeres und Leichtsinnigeres an sich als eine Person, die sich auf einem Spaziergang befindet? Andererseits wäre es unmöglich, die Schriftsteller, die um die Jahrhundertwende passive Beobachter ihrer Umgebung waren, aber nicht in sie eingriffen, anders zu bezeichnen denn als Flaneure. Spaziergänger oder Spaziergangsschriftsteller passt nicht.

Dass spazieren gehen, das im *Schwedischen Synonymwörterbuch* vorgeschlagen wird, nicht ganz dasselbe ist wie promenieren, ist wohl offensichtlich – das Wort hat eine altmodischere Prägung und klingt im Schwedischen ein bisschen gespreizt. Vermutlich ist ein Spaziergang auch etwas kürzer als eine Promenade. Kann man sich vorstellen, dass er bei Frauen üblicher ist (oder war) als bei Männern? Promenieren Männer? Ja, sonst wäre das Wort Spazierstock nicht entstanden. Frauen promenieren wohl kaum mit einem Spazierstock.

Von einer Frau, die promeniert, wird erwartet, dass sie ein Promenadenkostüm trägt, das heißt, laut dem *SAOB*, ein »Damenkostüm, bes. striktes Kostüm mit Rock und Jacke, speziell zum Gebrauch im Freien gedacht (bei Promenaden o. ä.)«. Ist man männlichen Geschlechts, ist man vielleicht mit einem geeigneten Spazierstock versehen, ein spezieller Promenadenanzug scheint nicht nötig zu sein.

Was soll man nun aber zu einer der merkwürdigeren Bewegungsarten sagen, die in letzter Zeit aufgekommen ist, nämlich dem Nordic Walking, bei dem man sich in einigermaßen raschem Tempo bewegt, gestützt auf zwei (ziemlich teure) für diesen Zweck erprobte Stöcke? Gewöhnliche Skistöcke taugen dazu nicht. Es soll nicht nur die Beinmuskeln trainieren, sondern auch die Oberarme. Selbstverständlich besteht ein großer Unterschied zwischen dem, der sagt, er sei auf einem Spaziergang, und dem, der Nordic Walking praktiziert. Aber irgendeine Art von Spaziergang wird wohl auch derjenige, der mit diesen Stöcken geht, unternehmen. Ein großer Unterschied liegt jedoch darin, dass er sich aus erklärlichen Gründen und mit gutem Recht (jedenfalls zu Anfang) als eine ziemlich lächerliche Person erlebt. Mit der Zeit schluckt man entweder die Scham hinunter und fährt mit seinem »Sport« fort, oder aber man hält die spöttischen Blicke, denen man bei seinen Mitmenschen begegnet oder zu begegnen glaubt, nicht aus. Ich selbst habe diese Sportart eine kurze Zeit lang erprobt – ich begab mich in der Abenddämmerung hinaus und dankte dann der Dunkelheit, die sich herabsenkte und mich vor den Blicken der Welt verbarg. Begegnet man einem anderen Nordic Walker, schauen beide leicht verschämt auf den Boden – man grüßt gleichsam nicht. Das tun hingegen oft zwei, die promenieren. Sie stehen für ihre Beschäftigung ein und sind stolz darauf. Sie begegnen sich als Gleichberechtigte.

Der soziale Druck beim Nordic Walking wurde für mich zu stark – meine (teuren) Stöcke sind für immer tief drinnen in meiner Garderobe versteckt. Nordic Walking und Promenade unterscheiden sich natürlich in einem entscheidenden Punkt: Die Promenade ist zum Vergnügen da (siehe oben), und das kann man vom Nordic Walking wirklich nicht behaupten. Da geht es ausschließlich um den Nutzen. Promenieren, allein oder mit jemand anders (eher nicht mit mehreren), ist etwas außerordentlich Angenehmes, zugleich ermunternd und entspannend. Bei einem persönlichem Problem, mit dem du nicht zurechtkommst, kann eine mögliche Lösung ganz plötzlich auftauchen, während du draußen promenierst.

Eine Promenade lädt auch dazu ein, Vertraulichkeiten auszutauschen. Willst du einen Menschen wirklich kennenlernen, dann promeniere mit ihm! Unternimmt man einen Mondscheinspaziergang, tut man es vermutlich in Gesellschaft eines anderen Menschen. Ein einsamer Mondscheinspaziergang wird leicht pathetisch.

Wir wollen aber vor allem die »literarische« Promenade nicht vergessen. Sie hat für viele Schriftsteller eine große Rolle gespielt. Im Verlauf der Promenade wachsen neue Kapitel heran. Da gibt es zum Beispiel Thomas Manns Münchener Promenaden mit dem Hund Bauschan, beschrieben in *Herr und Hund*. Wenn Uwe Johnson gegen Ende seines Schriftstellerlebens Schwierigkeiten hat, sein großes Werk *Jahrestage* abzuschließen, schreibt er an seinen vertrauten Verleger Siegfried Unseld, dass er wieder anfangen muss mit Spaziergängen, um mit dem letzten Teil fertig zu werden. Ein berühmtes schwedisches Beispiel ist Selma Lagerlöf, die bei einer Promenade vom Seminar in der Malmskillnadsgatan nach Hause auf die Idee kommt, wie sie über ihre Värmlandskavaliere schreiben soll – ihr erschien es damals so, als würde die Erde unter ihr anfangen zu schwanken. Und August Strindberg schreibt in *Einsam* über die einsamen Promenaden in raschem Tempo durch Östermalm.

Was macht die Promenade zu einem literarischen Werkzeug? Sind es die wechselnden Eindrücke, die rasch ineinander übergleiten, oder ist es die rasche Vorwärtsbewegung? Beides kommt der Arbeit eines Romanverfassers zugute.

Wenn alle, die es rein physisch können, ein paarmal in der Woche ohne Hintergedanken (ein paar Kilo abzunehmen, sich zu zeigen und so weiter) promenieren würden, wobei sie sich nur auf das Vergnügen konzentrieren, den Körper in gemächlichem oder raschem Tempo zu bewegen und außerdem verschiedene Sicht-, Duft- und Gehöreindrücke zu bekommen, würde unser kollektiver Stress erheblich abnehmen. Wer sich auf eine Promenade ins Freie begibt, erlebt garantiert etwas, das er mit nach Hause nehmen und worüber er nachdenken kann. Wer schläft, sündigt nicht – man kann genauso gut sagen: Wer promeniert, sündigt nicht. Jedenfalls nicht während der Promenade.

Rain, Steam and Speed

Worin besteht eigentlich die Moderne, von der wir ja so viel sprechen?

Noch kann man die eigentümliche Dichte und Unüberschaubarkeit erleben, welche die vorindustrielle Landschaft für diejenigen gehabt haben muss, die dort lebten. Es muss sehr schwer gewesen sein, sich die Landschaft vorzustellen, also den Inbegriff all dessen, was zum gleichen Zeitpunkt innerhalb eines größeren geographischen Gebiets geschieht, wenn die höchste denkbare Geschwindigkeit durch den großen Wald die eines trabendes Pferdes war. (Trabend, ja, denn man galoppiert nicht auf Waldwegen, wenn man sowohl das Reittier wie die Gesundheit schonen will.)

Als die Eisenbahnen kamen, muss es gewesen sein, als öffne sich die Landschaft zu einem größeren Raum. Ja, die Landschaft muss sich plötzlich angefühlt haben wie ein Meer.

(Wir sehen zum Beispiel in den viktorianischen Romanen, welche große politische und private Rolle diese neue Erreichbarkeit mit dem Zug für die Handlung selbst spielt. Bei Anthony Trollope sind die raschen Besuche der Protagonisten in der Hauptstadt, um politische Intrigen zu spinnen oder ihre heimlichen Laster zu pflegen, ein unverzichtbares Element der Handlung. Es scheint fast, als treibe die Dampflokomotive mit ihrer schwindelerregend schnellen Fortbewegung die Romane in einem anderen Tempo voran als Dickens' Kutschenerzählungen.)

»Regen, Dampf und Geschwindigkeit« heißt das Bild, auf dem ein einsamer Zug aus der Unbestimmbarkeit herauszukommen scheint, unterwegs in einen größeren Raum, dramatisch in seiner Bewegung durch Zeit und Raum, den Naturkräften ausgesetzt und zugleich in seiner Einsamkeit triumphierend. Eine Begegnung zwischen dieser Welt und einer anderen.

William Turner malte es 1844 und stellte es im gleichen Jahr in der Royal Academy aus. Jetzt hängt es, wie so viele andere Gemälde von Turner, in der National Gallery.

Turners Biographen sind sich darin einig, welche praktischen und ziemlich ungesunden Experimente mit Zugreisen dem Gemälde vorausgingen. Der Maler hängte sich offenbar stundenlang aus dem Zugfenster, das Gesicht vom Wind und, natürlich, viel rußvermischtem Regen gepeitscht, um sich mit der neuen Farbwelt vertraut zu machen, die das Zugerlebnis bot. Die Welt *aus dem Zugfenster gesehen* zu schildern wäre jedoch noch zu kühn gewesen. Wie Wolfgang Schivelbusch in seinem bemerkenswerten Buch *Geschichte der Eisenbahnreise* gezeigt hat, dauerte es sehr lange, bis der Reisende sich an den Eindruck einer Landschaft gewöhnte, die »vorbeiwirbelt« und wie die rasch wechselnden Sektoren der Perspektive um ein mächtiges Rad herum zu rotieren scheint. Erlebnisse, an die der moderne Mensch heute wohl bis spätestens zum Alter von sieben Jahren völlig angepasst ist.

Gewöhnlich nimmt man an, dass die Brücke auf dem Bild »Regen, Dampf und Geschwindigkeit« der Themseübergang nach Maidenhead ist, ein Werk des großen Eisenbahningenieurs Isambart Kingdom Brunel (1806–1859), ein für seine Zeit äußerst avanciertes Bauwerk, vollendet im Jahr 1838 für die Great Western Railway.

Wie viele ähnliche Unternehmen aus dieser Zeit, nicht zuletzt jene, die mit Brunels Ingenieurskunst verknüpft sind, war dieses Projekt alles andere als unproblematisch. Dieser Turner'sche Zug wagt sich hinaus ins Ungewisse.

Einer von Brunels Biographen, L. T. C. Rolt, ein hochgelehrter Amateur, welcher den technologischen Triumphen und Niederlagen dieser Epoche viel Raum gewidmet hat, erzählt:

Als der Ort für den Themseübergang bei Maidenhead bestimmt worden war, hatten die Mitglieder des Themsekomitees vorgeschrieben, dass die geplante Brücke auf keinerlei Art den Treidelpfad oder den breiten Schiffskanal daneben blockieren durfte. Daher musste sich Brunel darauf beschränken, nur einen einzigen Flusspier von 100 Yard Breite zu verwenden, und da er sich vorgenommen hatte, den Fluss auf ziemlich niedriger Höhe zu kreuzen, stand er vor einem bedeutenden Problem. Er löste es, indem er eine Brücke mit zwei der weitgestrecktesten und flachsten Bögen konstruierte, die je aus Ziegeln gebaut worden waren. Jeder davon erstreckte sich über 128 Fuß, bei einer Gesamthöhe von nur 24 Fuß und 3 Zoll.

Brunels Kritiker, eine Art Unglücksraben, wie es scheint, sagten voraus, dass alles zusammenstürzen würde, wenn die Holzgestelle unter den Bögen abgebaut würden.

Brunel hat den psychologischen Teil des Problems offenbar auf eine für ihn sehr charakteristische Art gelöst: Er behielt die stützenden Gestelle an der Unterseite der Brücke noch eine erhebliche Zeit bei, aber ohne Kontakt mit der eigentlichen Brückenkonstruktion, so dass seine Brücke, die noch von unten gestützt und gesichert erschien, tatsächlich schon längst frei stand.

Und sein glücklicher Biograph fährt enthusiastisch fort: Sicherlich war die Tatsache, dass die Brücke neun Monate lang vollständig frei stand, während seine neidischen Opponenten davon ausgingen, dass das Mittelgestell sie an ihrem Platz hielt, ein guter Scherz, auf den Brunel sehr stolz gewesen sein muss. Die Pointe wurde enthüllt und seine Kritiker gerieten außer Fassung, als ein heftiger Sturm in einer Herbstnacht 1839 all die überflüssigen Gestelle hinwegfegte.

Zu diesem Zeitpunkt fuhren bereits Züge über die Brücke, denn die Eisenbahnstrecke war im Juli 1839 bis nach Twyford weitergeführt worden, und noch immer ging man davon aus, dass die Brücke unter ihrem scheußlichen Gewicht nachgeben würde. So verbreitete sich zum Beispiel in einer Nacht im stürmischen November dieses Jahres das Gerücht, dass die Brücke unsicher sei.

Diese ganze Atmosphäre von Katastrophengerüchten, tatsächlichen Katastrophen und erschrockener Faszination durch die neuen Technologien, gepaart mit Wehmut angesichts des verschwindenden Vergangenen, ist charakteristisch für Turners entscheidende Jahre. Es ist nicht ganz leicht, eine Antwort auf die vielleicht allzu einfach formulierte Frage zu finden, ob er an die Technik glaubte oder davon eher erschreckt war. Sicherlich ist er eine ganz andere Persönlichkeit als das andere Genie in dieser Erzählung, der immer gleichbleibend optimistische Brunel. Brunel ist der erste Repräsentant eines neuen Typs: der Ingenieur als Gentleman, der erste seiner Art, der seine Kinder in die *public school* schickt. Brunel mit seiner nahezu cäsarischen Einstellung zur Technologie und mit seiner manchmal unglücklichen Vorliebe für die allzu großen Sprünge.

Auch Turner ist, trotz seines sehr kleinbürgerlichen Hintergrunds (sein Vater war Barbier) und trotz der Verunsicherung durch eine geisteskranke und früh verstorbene Mutter, das selbstverständliche Mitglied einer neuen Elite, nicht zuletzt durch seine Stellung in der Royal Academy. Aber das ist eine andere Art von Elite.

Während das Zugbild voll kühner Entschlossenheit ist, voller Mut, sich ins Ungewisse vorzuwagen – ein Gefühl von einem Schritt ohne Wiederkehr, das so typisch ist für seine Generation und ihre Art, auf eine Welt zu reagieren, welche der Dampf und der mechanische Webstuhl gerade heftig verändert –, so gibt es in Turners Werk auch die Wehmut über das Verlorene, am deutlichsten vielleicht in seinem prachtvollen »Die letzte Fahrt der Temeraire« (1838). Die vortechnologische Seefahrt sinkt ins Grab. Turner bleibt ihr interessiert auf der Spur. Genau wie die Lokomotive in »Regen, Dampf und Geschwindigkeit« fast unwirklich klein erscheint, auf dem Weg hinaus aus dem Fluchtpunkt der Perspektive, ist dieses alte Schiff auf dem Weg hinaus aus der Geschichte, auf dem Weg zum Abwracken im Schatten des Dampfs und der Rauchwolken, unterwegs zum Horizont, zum Punkt des Verschwindens. Turner hat ein sehr intensives Verhältnis zu ihm.

Wie dieser Zug ist auch Turners Kunst auf dem Weg ins Ungewisse.

Gegen Ende seines langen Lebens (1775–1851) verändern sich sowohl Turner wie seine Malerei so drastisch, dass man nicht immer unterscheiden kann, was die Veränderung des Malers und was die Veränderung seiner Umgebung ist. Wenn Turner jetzt eine radikal neue Farbskala wählt, dominiert von den verschiedenen Sekundärtönen der Atmosphäre, des Regens und des Meers, mit einer Dominanz des Gelben und des Roten und einem deutlich merkbaren Widerwillen gegen das Blaue, bedeutet dies, dass er dazu übergeht, eine Welt von Farbphänomenen zu schildern, die alle von sehr kurzer Dauer sind. Alles in diesen atmosphärischen Bildern befindet sich in Übergang und Veränderung. Wir wissen, dass genau diese Farbe des Himmels, des Meeres oder des Regens nur für einen Augenblick festgehalten werden kann und vernünftigerweise nie genau so, wie sie war.

Abschied und Aufbruch in eine neue Welt werden also von der Mitte der dreißiger Jahre an, mit der großen Pionierzeit des Eisenbahnbaus, zu fundamentalen Kategorien in William Turners Malerei. Wovon handelt diese Kunst? Das Private kann dabei nicht ausgeschlossen werden, aber es ist verlockend, sie als Emblem für die frühe Industrialisierung der westlichen Welt zu sehen. Sie zeigt die Schockerfahrung angesichts einer Welt, welche der Dampf und der mechanische Webstuhl heftig verändern. Und eine neue, gesteigerte Sensibilität, bei Turner in der Form einer revolutionär neuen Haltung zur Farbe, aber nicht unähnlich der, welcher ein Franzose der nächsten Generation, Charles Baudelaire, in Worte fassen wird.

Dies ist die Zeit der großen Eisenbahnbauwerke und der großen Industrialisierung. Turners Landschaften, noch idyllisch agrar mit ihren sich schlängelnden Kutschenwegen und Schäferidyllen, wie wir sie in den frühen Aquarellen sehen können, verändern sich sowohl in und außerhalb seiner Kunst. (Seurat und Monet, die eine Generation später Gelegenheit hatten, über seine Bilder in der National Gallery zu staunen, sollten tief beeinflusst werden und ähnliche Entwicklungen durchlaufen.) Zeit, als gefrorener Zustand, Zeit als paradoxal festgehaltener Augenblick, wird von nun an ein anderer Faktor in Turners Gemälden werden. Die Zeit, das ist nicht mehr die in der Landschaft verbleibende Spur der Vergangenheit, die Faszination der Romantik vor dem Faktum, dass hier einmal etwas anderes stattgefunden hat als das, was jetzt an demselben Platz stattfindet. Davon zeugen Gräber und römische Ruinen. Auch Turners Aquarelle, nicht zuletzt die italienischen, haben diesen Charakter des Imperfekts. Von den vierziger Jahren an handelt seine Malerei jedoch nicht mehr so sehr davon, was geschehen ist, sondern davon, was im nächsten Augenblick geschehen wird. Das verleiht allem, was er jetzt malt, eine gesteigerte Dramatik.

Es gibt ein bemerkenswertes Detail in einem anderen seiner Gemälde aus ungefähr dieser Periode, »Sklavenhändler werfen die Toten und die Sterbenden über Bord Typhon kommt herbei« (1840), wo wir (im linken Vordergrund), die schwere Eisenkette eines versinkenden Sklaven sehen, in dem äußerst kurzen Moment, in dem dies eben möglich ist. Ein visuelles Moment, das nicht einmal eine Sekunde währen kann, und das Turner ohne Zögern auf die Leinwand bannt.

Was in Turners späteren Malerei aufscheint, ist also nicht nur eine neue Haltung zum Raum, sondern auch zur Zeit. Auch darin liegt ein wichtiger Teil seiner Bedeutung als in eminentem Sinn moderner Künstler.

Ramsbergs Daumen

Ramsbergs Daumen

Es war etwas Eigentümliches
mit einem von Ramsbergs Daumen.
Ich glaube, eine Kreissäge hatte
die Hälfte gekappt.
Er hatte im Jahr 39 unseren Herd
gemauert, und der ist noch intakt.

Das verbleibende Glied
hatte etwas kindlich Rundes
und Schutzloses an sich.

Natur und Unnatur
zur selben Zeit.
Oder die seltsame Fähigkeit der Natur,
unnatürlich zu wirken.

Noch heute
denke ich oft
an Ramsbergs Daumen.

Ich erinnere mich an Ramsberg, einen kleinen und breiten, fast gänzlich glatzköpfigen Mann, der tatsächlich ein geschickter Maurer war. Das letzte Mal muss ich ihn um 1943 oder 1944 herum gesehen haben, also vor etwa fünfundsechzig Jahren. Er trug immer eine Weste und hatte eine Taschenuhr in der Westentasche, die offenbar sein liebstes Besitztum war. Seine Brille, die in unvorhersehbarem Rhythmus auf- und abgesetzt wurde, hatte ein Nickelgestell, und die Gläser wirkten sehr dick.

Nachdem er den Herd gemauert hatte, kam er oft zu Besuch. Bekam Kaffee und spielte Poker mit meinem Vater. Er wohnte – ich weiß nicht, wie lange in den Herbst hinein – in einem winzigen Sommerhäuschen ganz hinten am Weg über den Hügel. Es gehörte nicht ihm, sondern einem Neffen. Seine Situation war sehr prekär. Der Neffe, der Alkoholiker war und eigentümliche Wutanfälle bekam, konnte ihn jederzeit hinauswerfen.

Er hatte keine Ahnung, wo er in dem Fall hätte bleiben sollen.

Und dann war da die Sache mit dem Daumen.

Wenn man über Poesie, Poetik, Prosodie, die Logik der Poesie, die Mystik der Poesie – wie immer ihr es nennen wollt – diskutieren möchte, muss man sich ja in erster Linie fragen, wie Erfahrung zur Poesie wird. Wie vollzieht sich dieser Übergang? Was behält das Gedicht, und was verwirft es?

Wenn ich auf meine mittlerweile ziemlich umfangreiche lyrische Produktion zurückblicke, bemerke ich ein Geizen mit Metaphern. Kein dogmatischer Widerwille, nichts Programmatisches. Einige schwedische Poeten zu meinen Lebzeiten, besonders Erik Lindegren und Tomas Tranströmer, haben sich durch eine virtuose metaphorische Technik ausgezeichnet. Wollte ich es etwa vermeiden, mit den hochgeschätzten Zeitgenossen zu konkurrieren, die das so gut machen? Oder ist der Grund ein anderer, eher in der Sache liegender?

Viele meiner Gedichte meiden Metaphern ganz und gar. Das Gedicht über Ramsbergs Daumen ist ein solches Gedicht. Der Daumen steht für nichts anderes. Außer möglicherweise für eine »Natur«, die in dem Fall aber auch der ganze Ramsberg verkörpern kann.

Es ist offensichtlich, dass dieser Daumen danach ruft, etwas mehr als er selbst bedeuten zu wollen. Das schafft eine gewisse Spannung. Ich mag es sehr, in meinen Gedichten solche Spannungen zu erzeugen. Sie bewirken eine Art Offenheit, dürfen ein Rätsel bleiben. Das Gedicht sucht das, was es will.

Geschieht dies auf eine programmatische Art, wird es rasch langweilig. Ungefähr wie wenn ein Maler einen Nagel in die Leinwand schlägt und, ermuntert von einer enthusiastischen Kritik, sofort einen Nagel in jede seiner Leinwände schlüge.

Das Gedicht, das ich hier zur Betrachtung ausgewählt habe, hat natürlich eine Menge Referenzen, die über den alten Maurer hinausgehen. So wie mich ein einsamer Ruderer in der Dämmerung in seinem Boot noch heute an den barschen Fährmann Charon aus Dantes *Inferno* erinnern kann. Dem verstümmelten Daumen mit seiner runden, etwas hilflosen Oberfläche kann man natürlich eine phallische Bedeutung geben. Und dann die Sache mit der »Natur«. Ich denke manchmal (*honni soit qui mal y pense*) an den Marquis de Sade und sein ständiges Beharren darauf, dass alles, was zur Natur gehört, auch natürlich sei. Hingegen haben Rousseau und in einem gewissen Maß auch Diderot es den nachfolgenden Generationen ziemlich schwer gemacht, indem sie die Natur zu etwas Positivem, einer Norm erklärt haben.

Ein Wasserfall in Lappland und eine alte, verrostete Ölraffinerie in Bitterfeld repräsentieren sehr verschiedene ästhetische Werte, aber beide sind zweifellos von der Natur hervorgebracht.

Das Gedicht enthält gegen Ende auch ein »Ich«. Ein interessantes Wort.

Das »Ich« der Prosa – sagen wir, das »Ich«, dem wir in

Knut Hamsuns *Hunger* oder in Thomas Manns *Felix Krull* begegnen, kann fiktiv sein. Das fiktive Ich kann gegen einen Eigennamen ausgetauscht werden. Das authentische Ich ist unaustauschbar.

Das »Ich« der Lyrik hat einen Authentizitätsanspruch. Wer ist dann dieses »Ich«, das oft an Ramsbergs Daumen denkt? Ist es das »Ich«, welches das Gedicht schreibt, oder ist es ganz einfach ein Ich, welches das Gedicht inszeniert? Wenn das Letztere der Fall ist, haben wir es wohl mit einer Art von unendlicher Regression zu tun.

In einer endlosen Reihe geht das eine Ich aus dem anderen hervor. Und das Gedicht – nicht unähnlich einer Dame, die immer schneller gehen muss, um nicht zu stürzen, weil sie zu hohe Absätze trägt – stolpert auf ein Ende zu, das außerhalb des Gedichts liegen muss.

Das Mädchen

Eines Tages steht das Leben
sanft lächelnd wie ein Mädchen
plötzlich auf der anderen Seite des Baches
und fragt
(auf seine spöttische Art)
aber wie bist du da gelandet?

Hier gibt es wirklich eine Metapher. Das ganze Gedicht ist eine Metapher. Hingegen gibt es hier kein »Ich«. Und das Ich, das nicht da ist, ist jenes, durch dessen Augen alles gesehen wird.

Man müsste zwei Arten des »Ich« unterscheiden können, so wie es in Gedichten auftritt. Explizit in der Form des Wortes »Ich«, von dem man dann also annehmen kann, dass es sich auf den Schreibenden (im semantischen Sinn) bezieht. Und ein implizites Ich, das überhaupt nicht als ein besonderes Wort auftritt, sondern als Perspektive.

Ein Leser schrieb mir und fragte, *woher mir die Idee gekommen sei*. Ich frage mich selten, woher Ideen kommen. Sie kommen. Woher kommen Aufschläge beim Tennis?

Die Vorstellung von einem jungen Mädchen, dem wir an einer Grenze begegnen, kehrt in verschiedenen antiken Mythologien wieder. Nicht selten ist das Mädchen eine Art Anwalt, eine Fürsprecherin vor dem Richtertisch des Todes. Es wäre nicht schlecht, eine solche zu haben.

Aber ich glaube nicht, dass solche mythologischen Gedanken für dieses Gedicht von Bedeutung waren. Dieses Mädchen, eine Art spöttische kleine Schwester, steht nicht an der Grenze des Todes, sondern eher an der des Alters. Sie ärgert jemanden, der offenbar nicht mehr richtig mitspielen will. Sie steht auf der einen Seite des Bachs, und der Beobachter des Gedichts sieht sie von der anderen Seite aus. Die Frage ist, wie er dort gelandet ist.

Man könnte ja auch fragen, wie sie dort gelandet ist, wo sie steht. Wer hat sich bewegt? Das fragt das Gedicht jedoch nicht. Denn das ist selbstverständlich.

Religionsfreiheit

Bei uns gibt es Religionsfreiheit. So ist es in den demokratischen Ländern, in denen die Verfassung mit den klassischen Grundrechten übereinstimmt. Bei uns gibt es Religionsfreiheit, ja. Aber angenommen, jemand bestünde darauf, Apis Stiere opfern zu dürfen oder, schlimmer, Odin junge Mädchen? Das hätte zweifellos traurige Konsequenzen für den allzu Frommen.

Was können wir daraus lernen? Vermutlich, dass jeder Katalog von Freiheits- und Grundrechten seine Legitimation aus einer schweigenden, aber stets respektierten Übereinkunft bezieht: dass es gewisse Grenzen gibt, die nicht überschritten werden dürfen. Und auch nicht überschritten werden. An diesen schweigenden Übereinkünften zu rütteln bedeutet, am System in seiner Gesamtheit zu rütteln. Alle Macht kommt vom Volk, steht in der heute gültigen schwedischen Verfassung. Etwas, das in der Realität bedeutet, dass alle Macht von der Reichstagsmehrheit kommt. Die Legitimität der Entscheidungen und Handlungen der Behörden soll im Prinzip stets aus dieser Rechtsquelle hergeleitet werden können. Aber was geschieht, wenn die Legitimität der Mehrheit in Frage gestellt wird?

Offenbar beruht das Prinzip der mehrheitsbedingten Volksherrschaft darauf, dass die Mehrheit nicht – wie im nationalsozialistischen Deutschland 1933 – gewisse Grenzen überschreitet. Beispielsweise eine Minderheit ihrer Bürgerrechte zu berauben.

Wenn nun Gesetzesstifter und Regierungen in verschiedenen Demokratien in dem immer intensiveren Kampf gegen den Islamofaschismus Änderungen im Rechtssystem zu diskutieren beginnen, die vor einigen Jahren undenkbar erschienen wären – Aufzeichnung von zivilen Telefondaten, geheime Prozesse, systematische Telefonüberwachung –, reagieren demokratisch gesinnte Medien und Intellektuelle natürlich heftig. Sie sehen diese Maßnahmen, geplante oder schon durchgeführte, zu Recht als Angriff auf ihre Integrität an. Was sie dabei leicht vergessen, ist, dass Massenmorde an der Zivilbevölkerung wie in New York oder London ein viel größerer Angriff auf die Integrität sind, und dass, bei der Wahl zwischen diesen beiden Formen des Angriffs, auch normale und nicht besonders aggressive Bürger – wie es sich schon in zahlreichen Meinungsumfragen erwiesen hat – nahezu jede beliebige Maßnahme verteidigen werden. Wenn sie nur die Wiederholung von Massakern verhindern können, wie sie bereits stattgefunden haben.

Es ist darauf hingewiesen worden, dass deren physische Auswirkungen – zumindest für den zynisch Veranlagten – im Vergleich mit einer »normalen« Bombennacht über Hamburg oder Berlin im Zweiten Weltkrieg unerheblich sind. Aber dabei übersieht man den tiefen moralischen Schaden, den der Islamofaschismus im Rechtswesen und den demokratischen Institutionen der betroffenen Nationen anrichten kann.

Geheime Gerichte und Festnahmen ohne Prozess in England bedeuten tatsächlich einen Verstoß gegen eine Rechtstradition, die – mit Ausnahme von Cromwell und einer Reihe von weniger ehrenhaften Episoden aus der Zeit des Kalten Krieges – seit der Magna Charta im Jahr 1215 ununterbrochen geherrscht hat. Kommentatoren, die glauben, es handle sich um eine Art Missverständnis, dem leicht abgeholfen werden könne, ganz zu schweigen von einer Art von sozialpsychologischem »Verständnis« für den Islamofaschismus, haben keine Ahnung von dem Umfang des Paradigmenwechsels, der sich jetzt zu vollziehen im Begriff ist und der zu einer quälenden Umwertung der gesamten Frage der legitimen Verteidigung von Demokratien gegen die Feinde der Demokratie führen kann.

Es wird nie mehr so werden wie zuvor, und es ist leichter, ängstliche Fragen zu stellen, als zu versuchen, sie zu beantworten.

Rotbrauner Milchling

Warum soll man sich gerade dem Rotbraunen Milchling widmen, wenn man über Champignons, Hahnenkamm oder Riesenschirmpilze schreiben könnte? Die Verfasserin dieser Zeilen ist eine militante Amateurmykologin und sollte als solche doch ein würdigeres Pilzobjekt finden als ausgerechnet den *Rotbraunen Milchling*! Aber geben wir diesem oft übersehenen Pilz eine Chance!

Der Rotbraune Milchling und sein Cousin, der Bruchreizker, gehören zu den gewöhnlichsten Blätterschwämmen in Skandinavien. Der Rotbraune Milchling wächst im Lavateppich an bemoosten Felsblöcken und bildet eine Mykorrhiza mit Fichten oder Birken. Angeblich meidet er kalkhaltige Böden. Er ist, laut Bo Mossberg in *Pilze in der Natur*, »leicht an dem glänzenden, rotbraunen Hut mit dem kegelförmigen, spitzen Buckel und an seinem scharfen Geschmack zu erkennen. Der Hut ist zuerst gewölbt, mit eingerolltem bis hinuntergebeugtem Rand, dann trichterförmig, trocken, 5-10 cm breit. Die Lamellen sind erst rosa, dann hell gelbrot. Der Fuß ist rotbraun und oft hohl, bis zu 8 cm hoch. Das Fleisch ist weiß. Der Saft ist weiß und ändert seine Farbe nicht. Die scharfen Geschmacksstoffe können in Wasser ausgeschwemmt werden.« Wie alle Milchlinge, es gibt ungefähr fünfzig Arten – die wohlschmeckendsten und bekanntesten sind wohl der Fichtenreizker, der Lachsreizker und der Milchbrätling –, hat auch der Rotbraune Milchling einen Saft, der »heraussickert und Tropfen an beschädigten Stellen bildet, besonders an den Lamellen«.

In einigen Pilzbüchern wird der arme Rotbraune Milchling kurz als »ungenießbar« abgetan. Es kann auch etwas freundlicher heißen, die Meinungen über seinen Wert als

menschliche Nahrung seien geteilt. Aber da alle wirklich Pilz-
interessierten wissen, dass der Rotbraune Milchling sowohl
in Finnland gegessen wird – in den Notjahren in Finnland
war er sogar »begehrt« – als auch in Osteuropa, nachdem
man ihn in Wasser gelegt hat (er wird oft eingesalzen und es
gibt ihn tatsächlich zu kaufen), muss er doch auch für uns von
irgendeinem kulinarischen Interesse sein?

Bei einer Pilzrunde in Västmanland haben wir den Wald
als ziemlich arm an Pfifferlingen befunden, aber der Rotbraune Milchling wuchs dort wie üblich in rauhen Mengen.
Um etwas im Korb mit nach Hause zu bringen – hier geht es
peinlicherweise ums schiere Prestige –, ernteten wir eine Anzahl von Rotbraunen Milchlingen, nur zum Vergnügen. Sie
wurden zehn Minuten lang in reichlich Wasser gekocht, ab-
gegossen und dann in eine Pfanne mit Butter, Zwiebeln, etwas
Pfeffer und Salz gegeben. Dazu haben wir ein paar Scheiben
Kassler gebraten (gebratenes Schweinefleisch wird in gewissen Pilzbüchern empfohlen), und siehe da – es wurde ein
richtiges Festmahl! Der Geschmack des so oft übersehenen
Pilzes verfeinerte den des Schweinefleischs, und es zeigte sich,
dass er eine edlere Geschmackskomponente ergab als beispielsweise Senf es getan hätte. Und ganz offensichtlich haben
wir auch dieses gastronomische Experiment überlebt.

Ja, was können wir daraus schließen, wenn wir denn etwas
daraus schließen müssen? Vielleicht, dass die Letzten die Ersten sein werden. Dass nichts süß oder bitter ist, außer in seinem größeren Zusammenhang.

Salamander

In der Stadt Austin in Texas gibt es einen ziemlich großen Bach, Barton Creek, der in nordsüdlicher Richtung durch einen streckenweise sehr steilen Kalksteincanyon fließt. An diesem in feuchten Jahreszeiten reißenden und im Sommer vollständig ausgetrockneten Wasserlauf entlang führt ein alter Weg; so alt, dass man manchmal hoch die tiefeingeschnittenen Spuren von eisenbeschlagenen Wagenrädern in den Marmorklippen sieht.

Vieles deutet darauf hin, dass wir tatsächlich ein kleines Stück des *El Camino Réal* vor uns haben, des Verbindungsweges, der die alten spanischen Missionen verband, welche gleichzeitig Missionsstationen, Handelsplätze und militärische Stützpunkte waren.

Gerade da, wo der Barton Creek in den Colorado River von Texas mündet, gibt es Ruinen einer solchen Mission.

Hier gibt es auch eine wunderbare Badestelle, Barton Springs, wo kristallklares, grünliches Wasser aus tiefen Löchern im Kalksteinplateau quillt und über Marmorböden strömt. Wenn man in den siebziger und achtziger Jahren prominente Professoren für die University of Texas anwerben wollte, nahm man sie gern mit zum Barton Creek. Ein Ort, der sie oft von der hohen Lebensqualität überzeugte, die Austin tatsächlich heute noch hat.

Als ich Mitte der siebziger Jahre zum ersten Mal nach Texas kam, konnte man noch riesige Krebse dabei beobachten, wie sie sich über die Böden bewegten. Sie lebten in Frieden; sie waren nicht essbar. Nach wenigen Jahren waren sie weg, da irgendein idiotisches Komitee auf die Idee gekommen war, das Wasser zu chloren.

Dann begannen die Salamanderkriege.

Salamander: nicht die dämonischen Wesen, die in der Mythologie ins Feuer kriechen, nein, eine Art von Fröschen. Als ich klein war, pflegten wir sie oft aus den Sümpfen rings um das Wohnviertel nördlich von Västerås zu holen. Und sie in Marmeladengläser mit Wasser zu stecken, wo sie ein langsamer Erstickungstod erwartete. Wir nannten sie Wassereidechsen. Die seltsam traubenartigen Atemorgane seitlich des Kopfes zeigten, dass sie etwas anderes waren. Sie sahen von Sumpf zu Sumpf anders aus.

Tatsächlich heißen sie Salamander oder Schwanzlurche. Es sollte Jahrzehnte dauern, bis diese schmucken kleinen Viecher wieder eine gewisse Rolle in meinem Leben spielen sollten. Und zwar in der Gestalt des einzigartigen Barton-Spring-Salamanders, einer Art, die es nur im Barton Creek gab. Und die vor einem Jahrzehnt plötzlich von dem Badeleben bedroht sein sollte, das es seit über hundert Jahren in Barton Springs gab. Die grünen Fanatiker und Umweltfundamentalisten, welche diese Lebensfrage der Menschheit aktualisierten und sie rasch auf ganz Texas ausweiteten, konnten allerdings nicht beweisen, dass die Anwesenheit von menschlichen Körpern in Badeanzügen, mit oder ohne Sonnenöl, eine tödliche Bedrohung für die Tiere darstellte.

Aber, betonten die Umweltanwälte, wie leicht konnte jemand unbedacht den Fuß auf einen Salamander setzen und dadurch das Viech töten! Und ist es nicht wahrscheinlich, dass sich dieses wiederholt, bis auch der letzte Salamander unter den Fuß des Schwimmers geraten ist? Ist es wirklich verantwortungsvoll, das Schwimmen im Barton Springs zu erlauben?

So wogte die Debatte hin und her, natürlich besonders in der warmen Jahreszeit, wenn die Temperatur in Travis County wochenlang bis zu 40 Grad erreichen kann. Die angenehme und das ganze Jahr gleichbleibende Temperatur des Quellwassers von 18 Grad kann an einem solchen Ort sehr wichtig erscheinen.

So stand es bis zum Januar 2003, als eine von der Stadt angestellte ökologische Expertin, die intensiv daran gearbeitet hatte, im Oberlauf des Bachs Salamander zu zählen, einen scheußlichen Ausschlag entwickelte. Es sah ernst aus und war es auch. Denn es stellte sich heraus, dass es eine wiederkehrende Emission von Benzol (Benzpyren, für chemisch Interessierte) von einem riesigen Parkplatz gab, der seinen Überschwemmungsablauf ein paar Kilometer weiter oben im Tal hatte. Wo die Stadt vor einem Jahrzehnt idiotischerweise den Bau einer weitläufigen Shoppingmall zugelassen hatte. Und dieses Gift hatte sich in die verschiedenen Kiesbetten eingelagert, die bei starken Regenfällen Zuflüsse zum Barton Creek bilden.

Während also die Umweltfreunde über gefährliche Schwimmerfüße zeterten, wurde dieses einst reine Gewässer ganz legal vergiftet!

Ungefähr fünf bundesstaatliche, staatliche und kommunale Kommissionen beschuldigen einander der groben Fahrlässigkeit. Und die Salamander starben wie die Fliegen.

Betritt den Raum vorsichtig! Es könnte eine schläfrige Fliege auf dem Boden sitzen.

Schalentierschlemmerei

Ich frage mich, ob Bohuslän nicht Ende August am aller-
schönsten ist, wenn die Mähdrescher mit ihrer Arbeit angefangen haben und die Luft klar und hoch ist. Auf dem Pfad
hinunter zum See, von niemandem gestört, außer vielleicht
von einem vereinzelten holländischen Touristen, der seine
Fragen stellt, ein bisschen erstaunt darüber, dass ich mit einem
Korb ins Wasser hinausgehe, tummeln sich die Schmetterlinge des Spätsommers, weniger als in den fünfziger Jahren,
als ich zum ersten Mal diesen kleinen Pfad entlangging, aber
sie sind da! Die Wärme steigt vom Boden zu mir auf, und die
ganze Welt duftet von allen strandnahen Pflanzen des August,
aber vor allem riecht es nach Meer.

Wacholderbüsche, rote Hagebutten, ein wilder Apfel-
baum, ein paar späte Glockenblumen und rosa Federnelken,
Schafgarben, lavendelfarbene Skabiosen und diese übliche
gelbe Spätsommerblume, deren Namen mir nicht einfällt,
Mädesüß von einer wasserreichen Mulde und süß duftende
blasslila Heide vor grauen und rotgelben Klippen. Eine träge
Kreuzotter schiebt sich über den Pfad, sie hat wohl gedacht,
sie wäre endlich allein, jetzt, wo die meisten Menschen wieder zu Arbeit und Schule heimgekehrt sind. An diesem son-
nigen und stillen Tag, vielleicht der letzte richtige Sommertag
für dieses Jahr, will ich noch einmal alle Köstlichkeiten des
Sommers genießen. Denn wer weiß, ob es einen neuen Sommer geben wird? Die freundlich einladende Klippe hat sich
in der Sonne erwärmt, und mit dem Rücken zu ihr und dem
Gesicht der Sonne zugewandt, setze ich mich hin und bin
ausnahmsweise rundherum zufrieden. Den Korb werde ich
mit Miesmuscheln füllen, aber gerade an diesem Tag sehe
ich auch zum ersten Mal die durchsichtigen amerikanischen

Glaslappenquallen, die vermutlich gekommen sind, um zu bleiben, und von denen es heißt, sie könnten die Fischerei verdrängen, da sie mit den Fischen um die Nahrung konkurrieren. Immerhin brennen sie nicht. Ohnmächtig nehme ich ein paar dieser Geleeklumpen in die Hand und werfe sie zum Strand hin, aber ich sehe bald ein, dass das keine wirklich gute Idee ist. Vielleicht reguliert die Natur auch dies ohne meine Hilfe.

In einer Tiefe von nicht einmal einem halben Meter beginnen die Muschelbänke – mein Korb ist bald voll und wird neben einen Stein in den Schatten gestellt, bis es für mich an der Zeit ist, nach Hause zu gehen. Zum Abendessen soll es *moules à la marinière* geben, ein richtiges Gourmetgericht und noch dazu ganz kostenlos.

Ein bisschen weiter draußen im Meer gibt es Austern, gewöhnliche, ehrbare schwedische – ich habe die japanischen Riesenaustern noch nicht gesehen, die wie die amerikanischen weißen durchsichtigen Glaslappenquallen rasch in diese nördlichen bohuslänischen Gewässer vordringen. Wohl wissend, dass Austern die einzigen Schalentiere sind, die man ohne Fischereirecht nicht ernten darf – das ist in einem noch immer gültigen Gesetz festgelegt –, lasse ich sie in Ruhe. Aber da ich das Glück habe, mit Baron Tunder ten Tronkk befreundet zu sein, der ein wenig weiter nördlich auf dem Gut Sigenfrid wohnt, benannt nach seiner verstorbenen Ehefrau, und der selbst sowohl Austern wie Champagner längst leid ist, scheint die Lage keineswegs hoffnungslos. In seinen weitgestreckten Fischereigewässern kann man in einer Tiefe von zweieinhalb Metern nach großen, schweren Austern tauchen. Das Erlebnis ist an und für sich schon ein ästhetischer Genuss. Das Wasser ist kühl, aber nicht eiskalt, klar wie ein Salzwasseraquarium, aber hin und wieder von kleinen Windstößen gekräuselt, die plötzlich die Oberfläche trüben. In einem der ruhigen Augenblicke kann man die große weiße Auster erblicken, dort unten im Bodensand deutlich und leicht zu erkennen. Es gilt, sehr genau zu zielen und den senkrechten Kurs präzise beizubehalten. Denn sobald man die Oberfläche durchbrochen hat, verwandelt sich diese so deutliche Auster in einen diffusen weißen Flecken. Und, noch schlimmer, wenn man sehr nahe kommt, wirbeln die eigenen vorsichtigen Schwimmzüge genug Bodenmaterial auf, um auch noch diesen vagen Fleck verschwinden zu lassen. Was bleibt, ist eine innere Gewissheit, die im besten Falle von der beharrlich suchenden Hand bestätigt wird. Was für ein angenehmes Gefühl, wenn man eine schwere Auster in der Hand hält und wieder zur Oberfläche hinauftaucht! Sie mit an den Strand zu nehmen, mit dem mitgebrachten Austernmesser zu öffnen, obwohl sie heftigen Widerstand leistet, ein paar Tropfen Zitrone über den Inhalt mit seinem starken Geschmack nach Meer und Salz auszupressen und sie zu verschlingen, selig lächelnd und mit einem geräuschvollen Schlürfen, gehört zu den tiefsten Genüssen der poetischen Gastronomie. Was hat der blödsinnig hochgejubelte Belugakaviar, was hat die fette dumme Gänseleber dem entgegenzusetzen!

In Monsieur Brillat-Savarins *Physiologie des Geschmacks* erzählt der Verfasser zum Thema Austern, wie er im Jahr 1798 in Versailles Herrn Laperte traf, Sekretär des dortigen Kreisgerichts. Er war ein großer Austernfreund »und beklagte sich, deren in seinem Leben noch nie bis zur Sättigung oder, wie er sich ausdrückte, *ganz zur Genüge* gegessen zu haben«.

Ich beschloß, ihm diese Genugthuung zu verschaffen, fährt Brillat-Savarin fort,
und lud ihn zu diesem Zwecke auf den folgenden Tag zum Mittagessen ein. Er kam, und ich leistete ihm bis zum drit-

ten Dutzend Gesellschaft, ließ ihn dann aber allein seines Weges gehen. Er brachte es bis auf zweiunddreißig Dutzend, und das in einer Zeit von etwas über eine Stunde, denn die Austerbrecherin war in ihrem Geschäft nicht allzu geschickt.

Inzwischen aber mußte ich unthätig zusehen, und da dies bei Tische eine wahrhaft schmerzliche Lage ist, so gebot ich meinem Tischgenossen in dem Augenblicke Halt, wo er eben am besten im Zuge war.

»Mein Lieber«, sagte ich zu ihm, »das Schicksal will auch heute nicht, daß Sie ganz zur Genüge Austern essen. Lassen Sie uns speisen.«

Wir speisten, und er zeigte dabei die Kraft und Haltung eines Mannes, dessen Magen noch völlig nüchtern ist.

Lasst uns diese kleine Betrachtung über die Leckerbissen des Meeres mit einem von Brillat-Savarins vielen denkwürdigen Aphorismen über das Essen abschließen: »Das Vergnügen der Tafel gehört jedem Alter, jedem Stande, jedem Lande und jeder Zeit an. Es verträgt sich mit allen andern Genüssen und bleibt uns bis ans Ende, um uns über deren Untergang zu trösten.«

Schmetterlinge

Es dunkelte plötzlich wie von einem Sturzregen.
Ich stand in einem Raum, der alle Augenblicke enthielt –
ein Schmetterlingsmuseum.

Der Amateurentomologe und spätere Poet Tomas Tranströmer war in den Sommern 1943 und 1944 als Insektenforscher besonders aktiv. Da fand er mehrere Arten, die noch nie auf Runmarö entdeckt worden waren. Tranströmers einmal heißes Interesse für Insekten verflüchtigte sich, wie er in seinen Erinnerungen beschreibt, als künstlerische Interessen die Oberhand gewannen.

Vladimir Nabokov dagegen begann als Siebenjähriger am Fluss Oredezj nicht weit von Isarskoje Selo Schmetterlinge zu fangen, und diese Leidenschaft begleitete ihn sein ganzes Leben lang und über zwei Kontinente. Eine der sieben Arten, die seinen Namen tragen, *Eupithecia nabokovi McDunnough*, fing er in einer denkwürdigen Sommernacht, auf dem Fensterbrett des Sommerhauses des Verlegers James Laughlin in Utah, in einer provisorischen Schachtel. In Jackson Hole, im Grand Canyon bei Telluride in Colorado und in einer Waldlichtung in Albany, New York, fand er die anderen Arten, die nach ihm benannt werden sollten.

Der große literarische Durchbruch mit *Lolita*, nebenbei gesagt ein oft missverstandener Roman, der dank dieses Missverständnisses ein Welterfolg wurde, überraschte Nabokov als leicht überanstrengten Literaturprofessor an der Cornell University.

Seine erste Maßnahme, als er damals, im Jahr 1959, erkannte, dass er nie mehr im Leben Geldsorgen haben würde, war, dass er mitten im Semester kündigte und in eine Suite im Palace Hotel in Montreux zog, wo er, glücklich auf Schmetterlingsjagd in der schweizerisch-italienischen Seenlandschaft, bis zu seinem Tod 1977 bleiben sollte.

In seiner Autobiographie *Erinnerung, sprich* gibt es wunderbare Seiten, die von dieser vielleicht stärksten Leidenschaft seines Lebens handeln. Schmetterlinge gejagt hat er am Anfang des Jahrhunderts als kleiner russischer Junge mit Matrosenmütze und Golfhosen an kristallklaren russischen Sommermorgen auf dem Land, als Kosmopolit in Flanellhosen und mit Baskenmütze in den Wäldern um Berlin, als dicker alter Mann in kurzen Hosen und mit einem langen flatternden Kescher. Einem Entomologen aber ist man draußen auf dem Feld nicht immer mit Wohlwollen begegnet.

Bald fand ich auch heraus, dass ein Lepidopterologe, der seiner stillen Suche nachgeht, in anderen Wesen leicht seltsame Reaktionen auslöst. [...] Auf einem Pfad oberhalb des Schwarzen Meeres auf der Krim, zwischen Sträuchern, die in wächserner Blüte standen, versuchte mich im März 1918 ein o-beiniger bolschewistischer Posten festzunehmen, weil ich (mit meinem Netz, sagte er), einem britischen Kriegsschiff Zeichen gegeben hätte. [...] Amerika hat meiner verfänglichen Beschäftigung sogar noch mehr krankhaftes Interesse dieser Art entgegengebracht als andere Länder – vielleicht, weil ich in den Vierzigern war, als ich dorthin übersiedelte, und je älter ein Mensch ist, desto wunderlicher nimmt er sich mit einem Schmetterlingsnetz in der Hand aus. Strenge Farmer wiesen mich auf Schilder mit der Aufschrift ANGELN VERBOTEN hin; aus Autos, die auf der Landstraße an mir vorbeifuhren, erscholl wildes Hohngebrüll; schläfrige Hunde, die dem schlimmsten Landstreicher keine Beachtung schenkten, reckten sich auf und kamen knurrend zu mir herüber; kleine Kinder zeigten mich ihren verwirrten Mamas [...].

Offensichtlich nicht ohne Ironie und Humor erzählt Nabokov von der großen Leidenschaft seines Lebens.

In Deutschland haftete dem Schmetterlingssammeln während der Emigrationsjahre etwas Konservatives an, nicht unähnlich dem Briefmarkensammeln. Die wirklich sichere Analyse der Arteigenschaft eines Insekts ist die Dissektion unter dem Mikroskop, speziell der Geschlechtsteile. Nabokov hat sich eine Zeitlang dieser Tätigkeit gewidmet. Die deutsche Schmetterlingswissenschaft hatte eine Art Papst oder Diktator, den merkwürdigen Doktor Staudinger, der nicht nur ein strenger Gegner der Dissektion war, betrieben vor allem in englischen Kreisen, sondern auch ein fanatischer Verteidiger einer veralteten Nomenklatur. Dieser Mann betrieb außerdem Berlins größten Insektenhandel, wo man Teenager traf, die ihr Taschengeld in mustergültig aufgespießte Exemplare von größerem oder geringerem Seltenheitsgrad umsetzten. Er erscheint in mehreren von Nabokovs Berlinromanen.

Für Nabokov ist Staudinger eine Art falscher Prophet, ein zu stürzender Tyrann.

Was aber regt einen Dichter dazu an, Schmetterlinge zu fangen? Im Jahr 1944 und darüber hinaus sah man den jungen Tranströmer oft auf Insektenjagd, doch interessierten ihn nicht nur Schmetterlinge, sondern auch alle Arten von kniffligen Käfern. Im Zusammenhang mit dem Umzug des bedeutend älteren Poeten nach Stockholm sammelten Freunde die Schachteln mit Hunderten von Insekten aus Speicher und Sommerhäuschen. Und Fredrik Sjöberg, ein sehr erfahrener Experte, hat diese bedeutende Sammlung in einem wunderbaren kleinen Buch gewürdigt: *Die Tranströmersche Insektensammlung von Runmarö*.

Sjöberg gelingt es, auf dem Weg zu dem endgültigen Katalog sehr viel von seiner Wissenschaft zu erzählen. Er schreibt brillant und mit einem angenehmen Unvermögen, sich ans Thema zu halten. Interessante Persönlichkeiten aus der lepidopterologischen Geschichte von Runmarö passieren Revue, der Einzelgänger Carl Gustaf Hoffstein, welcher der größte Sammler auf der Insel war und bei dem heute vergessenen Erfolgsschriftsteller Gösta Gustaf-Janson zur Romanfigur wurde. (Der seinerseits in einem Essay von Borges auftaucht.)

Oscar Theodor Sandahl, Verfasser des klassischen Artikels über Haschisch in der Ausgabe mit der Eule von Nordisk Familjebok von 1904–1926 und Gründer des Entomologischen Vereins fand den ersten gelben *Stenogostus rufus* auf der Insel.

Das Interessante an einer solchen Sammlung wie der von Runmarö – der Poet spricht von einem »Schmetterlingsmuseum« – ist natürlich nicht nur, was sie über die Energie und Hartnäckigkeit des jungen Sammlers aussagt, sondern auch, was sie über die Veränderung der Fauna mitteilt. Bei Tomas Tranströmer gibt es einige Insekten, die heute sehr selten sind, und es fehlen welche, die heute sehr verbreitet sind. Genau wie die Vogelwelt erlebt die Insektenwelt offenbar große Veränderungen, je nachdem, wie die Agrarkultur sich verändert. Die Erzählung hat viele solche Pointen. Zum Beispiel die Streifenlaus, heute ein verbreitetes Insekt in Schweden, zur Zeit von Linné völlig unbekannt, zum ersten Mal auf Runmarö im August 1944 von Tomas Tranströmer gefangen. Oder der *Villeius dilatatus*, ein Kurzflügler, der in Hornissennestern lebt. Einmal in Uppland gesichtet, nämlich auf Runmarö, und ebenfalls im August 1944 – von unserem Poeten.

Dieses erlesene kleine Buch umgibt ein Duft von vergangenen Sommern, der Rauch von Estlands und Litauens niedergebrannten Wäldern und das leichte Flattern eines seltenen Schmetterlings zwischen den Büschen des Grundstücks im Schärenmeer.

Schnee

1. Verschiedene Arten von Schnee

Der Ästhet erlebt den Schnee als poetisch, den Schneekristall als betörend in seiner immer sechseckigen, komplizierten Gestalt und seinem filigranen Zuwachs, eine sehr kleine Kathedrale, eines dieser Wunderwerke der anorganischen Chemie, die das Leben nachahmt. Und ebenso den Schneefall, besonders das sanfte beruhigende Ritual, ihn von einem nächtlichen Fenster aus zu beobachten, wo die Narzissen auf dem Fensterbrett Wache halten. Ein leiser Schneefall versöhnt uns mit dem Leben. Ein Schneesturm lässt uns eher an seine Gefahren denken und daran, dass wir nicht ganz so stark sind, wie wir glauben.

Der Duft der ersten schweren Schneeflocken an einem Dezembertag über Östermalm in Stockholm.

Die kleinen rußschwarzen, zusammengefegten Schneehaufen auf einem Bahnsteig Anfang März verkörpern eher eine Art Alter des Schnees, seine beklemmende Schlussphase, die für den einen oder anderen moralischen Vergleich herhalten könnte. Ein verbrauchtes, verwüstetes Leben und so weiter.

Für die Schneeschaufler auf dem Dach, den Lappen und den Busfahrer in der Wildnis bedeutet der Schnee nur Mühe und Gefahr, schwere, schweißtreibende Arbeit, Hindernisse und Beschwerlichkeiten. Wie alles andere, was die Natur für uns bereithält, steht auch diese Substanz verschiedenen Lesarten offen.

Dem Skifahrer öffnet der Schnee einen neuen Freiheitsraum. Es gibt wenige Vergnügungen, die damit vergleichbar wären, in feinem, alpinem Pulverschnee dahinzusausen. Aber Skifahren kann auch schwer sein und zur Geduldsprobe werden, wenn das Skiwachs nicht stimmt und nasser Schnee unter den Skiern klumpt. Unter idealen Bedingungen kann der Skiläufer gelegentlich das Gefühl haben, sich in einen Engel zu verwandeln und durch die Landschaft zu *fliegen*.

> Wörter für Schnee: Neuschnee, Schneegestöber, Harsch, Pappschnee, Schneematsch.
> Das Grönländische hat so viel mehr Wörter für Schnee als das Schwedische.
> Schnee unter null ist für Engel, Schnee über null für Dämonen.

Es muss viele Schneefälle geben, die keiner sieht. Ich kann mir einen Februar im Atlantik gleich südlich von Grönland unter dichten Wolken vorstellen, die sich bleidunkel ausnehmen würden, wenn sie überhaupt jemand sähe. Weit da oben, in einer Höhe von zehntausend Metern, ziehen die Flugzeuge dahin, in eiskaltem Mondlicht glänzend. Unterhalb der dichten Wolkendecke fällt ein dichter und eifriger Schnee, der in plötzlichen Böen mit dem Wind davontreibt. Er bleibt nirgends liegen, sondern sinkt rasch hinab in das so viel wärmere Meerwasser. Keiner sieht ihn.

Das ist ein vergessener Schnee, ein Schnee, den es ebenso gut nicht hätte geben können.

Schneebälle. Ein Schneemann besteht eigentlich aus sehr großen Schneebällen, Klumpen genannt. Wenn die Klumpen richtig groß werden, müssen mehrere Kinder sie rollen. Aus den Klumpen konnte man in den starken Schneewintern der vierziger Jahre Schneegrotten bauen, die nicht selten so groß und labyrinthisch wurden, dass man als Kind leicht unter den Schneemassen begraben werden konnte, wenn das Tauwetter weit genug fortgeschritten war und alles einstürzte.

Je länger ich darüber nachdenke, umso schwerer kann ich mich entscheiden, ob ich den Schnee mag oder ihn verabscheue. Zum Beispiel das Eingeseiftwerden: Ein großer fetter abscheulicher Siebtklässler betritt den Schulhof, springt auf dich drauf und reibt dir harten, körnigen Schnee ins Gesicht. Das war nicht besonders lustig.

Und die Schneebälle! Die so weh taten, wenn man sie in den Nacken oder ins Auge bekam.

Auf dem Hof der Höheren Allgemeinen Oberschule in Västerås konnte es ziemlich viel Schnee geben. Und es war verlockend, Schneebälle zu werfen. Aufeinander und gegen die Wände. Schneebälle auf die verputzten Wände der Schulgebäude zu pfeffern war ein Verbrechen, das schwer bestraft wurde. Der Physiklehrer Nilsson war mit seiner Kamera unterwegs und dokumentierte die Spuren, sobald ein Verwegener es gewagt hatte, Schneebälle gegen die Wände des neuen Anbaus zu werfen, in dem sich auch die Physiksäle befanden. Seine Photographien sind leider nicht erhalten. In der heutigen Kunstwelt würde man sie bestimmt ausstellen können.

Zur Zeit von Direktor Landtmannson – das war lange bevor ich dorthin kam; er wurde im übrigen »Der Kätner« genannt und war ein sehr unbeliebter Direktor – soll es vorgekommen sein, dass Schneebälle gegen die Fenster seines Amtszimmers geworfen wurden. Berühmt war seine sehr strenge Ermahnungsrede beim nächsten Morgengebet in der Aula: »Von jetzt an wird der erste Schneeball, der geworfen wird, ins Direktionsbüro geholt und verprügelt!«

Und die Schneemänner! Diese seltsamen Typen mit ihren Karottennasen und Augen aus Kohle. Wie auch die eher dämonischen Vogelscheuchen hatten sie eine melancholische Qualität, sie waren, besonders in der Abenddämmerung, ein wenig unheimlich.

Kreuzungen XXVIII

Das Eis war flaschenblank. Wir traten an,
Um in die lange Rutsche wieder einzutauchen,
Die wir von Mal zu Mal vollkommener machten,

Rennend, erstarrend und uns gleiten lassend
In eine Glätte, die den Lohn in sich selbst trug:
Abschied von der Trittsicherheit, ein Sprung

Ins nicht mehr Herr unserer selbst sein.
Und dieses Immerweiter – Sichhalten, Gehenlassen,
Die schmale Milchbahn übers schwarze Eis,

Der Spurt, der Auslauf und die Rückkehr –
Folgte auf sich selber wie ein Ring aus Licht,
Den wir durchflogen hatten und der unser Ziel blieb.

Die »skrilla«, die Milchbahn übers schwarze Eis. Ich fand sie so viele Jahre später in diesem Gedicht wieder.

Wie soll man eine »skrilla« beschreiben? Eine »skrilla« ist eine Art schmale, unwirklich glatte, glänzende Eisbahn, die bei Temperaturen knapp unter null an geeigneten Stellen entsteht, wenn die Kinder Anlauf nehmen und sich auf der entstehenden immer eisigeren Fläche rasch gleiten oder schlittern lassen. Eine richtige Schlitterbahn hat etwas von einem Kunstwerk. Vollkommen poliert liegt sie da, wenn die Kinder schließlich ihre Ranzen genommen haben und in der rasch hereinbrechenden Dämmerung nach Hause gegangen sind.

2. Schneestürme

Normalerweise kommen diese Stürme zu Neujahr. Dieser hielt sich nicht an die Regeln. Er kam bereits vor Weihnachten. Und schon am Nachmittag begannen diese trockenen Schneeschwaden über die Straßen zu ziehen, eine Art von Schwaden, die das Fahrrad in der ersten Stunde bewältigen kann, aber nicht viel länger. Eine alte Faustregel seit der Realschule besagte, wenn der treibende Schnee die Uhr des Doms unsichtbar machte, wusste man, dass etwas Großes im Anzug war.

So ein richtiger Schneesturm bestand nicht nur aus unzähligen bösartigen trockenen Kristallen, die sich in die Falten des Wollschals einnisteten und von dort aus unter den Kragen schlichen, es war auch ein Geräusch. Das an- und abschwellende Geräusch, das eine solche Stärke erreichen konnte, dass man nicht einmal hörte, wenn eine der uralten Ulmen auf dem Björlingska-Friedhof nachgab – nach hundert Jahren tapferen Widerstands – und umfiel. Die Busse, die blauen Stadtbusse pflegten länger durchzuhalten als der spärliche »Privatverkehr«, der ausschließlich aus Volvos 444 bestand, deren Blinker an einer idiotischen Brücke auf dem Dach angebracht waren, so dass man sie vom Fahrrad aus immer erst zu spät sah, und aus diesen flachen kleinen Volkswagen, die es bei diesem Wetter nicht leicht hatten. Motorroller und ähnlich Leichtgewichtiges waren bei diesem Wetter nicht zu sehen.

Die Busse mühten sich tapfer ab, aber schließlich mussten auch sie aufgeben. Einer hatte die Friedhofsmauer frontal gerammt und ließ Dampf aus dem gesprungenen Kühler zischen, als wäre er der Drache aus dem Märchen. Ein anderer hatte seinen Versuch aufgegeben, den steilen Oxbacken zu bezwingen, und sich melancholisch mitten auf dem Hang quergestellt.

Und dabei befanden wir uns in der Innenstadt. Man konnte sich die tiefen Basslaute da draußen in den Fichtenwäldern vorstellen und das gedämpfte Krachen, wenn ein Windbruch entstand, ganz zu schweigen von den Wäldern auf den Mälarinseln, wo der Wind in einer solchen Nacht wie eine Sichel wütete, eine verheerende Spur von Windbruch und herabgefallenen Eulennestern hinterlassend, und wo kurzfristig aufgeweckte Dachse mit schlaftrunkenen, wässrigen Augen sich immer tiefer in ihre dunklen Gänge verkrochen. Während neue Windstöße den Pulverschnee immer tiefer in ihre Festungen hineintrieben.

Die Züge hörten auf zu fahren, einer nach dem anderen, und verfrorene Passagiere saßen fluchend und schimpfend in schlechtbeleuchteten Wartesälen. Wenn sie sich nicht draußen auf offener Strecke in rasch abkühlenden Wagen aufhielten, damit beschäftigt, weinende Kleinkinder zu trösten und ihr Schicksal zu verfluchen. Das alles war sehr schwedisch, und die eine oder andere diskret aus Taschen oder Aktenmappen gefischte Branntweinflasche machte im Abteil die Runde.

Der Schaffner, der sonst wie ein Löwe brüllte beim geringsten Verdacht, dass in seinem Zug Alkohol konsumiert werden könnte, eilte jetzt nur im Gang vorbei, mit einem ausweichenden Lächeln, das besser zu einer allzu eifrig hofierten Dame bei einem Tanzabend gepasst hätte.

Obwohl sie so wenig Zeit haben, wollen die Menschen in solchen Situationen gern, dass die Zeit vergeht.

Ja, so waren die Schneestürme in meiner Jugend.

3. Schnee in der Stille. Spuren im Schnee

Eine einsame Skispur, die endet
am jäh abfallenden Hang,
wo eine windschiefe Kiefer sich wendet
hinaus über des Felsens Rand –
wie kalt die Sterne funkeln,
wie dunkel Wald und Flur,
wie leicht die Flocken fallen
auf die überschneite Spur.

(Bertel Gripenberg, *Eine einsame Skispur*, 1911)

Die einsame Skispur, die sich im Unbekannten verliert, ist ein wirkungsvolles Symbol, besonders in der skandinavischen Poesie. Da ist jemand gefahren, das beweist der Schnee, und es stellt sich die Frage, ob wir ihm folgen sollen.

Der erfahrene Waldwanderer kann viel vom Schnee ablesen. Da ist der Hase, der vom Fuchs gejagt wurde und im Zickzack geflüchtet ist, bis wir seine Überreste finden. Der Elch, der aus irgendeinem Grund vom gemächlichen Gang ins Laufen gewechselt ist. An lebhaften Tagen verdichten sich die Tierspuren im Schnee zu einem lesbaren Text, wo alles, von Vogelkrallen bis zu Hirschhufen, etwas zu erzählen hat.

Als ich die Realschule besuchte, hatten wir einen sehr enthusiastischen Naturfreund als Biologielehrer. Ich habe den Eindruck, dass sich die Biologie seit den fünfziger Jahren radikal verändert hat. Molekularchemie, Genetik, mathematische Modelle sind so weit entfernt vom friedlichen Sammeln, dem Sammeln von mikroskopisch kleinen Käfern bis zu Elchköpfen, das sich heute beinah etwas schrullig ausnehmen mag.

Unter anderem lehrte uns dieser nette Mann, wie man

Tierspuren im Neuschnee sammelt. Man gießt eine Gipsmischung in die Spur und erhält dadurch den Positivabguss des Fußes, der Pfote oder Tatze, die den Negativabdruck hinterlassen hat.

Die Idee, eine Sammlung der verschiedenen Pfoten des Winters in einem Regal zu haben, ist ziemlich seltsam, nicht wahr?

Besonders dramatisch wirken immer Blutspuren im Schnee. Sie haben etwas zugleich Rührendes und Erschreckendes an sich. Nicht selten ist es Rotwild, das beim Überqueren der Straße verwundet wurde. Die Spur kann sich lang hinziehen. Manchmal findet der Jäger am Ende ein erschöpftes, aber noch lebendes Tier, manchmal einen toten Körper, dem die Krähen schon zugesetzt haben.

Es ist nicht nur die kraftvolle Farbkombination, die unsere Phantasie anregt: Rot auf Weiß. Es ist auch die Grausamkeit, die dem scheinbar friedlichen und stillen Wintertag innewohnt.

Schreiben

1.

Wenn man sehr jung ist, schreibt man – wenn man die Gabe hat – auf eine Art, die man »Oswalds Methode« nennen könnte (um zu Recht den allzu früh verstorbenen Gösta Oswald zu ehren). Man lässt die Erzählung aus der Sprache herauswachsen: aus dem verbalen Labyrinth. Ein Tonfall kann ausreichen für einen Roman.

Hier lauert natürlich die Gefahr, dass man anfängt, sich zu wiederholen. Solche Tonfälle haben die gefährliche Neigung, wiederzukehren.

Ein Schriftsteller kann viele Fehler begehen. Die meisten werden ihm mit einer Großzügigkeit nachgesehen, die man gegenüber Politikern, Richtern oder Wissenschaftlern nicht aufbringt. Er kann in allem unrecht haben. Er kann bedeutende Kunstwerke auf vollständig wahnsinnige Ideen gründen (Strindbergs *Inferno*) oder politische Ideen haben, die, würden sie verwirklicht, zu einer Katastrophe führen müssten (Ernst Jünger), oder anderen Menschen unangenehme private Seiten zeigen (Marquis de Sade, Jean Genet). Er darf ein frecher Plagiator wie Bert Brecht sein – Hauptsache, es gelingt. Er kann des sozialen, ökonomischen und privaten Lebens seiner Gegenwart völlig unkundig sein (wie Borges). Ja, er darf unter besonderen Umständen sogar furchtbar langweilig sein wie James Joyce oder Arno Schmidt. Aber was er oder sie keinesfalls tun darf, ist, sich zu wiederholen.

Das ist ein bisschen knifflig, denn eine natürliche menschliche Reaktion besteht darin, eine Sache wieder zu tun, wenn wir beim ersten Mal den Eindruck hatten, dass sie Anerkennung und Beifall einbrachte. Warum also nicht wiederholen, was jüngst als gut, interessant und geistreich galt? Der Debütant schreibt für sich selbst, er hat keine Richter. Wer zum zweiten Mal ein Buch veröffentlicht, läuft immer Gefahr, sich selbst zu kopieren, da ein neuer Faktor im Spiel ist: die Kritik. Ist dieses Spiegelverhältnis erst einmal in Gang gekommen, kann es dazu führen, dass der Schriftsteller immer mehr von sich selbst entfernt wird.

Wenn man darüber nachdenkt, hat es wohl damit zu tun, dass das Leben sich während einer begrenzten Zeit abspielt. Es ist diese unersetzliche Zeit unserer Mitmenschen, die wir in Anspruch nehmen, wenn wir öffentlich auftreten oder erwarten, gelesen zu werden. Dieser Anspruch ist tatsächlich viel größer als der finanzielle Anspruch, den der Buchhändler, der Verleger und zu einem viel geringeren Teil der Autor selbst an den Leser stellen, indem sie verlangen, dass der Leser Geld für seine Bücher bezahlen soll. Dass wir Geld verlieren, können wir notfalls verzeihen; verlorene Zeit verzeihen wir nie.

Eine Sprache kann einen Roman vorantreiben. Sie kann ihn auch allzu weit treiben. Ein guter Schriftsteller muss in der Lage sein, sich seine eigene Sprache zu schaffen. Der große Triumph in August Strindbergs Leben war der Schritt von seiner (außerordentlich vitalen) Sprache hin zur *Traumspiel*-Sprache. Dass es ihm gelang, aus einer paranoiden Vorstellungswelt ein fesselndes, neues sprachliches Kraftfeld zu gewinnen.

Im Erfolgreichen steckenzubleiben ist für einen richtigen Dichter ein wenig wie zu sterben.

2.

Wenn ein Schriftsteller älter wird, kann der literarische Fluss weniger spontan werden. Der Einschlag von Willen, Planung, Konstruktion wird stärker. Man hat mehr von einem Senatorengehirn und weniger von einem Rimbaudhirn. Vielleicht gibt es eine biologische Grundlage dazu. In unglücklichen Fällen kann dieser Anteil viel zu stark werden und den schöpferischen Impuls ersticken. In günstigen Fällen (Thomas Mann, der ältere Pär Lagerkvist) kann eine Balance entstehen. Es gibt eine Variante, die ziemlich faszinierend, aber tragisch ist. Der junge H. G. Wells muss um 1900 einer der originellsten Autoren der Weltliteratur gewesen sein, als er die Novellensammlung *Der gestohlene Bazillus* und den Roman *Die Zeitmaschine* veröffentlichte. Es gab nichts Vergleichbares, und irgendwie bahnte er den Weg für eine ganz neue Art von Literatur. (Denn Jules Verne und die Optimisten der französischen Aufklärung sind etwas anderes.)

Dann aber hat H. G. Wells den Rest seines Lebens damit verbracht, ein gewöhnlicher Schriftsteller zu werden. Es gelang ihm, ja, es gelang ihm so gut, dass er ein Erfolgsautor wurde. Aber wer liest heute noch *Mr. Lewisham und die Liebe*?

Das ist vielleicht das Schwierigste von allem, wenn es einem denn vergönnt wird: seine Eigenart zu erkennen und ihr treu zu bleiben.

Andererseits gibt es Schriftsteller, die sich so nervös um ihre Eigenart krümmen, dass sie wie geschlossene Muscheln werden. Sie haben nicht mehr den Mut, sich der Welt zu öffnen. Was natürlich immer bedeutet, dass man sich auch dem Misslingen öffnet. Die Großzügigkeit eines Carl Michael Bellman ist in diesem Sinne vorbildlich. Irgendwo verläuft hier die Grenze zwischen Anpassung und Großzügigkeit. Aber ich bin nicht der Richtige, sie zu formulieren.

3.

Man sollte nicht den Anteil der Willenskraft unterschätzen, der zu einem qualifizierten literarischen Schaffen gehört. Man kann seiner Gegenwart einen Stil aufzwingen, der ihr eigentlich fremd ist. Denn eine ausgeprägte Stimme wird früher oder später immer wie eine Interferenz im Chor der anderen Stimmen und Stilarten wirken und sie verändern. Franz Kafkas Werk ist dafür ein gutes Beispiel. Es fiel vollständig aus dem Rahmen. Ebenso wenig wie bei anderen Formen der Geschichte soll man sich einbilden, dass die Literaturgeschichte eine vorhersehbare Entwicklung hat.

Wie wahrscheinlich war Carl Michael Bellman?

4.

In den frühen sechziger Jahren pflegten mein Freund Sven Delblanc und ich auf der kalten Vortreppe der Carolina-Bibliothek über das Verhältnis zwischen Räsonnement und Gestaltung in einem Roman zu diskutieren. Sven war streng. Er war der Ansicht, es dürfe keinerlei Essays in Romanen geben. Ideen müssten voll und ganz gestaltet oder außen vor gelassen werden. Ich fühlte mich schon ein bisschen getroffen, denn ich stellte in meinen ersten Romanen ziemlich lange theoretische Überlegungen an. Sven hatte im wesentlichen recht: Alles, was gestaltet werden kann, soll gestaltet werden. Aber manchmal kann ein Gedankengang so greifbar werden, dass er selbst eine Gestalt annimmt. Das geschieht oft bei Kafka, zuweilen bei Thomas Mann, zum Beispiel die Idee, der Künstler müsse zwischen Parodie und Illumination wählen im *Doktor Faustus*, oder die Vorstellung von einem Gegensatz zwischen Kunst und Leben wie im *Tod in Venedig*.

In späteren Jahren habe ich versucht, alles zu gestalten. Wie im *Nachmittag eines Fliesenlegers*. Die Folge war, dass die Zeitschrift des Bauarbeiterverbands große Teile dieses philosophischen Romans als Schilderung aus dem Arbeitsleben abdruckte. Ich betrachte das natürlich als künstlerischen Triumph.

Die Philosophie wurde der Wirklichkeit so ähnlich, dass sie in sie zurückkehren konnte.

5.

Von der *Sache mit dem Hund* an befand ich mich in meinem Alterswerk. Wie äußert sich das? Vielleicht als eine resignative Tendenz; man kann nicht alles erzählen, nicht alles sagen. Vielleicht ist der Richter Caldwell ein gefährlicher Mörder, vielleicht ist er nur eine Person, die durch eine grausame Handlung, die er an einem Tier begeht, unmäßig sensibilisiert wird. Aber ich erzähle nicht, wie es sich verhält. Nicht um jemanden zu ärgern, sondern weil ich nicht weiß, wie es sich verhält.

Manchmal sehe ich, wie ein alternder Schriftsteller sich plötzlich auf lebensgefährliches blankes Eis begibt. Beispielsweise Günter Grass in *Ein weites Feld*. Dass er eine mehr als gewagte politische These zu Deutschlands Wiedervereinigung vertritt, nämlich, dass mit ihr etwas Wertvolles verlorenging, ist nicht entscheidend. Das Entscheidende ist, dass es schrecklich langweilig wird. Die seherischen Ambitionen zwingen ihn hinaus auf ein Feld, dessen er nicht mächtig ist. Wie ein Schwimmer, der versucht, eine Insel zu erreichen, die in seiner Jugend leicht zu erreichen war.

Der kluge alternde Schriftsteller schreibt kleine, scharfe Romane. Wie André Gide. Stücke, in denen es möglich ist, das Farbsystem unter Kontrolle zu halten. Und wo die Erfahrung sich ganz dicht an das Gestaltete anschmiegt. Wie eine junge Dame in einem eng anliegenden Cocktailkleid.

Die wichtigste Versuchung, der ein alternder schwedischer Schriftsteller standhalten muss, besteht darin, groß und lärmend zu werden und das Predigen anzufangen.

Die Idee des großen, endgültigen Alterswerks basiert auf einem Missverständnis hinsichtlich der Natur der Sache. Die Sache ist nämlich ihrer Natur nach fließend, dynamisch, unvorhersagbar. Belletristik zu schreiben heißt, mitten in einem sehr schnell strömenden Fluss zu stehen.

6.

Der Akt des Schreibens ist mit so vielen anderen menschlichen Aktivitäten verglichen worden. Vom sexuellen Beisammensein bis zum Zähneziehen. Das Bild, das mir spontan einfällt, wenn ich versuche, mein eigenes Schreiben zu schildern, ist das Autofahren auf einer Autobahn, etwas zu schnell in einem sehr dichten Verkehr. Kaum ist eine Entscheidung gefallen, ist die nächste fällig. Und keine einzige dieser Entscheidungen darf die falsche sein.

Ich kann langsam schreiben, aber das tue ich nur in fachphilosophischen Aufsätzen. Das ist eine andere Welt, oder doch beinahe. Wie das langsame Stochern eines Kindes zwischen den Buchstaben. Und wie die Stahlfeder, die zwischen den Fingern schmerzt.

Wenn ich an meine besten Prosawerke denke, wie *Wollsachen*, *Tod eines Bienenzüchters* oder *Bernard Foy*, ist es mir seltsamerweise unmöglich, mich an die eigentliche Schreibsituation zu erinnern. Das, woran ich mich erinnere, ist sehr fragmentarisch und nebensächlich. Von *Bernard Foy* ist mir nur in Erinnerung, dass es im Gang vor dem kleinen Büro im *Geography* (an der University of Texas), wo ich ihn geschrieben habe, einen Coca-Cola-Automaten gab und dass ich während der Arbeit manchmal high von Coca-Cola war. Ja, ich erinnere mich auch, dass ich einmal vierzig Seiten im Computer verlor und sie nie zu ersetzen vermochte.

Die Erinnerung an den Schreibakt verschmilzt normalerweise mit der Erinnerung an das Geschriebene. Es bleibt außerhalb des Textes nichts übrig. In diesem Sinn verbraucht das Schreiben Leben. (Ungefähr wie bei den frischgebackenen Besitzern von Videokameras. Sie verbringen die Hälfte ihrer Zeit damit, die andere Hälfte zu betrachten.) Aber was berechtigt zu der Annahme, dass das Leben, das dafür verbraucht wurde, auf andere Weise besser gewesen wäre?

Es gibt unendlich viel Zeit in einem Leben.

Seltsame Kreisläufe und radikale Falten

Es beginnt bei Cervantes. Im dritten Kapitel des zweiten Teils von *Don Quijote* taucht ein redseliger und enthusiastischer Herr auf, der Bakkalaureus Samson Carrasco, der sich vorgeblich glücklich schätzt, die Helden eines so berühmten Romans getroffen zu haben.

Don Quijote bat ihn aufzustehen und sagte:

»Dann ist es also wahr, dass es meine Geschichte gibt und sie ein Maure und Weiser aufgeschrieben hat?«

»So wahr, werter Herr«, sagte Samson, *»dass inzwischen, wie mir scheint, bereits über zwölftausend Bände gedruckt wurden.«*

Und zum wachsenden Erstaunen Don Quijotes fährt er damit fort, die Verdienste und Erfolge des Romans zu würdigen. Was, mit anderen Worten, geschieht, ist, dass ein Roman in einem Roman abgebildet wird. Die Helden begegnen sich selbst, aber diesmal als ihre eigenen literarischen Abbildungen. Ohne Bewusstsein dessen, dass sie selbst auch Abbildungen sind.

Wenn wir nun die beiden Teile der Erzählung von *Don Quijote* als eine einzige auffassen, haben wir es also mit einer

Erzählung zu tun, die sich in sich selbst hineinfaltet. Wodurch Unsicherheit darüber entsteht, was die Repräsentation und was das Repräsentierte ist. Ein weiterer Klassiker, der sich hingebungsvoll dieser Art von Kunst widmet, ist Jorge Luis Borges. »Die kreisförmigen Ruinen« ist nur eine der »Fiktionen«, in denen er diese Art von Welten erforscht, die in sich selbst münden.

Faltungen sind tatsächlich äußerst interessante Operationen.

Das Möbiusband mit seiner seltsamen Schleife bildet nur eine einzige Oberfläche, Kleins Flasche, im dreidimensionalen Raum nicht vollständig realisierbar, hat eine Innenseite, die ihre Außenseite ist und vice versa; sie erinnert mit anderen Worten an unsere irdische Existenz; wir sind in einer Sphäre eingeschlossen, aus der wir nicht heraustreten können.

Kurt Gödel beweist, dass Principia Mathematica und ähnliche Systeme innerhalb des Systems formell unvorhersehbare Sätze enthalten müssen. Und die Art, dies zu zeigen, führt über die sogenannten Gödelnummern. Gödel bildet die Mathematik in ihrer Gesamtheit in einer Ecke der Mathematik ab, indem er jedem Zeichen, das in einer stimmigen Formel vorkommen kann, sein einzigartiges Signum in der Form einer Zahl gibt. Damit kann der gesamte Beweis mathematisch behandelt werden.

Diese geniale Faltenbildung führt uns zu Douglas Hofstadters faszinierenden Büchern, *Gödel, Escher, Bach* (deutsch 1985) und *Ich bin eine seltsame Schleife* (deutsch 2008). Hofstadter deutet ein klassisches philosophisches Problem, das Selbstbewusstsein, als Resultat einer Faltung oder einer »seltsamen Schleife«. Mein Bewusstsein ist eine mehr oder weniger mangelhafte Abbildung der Welt. Aber diese Abbildung enthält auch eine Abbildung meiner selbst. Oder, wie das amerikanische Mädchen in *Die Sonntage des amerikanischen Mädchens* sagt:

Wie können wir zu uns selber sprechen,
und zuhören, als sei es jemand anders?

Sind wir vielleicht, genau gerechnet, mehr als einer?
Wie viele von uns wohnen in demselben mageren Körper?

Und dieses Seltsame, was der Spiegel sagt,
dass all das, was ich bin, einer äußeren Welt

angehört, die wenig nach mir fragt.
Und zugleich ist diese ganze Außenwelt

das einzige, woraus meine Innenwelt besteht.
Die Welt, sinnreich in sich selbst hineingefaltet.

Das ist es, was der Spiegel sagt. Doch kann dann
dieser Teil das Ganze sein, das seinerseits

der Teil ist? Etwas ist daran komisch.
Ich glaube gar nicht, dass wir die Welt begriffen haben.

Mit Involutionen sind Operationen gemeint, bei denen eine Abbildung oder ein *mapping* vielfältig in sich selbst abgebildet ist. Wie das alte, höchst faszinierende Reklameetikett auf den Dosen meiner Kindheit mit der Scheuermittel *Tomteskur*. Das Etikett zeigte einen Wichtel, der eine exakt gleiche Dose *Tomteskur* in der Hand hält, und so weiter. Bis hin zu einer Verkleinerung, die das Auge nicht mehr erkennen kann.

Das Zahlensystem kann sich auf verschiedene Arten in sich selbst hinein abbilden. Zum Beispiel so, dass jede ganze Zahl der nachfolgenden zugeordnet wird. Dies kann unendlich oft wiederholt werden, wenn jede Abbildung einen Schritt (eine ganze Zahl) hinter dem beginnt, wo die vorhergehende Abbildung anfing:

1 2 3 4 5 6 …

  1 2 3 4 5 6 …

    1 2 3 4 5 6 …

Die Serie der ganzen Zahlen enthält jetzt beliebig viele Abbildungen ihrer selbst. Und genau das ist ja Cantors Definition einer transfiniten Menge. Sie ist äquivalent mit all ihren transfiniten Teilmengen.

Cervantes' Don Quijote faltet sich in sich selbst hinein, die Helden begegnen im zweiten Teil einem Menschen, der es sehr unterhaltsam findet, sie zu treffen, da er im ersten Teil des Romans von ihnen gelesen hat.

Es ist die gleiche Faltenbildung, die wir viele hundert Jahre später in Lewis Carrolls *Alice hinter den Spiegeln* finden, bei Alice' Begegnung mit dem schlafenden Schwarzen König. In diesem Fall ist es, noch raffinierter, ein Traum, der sich in sich selbst hineingefaltet hat. Die Brüder Zwiddeldum und Zwiddeldei warnen Alice eindringlich davor, den schlafenden König zu wecken, der im Gras ausgestreckt liegt. Als umsichtiges Mädchen macht sie sich nämlich Gedanken darüber, dass der König sich erkälten könnte.

»Er träumt«, sagte Zwiddeldei; »und was, glaubst du wohl, träumt er?«

Alice sagte: »Das weiß keiner.«

»Nun, dich träumt er!« rief Zwiddeldei und klatschte triumphierend in die Hände. »Und wenn er aufhört, von dir zu träumen, was meinst du, wo du dann wärst?«

»Wo ich jetzt bin, natürlich«, sagte Alice.

»So siehst du aus!« entgegnete Zwiddeldei verächtlich.

»Gar nirgends wärst du. Du bist doch nur so etwas, was in seinem Traum vorkommt!«

»Der König da«, fügte Zwiddeldum hinzu, »bräuchte bloß aufzuwachen, und schon gingst du aus – peng! – wie eine Kerze!«

Spiegelschrift

Boetius, ein Pastor, predigt über das Bibelwort »Weh dir, Land, dessen König ein Kind ist« und klagt über die Minister, die sich des Missbrauchs und schlechter Regierung schuldig gemacht haben.

Graf Piper, der Favorit König Carls XII., verklagt den Pastor, der dazu verurteilt wird, den Rest seines Lebens auf der Festung Nöteborg zu verbringen.

Indessen nehmen die Russen Nöteborg ein und siegen bei Poltava, wo Piper gefangen genommen wird. Boetius wird aus dem Gefängnis entlassen und darf nach Schweden zurückkehren, während Piper den Rest seiner Tage auf der jetzt russischen Festung Nöteborg im Elend verlebt.

Das ist meine Nacherzählung der Episode »Boetius« aus Linnés *Nemesis Divina*.

Welch eine seltsame Dramaturgie! Ein Borges hätte sich über die perfekte Symmetrie in diesem Duell zwischen zwei Todfeinden gefreut. Der große Regisseur Alf Sjöberg meinte, dass in jeder bedeutenden Dramatik eine Art Rollentausch zwischen den Protagonisten stattfindet, dergestalt, dass der Starke zum Schwachen wird, der Schwache zum Starken.

Das trifft auf viele griechische Tragödien zu und ebenso auf Shakespeares *König Lear*. Und auf August Strindbergs Drama *Der Vater*.

Graf Pipers Schicksal wird also zu einer Art Spiegelbild des Schicksals von Boetius. Und umgekehrt! *Nemesis Divina*, diese streng geheime Fallsammlung, ursprünglich für einen einzigen Leser reserviert, Linnés Sohn Carl, der daraus lernen und die Bedeutung eines rechtschaffenen und tadellosen Lebens verstehen sollte, enthält verschiedene Dramaturgien. Aber der Rollentausch ist eine der wichtigsten. Jemand schreibt mit bei diesen menschlichen Schicksalen. In einer Spiegelschrift, könnte man sagen.

Hausvolf, jung, bewirbt sich um Assessorat in Åbo, erhält Vorschlag. Mit auf dem Vorschlag war ein alter, armer Amtsgerichtsdirektor, der viele Kinder hatte, oft vorgeschlagen worden war und ganz arm war.

Der König hatte Gnade für den Alten, der keine Freunde hatte, allen unbekannt.

Hausv. Hatte viele Freunde, die für ihn sprachen, über den Amtsgerichtsdirektor logen, daß er stark von der Gegenpartei sei, und die Sache so drehten, daß Hausv. die Stelle bekam.

Amtsgerichtsdir. trifft Hausv., sagt, er wolle gratulieren, appelliere aber an Gott.

Hausv. reist im Winter von Stockholm nach Åbo, das Schiff kommt zwischen Eis, daß alle meinten zugrunde zu gehen. Hausv. springt mit einem anderen in die Schaluppe, kappt das Tau, wird vom Schiff 5 à 6 Tage abgetrieben, aß Leder und alles auf, am Schluß seine eigene Vollmacht, die in seinem Mund lag, als er tot zum gotländischen Strand kam.

Das Schiff kam frei und wurde mit seinen Passagieren gerettet.

Sigmund Freud und Carl von Linné haben etwas gemeinsam. Beide gehen von einem Axiom aus. Nämlich, *dass es keine Zufälle gibt*.

Sie legen mächtige Sammlungen von Fällen an, Erzählungen aus dem Leben, von deren Wahrheit und Zuverlässigkeit sie vollständig überzeugt sind. Beide wollen diese Sammlungen verwenden, um eigentümlich unhaltbare Thesen zu belegen. Bei Freud lautete sie, dass der Sexualtrieb die fundamentale Triebkraft der Geschichte sei, und bei Linné, dass unsere Verbrechen schon in diesem Leben von einer unbestechlichen göttlichen Gerechtigkeit bestraft würden. Jeder vernünftige Mensch weiß, dass keine dieser Thesen plausibel sein kann. Die Libido erklärt nicht Verdun und Stalingrad, und die Weltgeschichte wimmelt von unbestraften kleinen und großen Schurken. Erfolgreich und glücklich leben sie bis zu ihrem Tod. Die *Nemesis Divina* ist eine moralische Utopie.

Aber das Merkwürdige dabei ist, dass diese Materialsammlungen ihr eigenes Leben zu führen beginnen, ganz unabhängig von den bizarren Thesen, die sie beweisen sollten. Die Erzählungen ordnen sich in verschiedene Muster, je nachdem, was wir von ihnen wollen, sie korrespondieren und kommentieren einander und lassen in ihren labyrinthischen Verwerfungen und seltsamen Transformationen das Bild einer ganzen Gesellschaft entstehen.

Stille

Nyhyttan in Västmanland ist ein sehr ruhiges Dorf. Wenn nicht im August die Getreidetrockner ein paar Tage lang in Betrieb sind. Kommt man aus den notorisch lauten USA mit ihrem nächtlichen Pandämonium von Polizeisirenen, Passagierflugzeugen, Helikoptern und winselnden Hunden, braucht es ein paar Tage, ehe man sich an die Stille gewöhnt hat. Es ist sehr still, unerhört still. So still, dass man tatsächlich das Rauschen in seinen Ohren, seinen Herzschlag und das Geräusch eines Fisches hören kann, der weit draußen im Schilf hochschnellt. Ich glaube, es war Hans Magnus Enzensberger, der darauf hingewiesen hat, dass Luxus in unseren Tagen nicht Sweater von Ralf Lauren, Parfumflaschen von Nina Ricci und all der Flitterkram sind, den man den Menschen auf den internationalen Flugplätzen aufschwatzen will. Wirklicher Luxus sind sauberes Wasser, saubere Luft, eine zumindest partielle Verfügung über die eigene Zeit. Und Stille.

Wenn das stimmt, ist das Leben hier draußen ein ausgeprägtes Luxusleben.

Ich erinnere mich an einen Augustabend vor ein paar Jahren, als ich allein im Haus war und das alte Klavier plötzlich zu spielen anfing. Ein paar Töne in der tiefsten Oktave; ein F, ein Fis und ein Gis, die sehr langsam aufeinander folgten und nach ungefähr zehn Minuten wiederholt wurden. Beim ersten Mal dachte ich, ich hätte diese merkwürdige Melodie geträumt. Beim zweiten Mal war ich ein wenig verwundert. Als ein von den Ideen der Aufklärung in vielerlei Hinsicht geprägter Mann stand ich aus meinem einsamen Bett auf und setzte mich ans Klavier. Der intensive Mondschein des August leuchtete draußen über der Bucht. Alles war sehr still. Da hörte ich wieder die merkwürdige Tonfolge. Dieselbe zögernde, gleichsam fragende Musik. Doch auf der Klaviatur vor mir bewegte sich keine Taste.

In diesem Moment begriff ich, wer spielte.

Im Keller unter mir stand der Tank mit dem Bootsbenzin und zog sich in der zunehmenden nächtlichen Kälte zusammen. Ein altmodischer, stabiler Bootstank, ein Modell, das Fünfer hieß und tatsächlich fünf Liter fasst.

Tod

Eine Melodie im Radio – und der scharfe Schmerz ist da, genau wie die unerträgliche Sehnsucht nach diesem spöttischen Mädchen, das nicht alt werden durfte, nicht einmal richtig erwachsen. Warum sie? Sie, die so fest im Dasein verankert war, die so gut darin war zu leben, die das Leben liebte, so schön und so begabt war, tausend Interessen hatte, so zufrieden mit sich selbst war.

Sie, die im Alter von drei Jahren von einem großen, fremden Hund überfallen wurde, der ihr seine Pfoten auf die Schultern legte und ihr das Gesicht ableckte, und statt dass sie, wie wir glaubten, vor Schreck gelähmt sein würde, mit einem zufriedenen Lächeln sagte: »Mama, der Hund mag mich.«

Sie, die zehn Tage vor ihrem Tod ihre letzte Prüfung für ihren cand. med. im Krankenbett machte, unter den Besten der 140 Studenten an diesem Tag. »Mama, ich wusste, dass wir bei der Leber drankommen würden.« Mit heller, eifriger, klarer Stimme.

Sie, die drei Tage vor ihrem Tod alle ihre Freunde zu Hause im Garten zu einem strahlenden Mittsommerfest geladen hatte, sehr auf ihre Kleidung und ihr Aussehen bedacht – im Rollstuhl sitzend und an einen Sauerstoffbehälter angeschlossen. Von dem sie sich hin und wieder befreite – sie wollte nicht krank wirken.

Sie, die in ihrem weißen Morgenmantel dalag wie eine Prinzessin, bleich, zu schlafen schien, während dieselben Freunde sich um sie versammelten und Abschied nahmen.

Aber im Traum ist sie hier. Dieses Mädchen, das uns in ihrem kurzen Leben selten Probleme bereitete, aber so viel Freude, außer dass sie das Hodgkin-Lymphom bekam und im Unterschied zu den meisten anderen dieser Krankheit erlag. »Wir werden Lisa gesund machen. 94 Prozent der Betroffenen kommen heutzutage durch. Das ist die ›beste‹ Form von Krebs, die man bekommen kann.« Nicht einmal in den Träumen macht sie mir Probleme, ich sehne mich nach diesen Träumen, sie sind es, die mir noch bleiben, sie sind hell, schön, es gab nur einen einzigen Albtraum in all den Jahren. Wir schwatzen, sind beisammen ... mir ist irgendwie bewusst, dass sie krank ist oder war, ich will oder wage es jedoch nicht, sie daran zu erinnern oder auch nur danach zu fragen – sie wirkt ja so normal, fast wie immer, zugleich ein wenig fremd, ein wenig zerstreut, sie ist nur auf einen kurzen Besuch da. »Nur im Traum steigt der Olymp zu den Sterblichen herab.«

Traubensaft

Wenn man nach Neapel kommt, fühlt man sich gleich ganz heimisch, denn genau so ist Italien in unzähligen Filmen seit Beginn der fünfziger Jahre geschildert worden: hupende Autos, die immer mit knapper Not einen Zusammenstoß vermeiden, aber tatsächlich doch vorwärts kommen, obendrein ziemlich schnell und effektiv, ein Gewimmel von Menschen, die Balkons an den schäbigen Mietshäusern voller ewiger Wäsche, wie kleine Theaterbühnen für den neugierigen Beobachter: Eine Frau sitzt auf ihrem Stuhl und raucht, während sie zerstreut auf das Leben da unten hinabblickt, ein Mann mit bloßem Oberkörper lehnt sich gegen das Balkongeländer, als hielte er Ausschau nach Freund oder Feind, eine alte, schwarzgekleidete Frau knipst welke Blätter von ihren Pflanzen. Und vor unserem Hotel neben dem offenen Platz, der sich als eine Art Parkplatz erweist, blüht der Handel. Ein paar asiatische Verkäufer haben ihr Warenlager entlang der Hauswand ausgebreitet, italienische Popmusik strömt schmachtend aus einem Lautsprecher, junge Männer auf Lambrettas sausen vorbei – eine ganze Familie, Mann, Frau und Kind, drängt sich auf einer Lambretta, zuvorderst das Kind. Es schaudert einen als gesetzestreue Schwedin. La Polizia di Stato führt unbegreifliche, aber offenbar energische Razzien durch, eine stark geschminkte Frau mittleren Alters in hohen Stiefeln und aufreizender Kleidung steht lässig vor einer steilen Treppe, die in ein geheimnisvolles Dunkel hinaufführt. Wartet sie auf Kunden? Der Parkplatz füllt sich mit ständig neuen Autos, die der Parkwächter flink zwischen die dichten Reihen der anderen hineinklemmt. Ein paar Scheine und Autoschlüssel gehen von Hand zu Hand, und erstaunlicherweise scheint das System zu funktionieren. Wie ist Bewegung möglich, wenn es keinen leeren Platz gibt? Eine kleine freie Fläche muss es wohl trotzdem geben, sonst funktioniert dieses Schiebepuzzle nicht.

Die Arbeitslosigkeit in Neapel ist hoch, sie beträgt etwa dreißig Prozent, und hier gibt es die meisten Polizisten pro Einwohner in ganz Italien. Müll liegt in Tüten auf den Trottoirs und in den Gassen, die meisten Häuser sind heruntergekommen. Aber es herrscht keine resignierte Stimmung, eher ein pulsierendes, zielgerichtetes und vitales Leben. Ich frage mich, ob man nicht richtig gut über eine unbekannte Stadt schreiben könnte, nachdem man nur vierundzwanzig Stunden dort verbracht hat? Weil man ganz am Anfang eines Besuchs wirklich alles sieht, mit einer gesteigerten Empfänglichkeit und angespannten Sinnen.

Es ist Samstag, und ein kleines Stück vom Hotel entfernt befindet sich ein Markt, auf dem es praktisch alles zu kaufen gibt, in billigen Kopien. Da mir auf meiner ersten Reise nach Italien die Brieftasche gestohlen wurde, obwohl sie für meine Begriffe sicher verwahrt war, drücke ich meine Handtasche fest und energisch an den Körper. Nicht noch einmal! Wir sind auf dem Weg nach Capri, für drei Wochen als Gäste in Axel Munthes San Michele, und so nehmen wir die Schnellfähre im Hafen, ängstlich auf unser Gepäck bedacht.

Dann erhebt sich der Felsen aus dem Meer, der Anblick ist überwältigend schön, Meer und Horizont diesig blassblau. Diese milde, helle, wohltuende Septemberwärme! Der Kontrast zwischen Neapel und Capri ist groß, relative Armut und glitzernder Luxus. Hier wälzt sich eine Schar von Touristen herein (es gelingt uns wie üblich zu verdrängen, dass auch wir Touristen sind). Es könnten Amerikaner sein, die eine Apotheke im Mittelwesten gehabt, jahrelang geschuftet und gespart haben, und die jetzt die Welt anschauen wollen, das heißt, ein paar Stunden an jedem Touristenort verbringen, geführt von einem strengen Guide. Auffallend ist, dass das Durchschnittsalter der Besucher der Insel hoch ist. Man hört nahezu alle Sprachen durch die Gassen schallen, nicht zuletzt Japanisch. Die Häuser hier sind schön und gepflegt, und eine Menge kleiner Läden säumt die Straßen, oft mit teu-

ren und luxuriösen Waren, darunter alle bekannten Markennamen.

Was für eine Wohltat, plötzlich in das Gebiet von San
Michele mit seiner Stille und seinem Frieden zu gelangen!
Wir haben Glück: Es zeigt sich, dass gerade an diesem Tag die
Weintrauben geerntet werden sollen. Die Gäste werden mit
Scheren ausgerüstet, und unter der Anleitung des gutgelaun-
ten Gärtners werden die schweren gelbgrünen, aber auch eine
Menge nebelblauer Trauben abgeschnitten, leider nicht in
traditionelle Körbe, sondern in praktische und farbenfrohe
Plastikkästen. Die Weinterrassen haben einen recht begrenz-
ten Umfang; letztes Jahr lieferten diese Weinstöcke ungefähr
zweihundert Liter Wein. Der Leiter von San Michele, Peter
Cottino, der mit seinem dichten, krausen, dunkelbraunen
Haar und dem Bart aussieht wie ein Italiener – wie sich zeigt,
ist er jedoch in Stockholm geboren und in Umeå aufgewach-
sen –, feuert uns mit ermunternden Zurufen an. Nach been-
deter Arbeit – sie fungiert tatsächlich als eine *Get-together*-
Übung, eine ganz erträgliche – dürfen wir zusehen, wie die
Trauben in die Weinpresse geschüttet werden und ein feiner
Saft heraussickert und aufgefangen wird. Dann versammeln
sich alle emsigen Arbeiter in dem kleinen Weinberg zur Trau-
bensaftprobe. Ein süßer und guter Saft ohne alle Zusätze,
eigentlich viel besser als Wein, rinnt durch unsere Kehlen.
Jetzt soll dieser Saft bis zum März des nächsten Jahres in
Weinfässern gären. Der Abend endet im Garten an einem langen Holztisch, dekoriert mit Bougainvillea und Weinranken,
es gibt selbstgebackenes Brot, gefüllt mit wohlschmeckender
italienischer Wurst, dazu Olivenöl und eine Art Mangold mit
Rosenkohlgeschmack, blanchiert und mit Minipeperoni gewürzt. Zu diesem einfachen, köstlichen Mahl bekommen wir
den guten Wein des Vorjahrs.

So sitzen wir in lebhaftem Gespräch, bis die Sonne im Meer versunken und die Dunkelheit längst hereingebrochen ist. Die drei Katzen haben einige der Gäste auserwählt, wie üblich jene, die keine Katzen mögen, sich angeschlichen und sich nach Katzenart zufrieden im Schoß der Betreffenden zurechtgelegt – die Auserwählten bringen es natürlich nicht übers Herz, sie zu verjagen. Wir brauchen weder Strickjacken noch andere wärmende Kleidung. Und wir schenken dem alten Vaterland einen zerstreuten, aber mitleidigen Gedanken – dort ist bestimmt gerade wieder ein bösartiges Tief mit eiskaltem Regen von Westen herübergezogen ...

Träume

Wenn es eine Angst vor dem Schlaf gibt, deutlich beim Kind und verborgener bei den Erwachsenen, hat das bestimmt mit den Träumen zu tun. Die Träume sind unkontrollierbar wie das Leben selbst; wir sprechen mit den Toten und hören sie antworten, wir küssen eine unbekannte Frau und sehen sie plötzlich verschwinden. In dem eigentümlich großen Hotel ist es plötzlich ganz unmöglich, einen Ausgang zu finden, genau in dem Moment, als das Taxi zum Flughafen draußen wartet. Die Unvorhersagbarkeit des Traums ist das Erschreckende am Schlaf. Und genau daran mag Shakespeare gedacht haben, als er Prinz Hamlet sagen lässt: »Was in dem Schlaf für Träume kommen mögen«. Aristoteles sieht den Traum als kognitives Problem. Wie, um Himmels willen, können wir Dinge sehen, wenn wir die Augen geschlossen haben, und Stimmen in einem Raum hören, wo niemand anders ist? Seine Erklärung ist am ehesten physikalisch: Die Sinnesorgane fahren ganz einfach mit dem fort, womit sie am Tag beschäftigt waren, wie ein Projektil seine Bahn fortsetzt, wenn nichts im Weg steht.

»Aus all diesem muß man also schließen, daß der Traum eine Art Erscheinung ist, und zwar eine, die sich im Schlaf einstellt; denn die eben genannten Bilder sind keine Träume, ebensowenig wie eine jeweilige sonstige Erscheinung, die sich einstellt, wenn die Sinne frei sind.«

Auf seine systematische Weise betont der Philosoph im folgenden, dass nicht alles, was wir im Schlaf erleben, Träume sind. Wir können manchmal antworten, wenn wir angesprochen werden, und wir spüren, dass das Kissen sich verknäult hat.

Es sind wohl mindestens drei verschiedene Arten, auf die es die Menschheit verstanden hat, Träume zu benutzen. Als launische und nicht selten gefährlich irreführende Voraussagen über die Zukunft. Wie in der Geschichte von Joseph und seinen Brüdern. Oder als Zeugnis über den Charakter des Träumenden. Wie bei Sigmund Freud. Ist es wirklich so, dass Träume immer vom Träumenden handeln? Wie oft erleben wir nicht, dass ein Künstler etwas schafft, was überhaupt nicht typisch für ihn selbst ist. Sollten wir nicht eher sagen, dass Träume gerade die Zone sind, in der wir die Persönlichkeit verwirklichen, die wir nicht haben?

Die moderne Neurologie zeigt, dass Freud sich in einem Punkt täuschte, der für ihn sehr wichtig war: Der Traum ist nicht in erster Linie ein Schutz gegen das Erwachen. Er ist ein Zustand des Gehirns, der während des Schlafs mit einer Art wellenförmiger Regelmäßigkeit wiederkehrt. Die Träume, sagt Roger Caillois in einem interessanten Buch mit dem Titel *L'incertitude qui vient des rêves* (»Die Unsicherheit, die von Träumen herrührt«, 1956), sind genauso sinnlos wie Wolkenformationen am Himmel. Dennoch können wir Bilder in sie hineinlesen.

Drittens interessieren Träume Philosophen, weil sie eine Art von Vergleichsobjekt zu den Erlebnissen des Wachdaseins bilden. Der Traum ist, denken wir uns, die einzige andere Wirklichkeit, die wir kennen. Jedenfalls war es so, bis sich uns der Cyberraum eröffnete.

Faszinierend zu beobachten ist, was der Traum mit der Zeit macht. Im leichten Nachmittagsschlummer kann eine Woche, ja, ein ganzes Leben im Traum vorbeiziehen, und im tiefsten Schlaf können acht Stunden zu einem einzigen Augenblick werden, in dem ein Schmetterling über eine Schilfbank flattert.

Derlei ist geeignet, uns eine kleine Ahnung davon zu geben, dass die wirkliche Welt vielleicht gar nicht so aussieht, wie wir sie uns vorstellen, und dass »der Flug der Zeit« nur die gewöhnlichste unserer Illusionen ist.

Aristoteles' *Über Träume*, ein bewundernswerter Text, beginnt mit der Erörterung eines offensichtlichen Widerspruchs: Wir können nur sehen, wenn unsere Augen offen sind. Aber wir sehen im Traum, und der Traum gehört zur Welt des Schlafs, in der unsere Augen geschlossen sind. Wie können wir dann im Traum sehen? Die Art des Philosophen, dieses Problem zu lösen, führt uns in tiefe wissenschaftstheoretische Fragen hinein.

Es ist dieselbe Fähigkeit, sagt Aristoteles, die uns Dinge im Traum erleben lässt, welche uns illusorische Erfahrungen im wachen Leben machen lässt. (Er hat zwei Beispiele, das Land, das sich entlang des Schiffs zu bewegen scheint, während es tatsächlich das Schiff ist, das sich bewegt, und die gekreuzten Fingerspitzen, die das Einfache als zweifach erscheinen lassen.)

Was wir im Traum erleben, sagt der Philosoph, ist offenbar ein Produkt unserer Wahrnehmungsorgane, aber etwas *Präsentiertes*. Eher, muss man sich vorstellen, als etwas *Repräsentiertes*.

Der Unterschied kann vielleicht auf folgende Weise erklärt werden: Ein Autofahrer bremst unerwartet während einer Fahrt in der Dämmerung. Auf die Frage: Warum? antwortet er: »Ich habe einen Fuchs gesehen.«

Diese Aussage ist doppeldeutig. Sie kann in einem Sinne falsch sein und in einem anderen Sinne kann sie zugleich wahr sein.

Es gab keinen Fuchs. Also war es nicht so, dass es einen Fuchs und einen Autofahrer und eine Beziehung zwischen beiden gab, die darin bestand, dass der Letztere den Ersteren sah. Doch in dem anderen Sinne müssen wir nur den Autofahrer beim Wort nehmen. Er sah – auf eine fuchsartige Weise – und das Fuchsartige in seinem Sehen erfordert kein objektives Korrelat in der Außenwelt.

Diese Unwidersprüchlichkeit bei Aussagen, die sich darauf beschränken, eine Perzeption zu übermitteln, hat Philosophen dazu verleitet, an Sinnesdaten zu glauben – als eine Art von Grundannahmen in unserem empirischen Wissen von der Außenwelt, die nicht weiter in Frage gestellt werden können. Diese Sinnesdaten wären also *unmittelbar gegeben*.

Aber die Tatsache, dass es eine Art von perzeptorischen Berichten gibt, die nicht zu widerlegen sind – »Ich habe geträumt, dass ich ein Pferd sah« –, braucht gar nicht zu bedeuten, dass es sich um etwas unmittelbar Gegebenes handelt. Die neurologische Forschung hat gezeigt, dass selbst die einfachsten Perzeptionen, zum Beispiel eine Farbwahrnehmung, das Ergebnis von komplizierten Prozessen sind, von bewusstem oder unbewusstem Denken, und dass das, was wir sehen, in hohem Grad davon bestimmt ist, was wir sehen wollen.

Urban Sprawl

Amerikanische Städte wachsen, wenn sie erfolgreich sind wie Austin, Texas, heute stärker in die Breite als in die Höhe. Es werden nicht mehr so viele Wolkenkratzer gebaut, jedenfalls nicht von der ganz hohen Sorte.

Dafür verwischt sich zusehends der Unterschied zwischen Stadt und Land. Ländliche Gegenden, wo eben noch schwarze Ziegen zwischen düsteren Zedern und Kakteen grasten, haben sich plötzlich in ein kompliziertes Netzwerk aus Wohnsiedlungen, Einkaufszentren und Verkehrsknotenpunkten verwandelt, wo die Autobahnen ihre stolzen Betonbogen übereinanderspannen wie in einem SF-Heft aus den dreißiger Jahren. Neue Einkaufszentren und Restaurants, unbegreifliche Menüs, die von Computeringenieuren aus Burma und Nepal und ihren schönen jungen Frauen verspeist werden.

Das wird als *urban sprawl* bezeichnet und von Leuten, die überall Probleme finden, für ein solches gehalten. Während die Vorstädte wuchern wie eine neue Art von Kryptogamen und die Natur in alle Richtungen erobern, neigen die Innenstädte zum Verfall. Einige dirigistische Politiker meinen, dies sollte man ändern. Es ist schwer einzusehen, warum. Im 5. Jahrhundert war Rom nicht mehr das Zentrum des Römischen Reiches, vielmehr war das Zentrum da, wo der Kaiser sich befand. Der Raum kann nicht durch die ganze Weltgeschichte hindurch derselbe bleiben, das müssten die Nörgler doch endlich begreifen. Selbstverständlich macht diese Entwicklung es dirigistischen Kleinpolitikern schwer, sich Geltung zu verschaffen. Aber das ist doch gut so, oder?

Warum in der Innenstadt einkaufen, wo man Strafzettel riskiert, wenn man in einem neuen, eleganten Einkaufszentrum dreißig Kilometer weiter südlich gratis parken kann. Die Fahrzeiten zwischen dem Zuhause und dem Arbeitsplatz werden länger, heißt es. Das ist keineswegs sicher, denn auch die neuen hochtechnologischen Industrien siedeln sich gern draußen im Zedernwald an. Da sie selten rauchende Schornsteine haben und eher Universitäten als Fabriken gleichen, können sie ohne größere Umstände auf hohen Hügeln ihren Platz finden, mit Aussicht auf den gewundenen Lauf des Colorado River.

Der Versuch, *urban sprawl* zu verhindern, ist bestimmt ebenso zum Scheitern verurteilt wie der Versuch des 19. Jahrhunderts, den Bau der Eisenbahn zu verhindern.

Diese neue Landschaft kann ziemlich verwirrend sein. Im südlichen Austin braucht man einen klaren Kopf, um seinen Weg zu finden. Über den freundlichen alten Landstraßen mit ihren ländlichen Namen: Old Fredricksburg Road, Burnet Road, schwingen sich mächtige Betonbogen mit ganz anderen Namen: Loop 1, Highway 360, Interstate 35. Sie bilden sozusagen das futuristische Obergeschoss zum Erdgeschoss einer chaotischen, aber idyllischen Landschaft aus Warenhäusern, Lagerschuppen und Kinos, in denen man alte Filme zu stark herabgesetzten Eintrittspreisen zeigt. Und hier und da ein paar Schulen und verstreute Wohnsiedlungen, wo ältere Herren in Strohhüten friedlich ihre Hecken schneiden, während hoch über ihren Köpfen die Welt vorbeibraust.

Mitten in diesem Vorstadtgebiet, das man gewöhnlich etwas vage West Gate nennt, ragt ein etwa zwanzig Meter hoher Turm auf, der einerseits an den italienischen Palladiostil erinnert, andererseits an jene Türme, die auf Giorgio de Chiricos metaphysischen Bildern erscheinen. Von den viel höher gelegenen Fahrspuren der Autobahnen aus sieht man ihn als leicht erkennbaren Fixpunkt unten am Boden.

In einer pastoralen Ackerlandschaft würde dieser Turm vermutlich riesig wirken. Hier ist er das Höchste im Niedrigen. Aber er erleichtert einem die Orientierung, wo man sich im Gewimmel von *ramper* und *looper* und *exits* befindet und welchen Kurs man in dem rauschenden Verkehr steuert.

Der Turm ist parallelepipedisch, wie die Architekten es nennen, das heißt viereckig (wie ich es nenne), und hat einen Balkon ganz oben, wo ein Glockenspiel über den summenden Autobahnen ertönen könnte. Doch dieser Campanile besitzt keine Glocken. Stattdessen trägt er in jeder Himmelsrichtung ein Relief aus Ziegeln, das verkündet, dies sei der WEST GATE TOWER. Ob es möglich ist, diesen Turm zu besteigen, weiß ich nicht. Ich würde es eher nicht annehmen. Ich habe keine Tür darin gesehen.

Es ist ein Turm, Punktum. West Gate Tower. Worin besteht seine Aufgabe? Natürlich genau darin: der West Gate Tower zu sein. Indem er dieser Turm ist und kein anderer, erfüllt er eine wichtige semiotische Aufgabe. Er verleiht einer Gegend Name und Identität, die sonst völlig gesichtslos wäre.

Die Fortsetzung überlasse ich gern dem nächsten internationalen Philosophenkongress.

Vernissage

Das Wort Vernissage ist französisch, von *vernis*, »Firnis«, und bezeichnet den Tag der Eröffnung einer Kunstausstellung. Laut der *Nationalencyklopedin* war die Vernissage im 18. Jahrhundert eine Gelegenheit, bei der Freunde und geladene Gäste des Künstlers die neuen Bilder im voraus sehen durften, während diese, wie es üblich war, gefirnisst wurden, bevor man sie in den Ausstellungsräumen aufhängte. An Samstagen haben die kleinen Galerien in Stockholm Vernissage, von denen viele sich an dem sogenannten Hornsbuckel drängen. Einige werden von den Kennern für prestigeträchtig gehalten, während andere als uninteressant, kommerziell gelten.

Sobald man die Galerie betreten hat, wird man mit einem KLEINEN Glas Wein versehen, oder versieht sich selbst damit, und beginnt, eventuell anwesende Bekannte zu begrüßen. Nach einem hastigen Rundblick auf die Wände sieht man augenblicklich, ob das Ausgestellte einem gefällt oder nicht. Tut es das nicht, sollte man doch anstandshalber eine Weile herumgehen und mit zusammengekniffenen Augen und schräggelegtem Kopf das Werk des Künstlers betrachten, um bald darauf diskret zur Tür hinauszugleiten, gern mit dem Kommentar, dass die Ausstellung ein gewisses Etwas habe und dass man wiederkommen werde. In dieser Situation noch ein Glas Wein zu nehmen gilt als absolut unpassend.

Gefällt einem hingegen das, was man sieht, überkommt einen eine allmählich immer stärkere Besitzgier, und sind gar schon mehrere rote Punkte auf den Werken aufgetaucht, geht dieses Gefühl in eine hektische Wettkampfstimmung über. Je mehr Leute sich im Ausstellungslokal drängen, umso wichtiger wird es, dass man dazugehört. Man will kein Außenseiter sein, auch hier nicht.

Eine geglückte Ausstellung hat eine magische Atmosphäre. Die Stimmung im Raum lädt sich immer mehr auf, man muss nur einer von denen sein, die dazugehören. Und dann sieht man es. Das Kunstwerk. Das Stück, welches man einfach nur haben will, das man braucht. Leicht kann man davon absehen, wo um Himmels willen man es unterbringen soll. Man muss es in seinen Besitz bringen. Kann man es sich überhaupt leisten? Egal. Man fühlt sich souverän und bedeutungsvoll, wenn man, gern mit lauter und mündiger Stimme, so dass alle es hören, die Galeristin anspricht und sie bittet, das Werk, in das man sich vernarrt hat, zu reservieren oder vielleicht sogar einen roten Punkt daraufzukleben. Jetzt ist es an der Zeit für ein weiteres Glas – man bleibt hängen, jetzt IST man jemand, diskutiert, kommentiert, gibt anderen gute Ratschläge, fällt dem Künstler um den Hals. Während einiger intensiver Augenblicke ist man GLÜCKLICH, hochgestimmt. Man betrachtet sein Werk mit beschützenden Blicken, schon als dessen Besitzer. Und das Interessante ist, dass man diesen Kauf nie bereut, im Gegenteil. Ist das Kunstwerk erst bezahlt und hat zu Hause seinen ihm zugedachten Platz gefunden, hast du es dir voll und ganz einverleibt und betrachtest es mit immer verliebteren Blicken. Es gehörte von Anfang an einfach zu dir – es hat etwas von dir gewusst, dessen du dir selbst nicht bewusst gewesen bist.

Weimar

Angeblich kann kein politisches System jemals einen Deutschen davon abhalten zu arbeiten. Wer hätte geglaubt, dass der Stadtkern von Weimar bis zur Ernennung zur Weltkulturhauptstadt 1999 wiederhergestellt werden könnte? Wir, die wir noch ein Jahr zuvor dort gewesen waren, kaum. Wir hatten große Zweifel, als wir das Durcheinander mit all den Gerüsten, dunklen, löchrigen Straßen und halbfertigen Arbeiten sahen. Viele Häuser waren stark verfallen und noch in der beigegrauen DDR-Farbe verputzt.

Goethe, der große Mann der Stadt, war natürlich überall präsent. Nicht nur in den Schaufenstern der Buchhandlungen und als Büste in den Souvenirläden, sondern auch in der Weinhandlung. Man konnte sich vorstellen, dass er und die Freundin Charlotte von Stein jederzeit munter plaudernd auftauchen könnten. Der wohltuende Mangel an Autos bewirkte auch, dass man sich in der Zeit zurückversetzt fühlte. Ein beliebter grasgrüner Trabant parkte als einziges Auto vor Charlottes rosa Haus.

Ein Stück vom Zentrum entfernt aber liegt ein Platz, an dem man die Veränderungen, die Weimar erlebt hat, sehr deutlich verfolgen kann. Gleich neben dem Kunstmuseum von 1869 – der Platz hieß damals Carl-August-Platz – erstrecken sich zwei düstere Hauskörper entlang der Längsseiten des Platzes. Dass sie in der Nazizeit gebaut wurden, ist nicht zu übersehen. Wir gehen durch eine geöffnete Tür und finden ein im großen und ganzen leeres Haus mit endlosen, geraden Gängen. Die Parkettböden glänzen, wir schleichen uns auf den Balkon, von dem aus Hitler einst zu den Massen auf dem Platz gesprochen hat. Zu dieser Zeit hieß er Adolf-Hitler-Platz.

An der einen Querseite liegt ein trister Plattenbau im Stil

der sechziger Jahre. Heute hat der Zahn der Zeit ganz ordentlich an diesem Ulbrichtgebäude genagt, das erst 1973 fertiggestellt wurde. Damals hieß der Platz Karl-Marx-Platz.

Jemand hat auf das hässliche Haus die Worte geschmiert: »Goethe hat immer recht!« Wir fragen uns, ob das nicht eine Travestie auf das kecke DDR-Lied ist, deren erste Refrain-Zeilen lauten:

>»Die Partei, die Partei, die hat immer recht!
>Und, Genossen, es bleibe dabei;
>Denn wer kämpft für das Recht,
>Der hat immer recht.
>Gegen Lüge und Ausbeuterei.«

Ja, Goethe scheint schließlich recht behalten zu haben. Er hat die Oberhand gewonnen. Und heute heißt der Platz ganz neutral Weimarplatz. Er sollte jetzt wohl eine Weile so heißen dürfen.

Whisky

In der Einleitung zu seiner glänzenden Beowulfübersetzung bemerkt Seamus Heany, im Zusammenhang mit dem Wortvorrat des Altenglischen oder Angelsächsischen, dass *Whisky*, oder *Whiskey*, wie es auf Irisch heißt, von dem gälischen *uisce* kommt, das »Wasser« bedeutet. Ein bekannter britischer Fluss heißt *Usk*.

Der unübertreffliche Elof Hellquist deutet auf die indoeuropäische Wurzel: *udskia*. Im Gälischen findet sich *uisge-beatha*, »das Wasser des Lebens«, oft zu *aqua vitae* (Aquavit) latinisiert, mit einer linguistisch gleichwertigen Bedeutung, aber traditionell auf eine andere Substanz angewandt.

Auf Schwedisch ist »Visky« zum ersten Mal 1854 bei Strindberg belegt. Im 19. Jahrhundert gilt es als nicht ganz korrekt, Whisky im Salon oder in Anwesenheit von Damen zu servieren. Das angelsächsische Getränk wird verknüpft mit Herrenlokalen, Pferderennen, verräucherten kleinen Bars und, besonders im Süden der USA, wo der auf Maisbasis gewonnene Bourbon üblich ist, mit Bordellen, Kasinos, Kabaretts und Booten auf dem Mississippi.

Es hat lange gedauert, bis der Whisky seinen Einzug im heimischen schwedischen Milieu hielt und bis der Whiskygrog den oskarianischen Kognakgrog ersetzte.

Eine historische Frage, die noch der Beantwortung harrt, ist:

Wann nahm Gustav V. seinen ersten Whiskygrog ein?

Der Whisky, eins unserer besten Naturheilmittel, mit hervorragenden muskelentspannenden und gefäßdilatierenden Eigenschaften, beispielsweise bei Muskelrheuma den abscheulichen kleinen Pillen weit überlegen, die der Arzt verschreibt, sollte, besonders wenn es sich um schottischen Maltwhisky handelt, *nicht* mit Eis im Glas serviert werden.

Bourbon trank man in früheren Zeiten am liebsten mit »Flusswasser«, das heißt, mit dem bräunlichen, schlammigen Wasser des Mississippi.

Ein guter Ersatz beim schwedischem Sommerkonsum ist das Wasser aus schwedischen Seen, gern in der Nähe einer Schilfbank geschöpft.

Bekannt ist Winston Churchills Diktum: »*I have got more out of the whisky than the whisky got out of me.*«

Wimbledon 1937: Budge gegen von Cramm

Das Folgende könnte wie der Ausgangspunkt für einen Roman klingen:

Das fünfte und entscheidende Spiel im Davis Cup 1937 fand in Wimbledon statt. Vor dem Finale stand es 2:2 zwischen den USA und Deutschland. Die beiden Spieler, der deutsche Gottfried von Cramm und der Amerikaner Don Budge, waren beide Amateure, denn der Davis Cup war zu diesem Zeitpunkt noch ein Amateurturnier. Dasselbe galt damals für alle großen Turniere, bis man 1968 aus dem United States Nationals bedauerlicherweise die US Open machte, was entscheidend dazu beigetragen hat, das moderne Tennis in ein kommerzielles Spektakel zu verwandeln und ihm viel von seiner Seele geraubt hat.

Die deutsche Nationalmannschaft, in der Gottfried von Cramm der beste Spieler bei den Herren war, hatte ironischerweise den ehemaligen amerikanischen Star Bill Tilden als Trainer. Ein Theoretiker, nicht nur ein Praktiker; sein *The Match Game and the Spin of the Ball* gehört zu den immer wieder gelesenen Favoriten in meiner Sportbibliothek. Heute ist es leider nur noch antiquarisch zu bekommen.

Als nun die besten Amateure Deutschlands und der USA auf dem Weg zum Centre Court von Wimbledon sind, um in Gegenwart von Queen Elizabeth und zahlreichen Zuschauern das Herreneinzel zu entscheiden, liegt eine außergewöhnliche Spannung in der Luft. Wir befinden uns in einer Zeit, in der selbst harmlose Sportwettkämpfe einen nationalistischen, aggressiven Unterton annehmen. Jetzt steht also Deutschlands frischgebackenes Idol gegen die plutokratische USA. Und kurz bevor Herr von Cramm auf den Platz tritt, kommt die Meldung, er wird am Telefon verlangt. Kein Geringerer als der Reichskanzler und Führer will ihm telefonisch viel Glück wünschen.

Das muss im Leben des tennisspielenden Adligen ein schwerer Moment gewesen sein, denn als überzeugter Hitlergegner kann er es kaum als Ermunterung empfunden haben, dass einer, den er als Gangsterdiktator betrachtete, jetzt einen Propagandatriumph einheimsen wollte.

Von Cramm verlor. Es lag nicht daran, dass er verlieren wollte (wenn man darüber einen Roman schriebe, würde man natürlich mit dieser Möglichkeit spielen), sondern am überlegenen Spiel von Don Budge. Das Endspiel war heroisch, 6:8, 5:7, 6:4, 6:2, 8:6, und zog sich bis weit nach Sonnenuntergang hin. Im letzten Spiel wehrte von Cramm vier Matchbälle von Budge ab. Bei seinem letzten und schließlich siegreichen Return (es war eine Vorhand) legte sich Don Budge so ins Zeug, dass er nach dem Schlag vornüber ins Gras fiel.

Vor Don Budge war die Rückhand im wesentlichen ein defensiver Schlag gewesen. Don Budge führte, wie es heißt, die Rückhand als offensiven Schlag ein. Augenzeugen haben diese tiefe, rollende Rückhand mit dem gewaltig ausholenden Schwung, stets innerhalb der Grundlinie des Gegners plaziert, als etwas Ähnliches beschrieben wie den Schwung eines guten linkshändigen Batters beim Baseball. Das gibt eine gewisse Vorstellung. Kombiniert mit einem steinharten Aufschlag und einem auch in jeder anderen Hinsicht vorzüglichen Spiel machte diese Technik Don Budge zum besten Amateurspieler seiner Zeit.

Er war der erste, der den sogenannten Grand Slam gewinnen sollte, das heißt innerhalb eines Jahres die Siege bei den australischen, französischen und bei den Wimbledon-Meisterschaften sowie bei den United States Nationals. Das war

1938, also im Jahr nach dem Crammfinale, und Budge verlor in diesen vier Endspielen nur einen einzigen Satz.

Wo aber hielt sich von Cramm 1938 auf? Warum verschwindet er nach 1937 aus allen Sportkalendern? Er wurde im selben Jahr verhaftet und ins Konzentrationslager gebracht, in dem Budge den ersten Grand Slam gewann. Die formelle Anklage lautete auf Homosexualität. Der wahre Grund war seine Betätigung gegen das Naziregime. Hätte von Cramm Wimbledon 1937 gewonnen, hätten sich, vermutet der Historiker der Spiele, Alan Tregrove, in seiner *Story of the Davis Cup*, die Nazis nicht an den Baron herangewagt. Aber Wimbledon wollte keinen homosexuellen Spieler haben, und so blieb die Einladung zum nächsten Davis Cup aus.

Don Budge seinerseits, dieser perfekte amerikanische Sportler, schrieb einen persönlichen Appell an die deutsche Regierung, von Cramm freizulassen. Soweit ich weiß – hier beginnt sich unsere Erzählung im Dunkel der Geschichte zu verlieren – blieb diese Bittschrift ohne Folgen. Schließlich verweigerte Don Budge aus Protest, an einem bereits zugesagten Turnier in Deutschland teilzunehmen.

Von Cramm überlebte sowohl das Konzentrationslager wie den Krieg, lebte bis 1976, und es gelang ihm sogar ein sportliches Comeback, sowohl als Spieler wie als Sportleiter. Außerdem war er während einer kürzeren Periode einer der sieben Ehemänner der schönen und verschwendungsfreudigen Kaufhaus-Erbin Barbara Hutton. Er war Nummer sechs.

Der offizielle Grund dafür, dass Gottfried von Cramm ins Konzentrationslager kam, waren also die in Hitlerdeutschland verbotenen homosexuellen Handlungen. Er wurde am 14. Mai 1938 in Berlin von einem sogenannten Schöffengericht verurteilt, also ungefähr ein Jahr nach dem Davis-Cup-Finale. Er saß sieben Monate ab und bekam drei Jahre auf

Bewährung sowie ein Spielverbot, was auch ein strenges Verbot von Wettkämpfen im Ausland bedeutete.

Anschließend war er offenbar für eineinhalb Jahre bei der Reserve des sogenannten Göring-Regiments eingezogen, wurde aber auf Befehl des Reichsmarschalls wieder freigestellt. Die Aufklärung dieser Umstände verdanke ich einer Reihe von Briefen von verschiedenen Seiten.

Die interessantesten Informationen aber kamen in Form eines Stapels von kopierten Dokumenten, die mir Dr. Folke Ludwigs, ehemaliger Erster Archivar beim Schwedischen Reichsarchiv, zur Verfügung gestellt hat.

Ein altes Blatt mit Sichtvermerken der schwedischen Passpolizei zeigt, dass von Cramm dreimal nach Schweden gereist ist, das letzte Mal über Weihnachten 1939. Damals soll er König Gustav V. besucht haben, einen Sportkameraden, der sich eifrig dafür einsetzte, dass von Cramm die Erlaubnis erhalten sollte, zu dieser Zeit und, wie wir gleich sehen werden, auch bei einer späteren Gelegenheit, an einem Wohltätigkeitsturnier in Schweden teilzunehmen.

Am 26. November 1942, also Jahre später und mitten im Krieg, stellt das schockierte Auswärtige Amt in einem Brief (»Geheime Reichssache«) fest, das Polizeipräsidium habe von Cramm kürzlich eine Ausreisegenehmigung erteilt, um an Wohltätigkeitsturnieren in Stockholm teilzunehmen. Dies sei, heißt es, im Auftrag des Oberkommandos der Wehrmacht geschehen, das ein eigenes Passamt unterhielt. Also auf ausdrückliche Anordnung des Amtes Ausland/Abwehr und seinem Leiter Canaris.

Der Briefschreiber vom Außenministerium ist nicht glücklich. Er drängt darauf, dass die Abteilung mit dem Chef der Abwehr, Admiral Canaris, sprechen solle, um ihn davon abzubringen, von Cramm für den Geheimdienst einzusetzen. In einem neuen Schreiben, seltsamerweise am selben Tag datiert, hat der »Reichsmarschall« – es kann sich wohl kaum um jemand anders als Hermann Göring handeln – persönlich bei der Abwehr angefragt, wer von Cramms Ausreise genehmigt habe und weshalb. Einem Kriminalinspektor Fehling zufolge, der in dieser Akte auftaucht, sollte es der Reichssicherheitsbehörde bekannt gewesen sein, dass von Cramm die schwedische Staatsbürgerschaft zu erhalten trachtete. Zwischen den Zeilen dieses eiligen Briefwechsels kann man regelrecht heraushören, wie in Telefone gebrüllt wurde und wie immer höhere Beamte ins Schwitzen gerieten. Das Ganze ist eine recht aufschlussreiche Lektion über die Rivalitäten zwischen den verschiedenen nazideutschen Sicherheitsorganen.

Es scheint ziemlich klar, dass sich Admiral Canaris und seine Abwehr diesmal durchgesetzt haben, ganz im Gegensatz zum Defätismus des Admirals gegen Ende des Krieges, als die Gestapo ohne weiteres in seine Behörde eindrang und ihn und seine Mitarbeiter schließlich zur Hinrichtung führte. Den einst so souveränen Geheimdienstchef, der möglicherweise ein britischer Doppelspion war und daher Baron von Cramm als einen so nützlichen Mitarbeiter betrachtete, dass er einen Teil seines Prestiges aufs Spiel zu setzen bereit war, damit dieser nach Schweden reisen sollte, um dort – ein zweites Mal – mit König Gustav V. zusammenzutreffen. Wie man heute weiß, war der tennisspielende König von Schweden alles andere als ein Bewunderer Hitlers, was er diesem bei einer berühmten Begegnung auch mit außerordentlicher Offenheit kundtat.

War Gottfried von Cramm ein britischer Doppelspion? Ich habe schon eingangs vermutet, dass wir hier durchaus Stoff für einen Roman hätten. Wie es scheint, war das zutreffender, als ich selbst ahnte.

Don Budge starb nach einem tragischen Unfall mit seinem Auto am 26. Januar 2000 in einem Krankenhaus in Scranton, Pennsylvania.

Der Meister der tiefen Rückhand wurde 84 Jahre alt.

Wortberauschung

Julia, Schwedisch-Amerikanerin, zehn Jahre, befindet sich bereits im zweiten Teil eines Arbeitshefts, das sie nicht einmal bei den Mahlzeiten aus der Hand legt. Es ist ein amerikanisches Übungsbuch für Wortkunde, in dem man in einer Gruppe von Sätzen, die alle dasselbe Wort enthalten, jeweils den Satz finden muss, in den es nicht hineinpasst. Beispiel: »infamous«:

»The wound was not treated and became infamous.«

»Hitler was an infamous historical personality.«

Ich verstehe ihre wilde Entdeckerfreude, denn ich erinnere mich an das, was sie entdeckt hat: das wunderbare Machtgefühl, das darin liegt, die Worte zu beherrschen, und am liebsten eine viel größere Anzahl davon als andere Menschen. Als junger Mensch habe ich lange gedacht, darin bestünde die wirkliche Bildung. Mit welch berauschendem Gefühl sozialer Überlegenheit hörte ich nicht den Unteroffizier »legimitieren« sagen statt »legitimieren«. Heute schäme ich mich solcher Überheblichkeit. Ich bin mir dieser Wertskala überhaupt nicht mehr sicher. Ich neige immer mehr zu dem, was altmodische freundliche Romane »Herzensbildung« nennen.

Aber in Julias Alter war ich ein kleiner Dämon, was Fremd-wörter angeht. Das möchte ich doch erzählen. Es ging so weit, dass Magister Sven Skoglund (Herrgärdsskolan, Väs-terås) mir ein fabelhaftes Buch schenkte, das heute noch in meinem Regal steht, Albert Montgomerys *30 000 främmande ord och uttryck i Svenska Språket* (»30 000 fremde Wörter und Ausdrücke der schwedischen Sprache«, 1908). Der be-neidenswert wohlhabende Magister selbst kaufte sich ein noch weitläufigeres Buch in zwei hübschen Bänden, das, wenn ich mich recht erinnere, 80 000 Wörter enthielt.

Welche Freuden erwarteten einen da! Welche Herrschafts-macht bot dieses Buch! Wie hochmütig machte es einen doch!

Dem Hierophanten beispielsweise begegnet man nicht jeden Tag. Denn wie meine Leser natürlich wissen, ist Hie-rophant der Titel, der dem Oberpriester der Eleusinischen Mysterien zukommt. Und keinem andern. An einen Syko-phanten kann man hingegen, wenn man Pech hat, auch selbst geraten. Sykophanten haben nichts mit der Psyche zu tun, sondern kommen vom griechischen *sykophantai*. Unange-nehme Typen. Die alte athenische Republik kannte keine Staatsanwälte, jeder Beliebige konnte gegen jeden Beliebigen Anklage erheben. Was Sokrates zu spüren bekam. Laut *The Oxford Classical Dictionary* gab es Athener, die einen ein-träglichen Beruf daraus machten, kreuz und quer Anklage zu erheben, denn eine erfolgreiche Klage wurde mit einem Staatsstipendium belohnt. Der vortreffliche Montgomery de-finiert Sykophant als »tückischer Verleumder«. Das nächste Mal, wenn man in seiner Garage einen Kerl erwischt, der nach einer Schnapsdestille fahndet, hat man zumindest die Befrie-digung zu wissen, dass man es mit einem Sykophanten zu tun hat.

Doch lasst uns in höhere Sphären aufsteigen! Bevor es zu spät ist. Ein Psychopomp ist ein Führer der Seele, der diese in den spätantiken Mysterienreligionen von ihrem Platz in höhere Regionen geleitet. Auch der Gott Hermes ist, wie Seamus Heaney in der Fußnote zu einem seiner Gedichte bemerkt, ein solcher Seelenführer.

Diesen sollten wir mit Respekt und Zuneigung begegnen. Vielleicht war Magister Skoglund ein Psychopomp? Man muss allerdings zwischen Psychopomp und Mystagog zu unterscheiden wissen. Zu meiner Enttäuschung kennt Montgomery den Mystagogen nicht. Den hat aber natürlich die Jahrhundertwende-Ausgabe des *Grand Larousse Illustré*. Ein Mystagog ist eine priesterliche Person, die dabei behilflich ist, jemanden in ein Mysterium, das heißt einen Mysterienkult, einzuführen. Eine gute Gedächtnisstütze ist also, dass ein Mystagog ein gewöhnlicher Pfaffe ist, ein Psychopomp hingegen übermenschlich, von geistiger Natur und unzerstörbar. (Wie mein Volksschullehrer, Magister Sven Skoglund.)

Am meisten Spaß macht natürlich das Griechische mit allen wunderbaren Kombinationen, die diese Sprache zulässt: Photosynthese, Exobiologie, Haptometrie, und so weiter. Ganz zu schweigen von der Pneumatologie, das heißt der Wissenschaft, welche die Erforschung des Heiligen Geistes auf dem Programm hat. Zuweilen mit etwas lateinischem Kleister in den Fugen.

Der kluge Dozent Per Sällström, Physik, Stockholm, meint in seinem Buch über formalisierte Sprachen *Språk att tänka med* (»In Sprachen denken«), formalisierte Sprachen seien wie zu große Hosen. Und dies gelte vielleicht grundsätzlich für die Sprachen. Man kann immer mehr Kombinationen bilden, als es Entsprechungen in der Wirklichkeit gibt. Mit der

Formelsprache der Chemie kann man chemische Verbindungen beschreiben, die physikalisch unmöglich sind, zum Beispiel $Fe_{26} O_2 Ni_{36}$. In Labans Formelsprache fürs Ballett, der sogenannten *Laban Notation*, kann man Bewegungen beschreiben, die kein menschlicher Körper auszuführen vermag.

Eines Abends saß ich mit ein paar Freunden zusammen, und wir dachten uns herrlich gelehrte griechische Wörter für Dinge aus, die es nicht gibt. Oder vielleicht nur nicht gibt, bis es das Wort gibt. Wie wär's mit

Orthodendrodeontisch (jemand, der mit den richtigen Pflichten für Bäume zu tun hat).

Hyperanarcholepsie (außerordentlich starker Hang, plötzlich in Unordnung zu verfallen).

Ekterophil von *Ekterophilie* (sexuelle Abweichung, die sich in leidenschaftlicher Verliebtheit in außerirdische Wesen äußert).

Exoparaplektomanisch (abnormer Seelenzustand bei einer außerirdischen Intelligenz, die sich in übertriebener Heiterkeit äußert).

Hypermetatrophisch (Zustand, der eintreten wird, wenn das Ozonloch noch größer geworden ist)

selbstverständlich genau zu unterscheiden, flüstert mir mein alter Freund Magister Chronschough ins Ohr, von

Hypermetatropistisch (Hypothese, welche die vorhergehende Auffassung unterstützt).

Neutisch hypermetatropistischer Dogmatismus (Auffassung, die energisch nickend das Vorhergehende bestätigt und sich nicht davon abbringen lässt).

Zucht und Ordnung

Auch die Natur war im östlichen Deutschland lange Zeit der Zucht und Ordnung unterworfen. Die Unterschiede zwischen Stadt und Land scheinen in manchen Gegenden nahezu ausgelöscht. Die alte marxistische Utopie vom Idealzustand ist hier im großen und ganzen verwirklicht. Dass man als Autofahrer gerade ein Dorf verlassen hat, merkt man vor allem an dem Schild mit dem durchgestrichenen Ortsnamen, das zeigt, dass man sich jetzt für kurze Zeit auf dem Land befindet. Der Unterschied ist unerheblich. Bald gleitet man in den nächsten kleinen ordentlichen Ort hinein.

Dass man während der DDR-Zeit den Unterschied zwischen Stadt und Land auslöschen wollte, macht sich manchmal auch auf eine schockierend deutliche Art bemerkbar. Um nur ein Beispiel unter vielen zu nehmen: in dem kleinen Ort Viecheln in Mecklenburg hat man gleich neben das alte Schloss (in dem mittlerweile ein Apartmenthotel untergebracht ist) eine Mietskaserne für Kolchosearbeiter hingeklatscht. Lebte man auf dem Land, sollte man wenigstens wie in der Stadt wohnen. Heute ist das Mietshaus wie auch viele andere ähnliche Gebäude renoviert worden; gepflegt und weiß verputzt liegt es da, erinnert aber ausdrücklich daran, wie man während der kurzen DDR-Epoche dachte. Man pflegt auch die Teile des alten Schlossparks, die nicht vernichtet worden sind – hier gibt es uralte Bäume aller Arten, mit erklärenden Namensschildern versehen.

Das östliche Bauernland ist einförmig, blühend und ordentlich. Die Kühe scheinen es gut zu haben, wie sie da liegen und sich auf ihren üppigen grünen Weiden erholen. Die oft säuberlich rings um die Wohnhäuser angelegten Gärten sind gepflegt und üppig. Alles wirkt auf eine sonderbare Art fertig.

Es gibt gleichsam nichts mehr zu tun. Außer natürlich alles zu hegen und zu bewahren.

Sucht man die wilde Natur, gibt es sorgfältig markierte Wanderwege, auf denen man sich bei einer Begegnung höflich begrüßt und bereitwillig Platz macht, damit man demjenigen nicht im Weg ist, der (nicht selten mit einem Wanderstab), schneller zu dem gut gekennzeichneten Ziel gelangen will.

Will man durch die ehemalige DDR reisen, muss man sich beeilen, bevor das westdeutsche Kapital und freundliche Geschäftigkeit die Unterschiede ausgelöscht haben. Denn Entwicklung und Veränderung geschehen erstaunlich schnell. Ostdeutschland war ja unter allen »Ostländern« am schnellsten darin, die Kollektivierung der Landwirtschaft durchzuführen. Die beklemmend hässlichen, graugelben, rasch hochgezogenen Wirtschaftsgebäude der früheren Kollektive stehen noch. Einige sind in Gebrauch, andere liegen mit zerschlagenen Fenstern und durchhängenden Dächern da und werden schnell wieder von der Natur übernommen. Es wird sie wohl niemand vermissen.

Auf der schönen Insel Rügen strömen Autos des neuesten westlichen Modells in Richtung Strand und Meer – im späten Juli stehen Schilder mit »Belegt« an nahezu allen Hotels und Ferienwohnungen. Das Ferienparadies Binz mit seinen gründlich renovierten weißen Badevillen von der vorvergangenen Jahrhundertwende ist im Begriff, von westdeutschen Urlaubern gesprengt zu werden.

Dass Ordnung auch in diesem Ferienchaos herrscht, kann man bei einer Wanderung entlang des acht Kilometer langen Strands feststellen. Die penibel aufgereihten und nummerierten Strandkörbe, die seit den Anfängen des Badelebens im vorletzten Jahrhundert gleich aussehen, haben verschiedene Farben, je nachdem, zu welchem Hotel sie gehören. In ihnen kann man einen ganzen Tag verleben, sich in einem schon erprobten Sonnenwinkel sonnen, essen, trinken und gesellig sein. Und man vermeidet fast vollständig den Kontakt mit dem lästigen Sand.

Abrupt geht dieser von Familien mit Kindern, jungen Liebespaaren und wohlhabenden Pensionären bevölkerte Strand in einen ganz anderen über. Plötzlich befindet man sich am FKK-Strand. Diskret schielend kann man sich sonnende und badende Menschen ansehen, aber jetzt genau so, wie Gott sie erschaffen hat – und da gibt es ja gewaltige Unterschiede.

Dass einige bekleidet sind, während sie da stehen und mit denen plaudern, die nackt sind, wirkt fast ein wenig unanständig – und es sind diejenigen mit den Kleidern, die von der Norm abweichen. Eine nackte Familie hockt da und ist ganz damit beschäftigt, ein gemeinsames Sandschloss zu bauen, die Eltern genauso eifrig wie die Kinder.

Noch ein paar Schritte, und dann wimmelt es um uns herum plötzlich von Hunden. Sie sind am »gewöhnlichen« Strand verboten, und ebenso am FKK-Strand. Hier aber dürfen sie mit Frauchen und Herrchen zusammen sein und benehmen sich vorbildlich. Kein undiszipliniertes Gebell. Ein weißer Terrier liegt im Sand auf dem Rücken und kratzt sich wollüstig, alle viere von sich gestreckt. Ein Schäferhund ist intensiv damit beschäftigt, wieder und wieder den vom Herrchen geworfenen Ball zurückzubringen und kümmert sich überhaupt nicht um die anderen Hunde. Ein – wie es scheint – unwilliger Pudel wird zärtlich, aber mit festem Griff von seinem toplosen Frauchen ins Wasser getragen und zum Baden gezwungen. Genau das, was man mit kleinen Kindern, die sich weigern zu baden, NICHT tun soll.

Ich aber trotte weiter in der Sonne dahin und finde einen leeren Abschnitt von etwa fünfzig Metern. Während ich noch überlege, woran das wohl liegen könnte, verstehe ich es auch schon: Die Atmosphäre fühlt sich jetzt ganz anders an, fast ein wenig bedrohlich. Bier- und Weinflaschen sind in den Sand gebohrt, rhythmische Musik dröhnt aus einem Ghettoblaster, ein paar bleiche, gepiercte Jugendliche mit nacktem Oberkörper und einer Art von Strandschurzen bewegen sich wiegend zur Musik, während andere in Trauben beisammenliegen und im Schatten vor sich hin dösen. Ein halb heruntergebranntes Feuer aus schlampig zusammengerafftem Holz, das offensichtlich zum Grillen gedient hat, zeigt, dass während der Nacht ein Fest stattgefunden hat. Wo der Strand auf die kleine Ansammlung von trocken störrischen Bäumen trifft, die dahinterliegt, sind Zelte aufgestellt. Man DARF doch wohl nicht am Strand zelten und übernachten? Hier wirkt alles ein bisschen gefährlich, aber nur ein bisschen. Die übrigen Spaziergänger (es sind überraschend wenige) werfen nur einen raschen Blick dorthin und beschleunigen dann ihre Schritte. Jugendliche sind ja so sonderbar …

Auch an diesem überbevölkerten Strand gilt, die deutsche Ordnung bleibt sich immer treu. Alles funktioniert geschmeidig. Für jeden einzelnen je nach Bedarf. Und so muss es natürlich sein, wenn 80 Millionen Menschen in den Ferien dieselben Strände und dieselbe Sonne genießen wollen.

Alle zur gleichen Zeit.

Zusammenleben

Sie wollen also in einem fortgeschrittenen Alter und nach dem Abklingen der ersten Verliebtheit noch zusammenleben, und das ist eins der wirklichen Abenteuer, die man erleben kann. Leicht ist es nicht. Aber wer hat gesagt, dass es leicht sein soll?

Die lauten und – gemäß der Frau – erzkonservativen Kommentare des Mannes während der Nachrichten im Radio oder Fernsehen führen dazu, dass die Frau ständig die Augen verdrehen muss, »Gib mir Stärke« murmelnd, als suche sie Rückhalt bei den höheren Mächten, an die sie eigentlich nicht glaubt, obwohl … Sie selbst ist fest verankert in einer Art von bürgerlicher Linken, sie hält sich für freigeistig, gehört wohl zum linken Flügel der Volkspartei. Aber radikal ist sie nicht. Der Mann behauptet, Anarchist und marktliberal zu sein, aber der Frau zufolge ist er eher ein kohlschwarzer Reaktionär. Dies führt, wie jeder verstehen kann, zu so manchen Disputen.

Die Frau hat auf eine selbstlose und großzügige Weise eine – wie es scheint – unmögliche Aufgabe auf sich genommen: den Mann auf den rechten Weg zu führen, und das gilt nicht nur für den politischen Teil, nein, dieser heroische Kampf gilt allem, was der Mann während vielleicht sechzig Jahren versäumt hat, über das alltägliche Leben zu lernen. Und anzurufen und der Mutter des Mannes, die immer noch am Leben ist, wegen ihrer Mängel als Erzieherin Vorwürfe zu machen, ist nicht möglich – die Alte ist ganz klar im Kopf, hört aber absolut nichts. Oder hört nur das, was sie hören will.

Nehmen wir ein Beispiel. Wie soll die Frau den Mann dazu bringen, die Geschirrspülmaschine auf die einzig richtige Art

zu füllen? Und wie soll die Frau den Ebengenannten dazu
bringen, die Sachen aus der Geschirrspülmaschine zu nehmen, das Geschirr in die dafür bestimmten Regale zu stellen
und das Besteck in die dafür bestimmten Schubladen zu räumen? Mit endloser Geduld ist das gelungen – schwieriger war
es, den Mann dazu zu bringen, die Spülbecken nicht, auf seine
rationelle Art, mit schmutzigem Geschirr zu füllen, sondern
dieses direkt in die Geschirrspülmaschine zu räumen. Die
dann, versteht sich, von bereits gespültem Geschirr geleert
sein muss.

Und dann die Sache mit dem Essen. Mit ansehen zu müssen, wie der Mann das Brot dick mit Butter bestreicht (am
besten soll es eine zwei Zentimeter dicke Scheibe Skogaholms-
brot sein), wie er das gesunde Gemüse ablehnt, das sie ihm
aufzudrängen versucht – notfalls kann er ein bisschen an
der Garnitur knabbern, das heißt, ein kleines Salatblatt, eine
Tomatenscheibe und zwei gekreuzte Petersilienzweige –, ist
richtig quälend. Die Frau ist durch die wohlmeinenden Emp-
fehlungen des schwedischen Sozialamts für gesundes und
cholesterinfreies Essen geschult und hat daher Schwierigkeiten, ein Frühstück zu akzeptieren, das aus mehreren Wannen
schwarzen Kaffees und EINEM SPIEGELEI besteht. Da
der Mann seine erste Essenserziehung vor dem Zweiten Weltkrieg bekommen hat, als es wirklich nicht viel gab, glaubt er,
dass außer gekochten Erbsen und gewürfelten Möhren (aus
der Dose) eigentlich kein anderes Gemüse existiert und pocht
darauf, Griebenwurst zum Abendessen zu bekommen.

Der Mann ist – ehrlich gesagt – ziemlich hypochondrisch
veranlagt. Die gemeinsame Apotheke (die wie die Bibliothek
immerzu anschwillt) enthält eine Unmenge Dosen und Tu-
ben, für alle Wechselfälle des Lebens bestimmt, vom amerikanischen Nasenspray und deutscher Gallseife bis zu schwedi-

schem Tigerbalsam. Sicher ist es gut zu wissen, dass man immer Mittel gegen verschiedene Zipperlein hat – das ist eigentlich kein Grund, sich zu beklagen. Allerdings macht es sich sehr stark bemerkbar, wenn der Mann nicht richtig gesund ist. Man kann nicht wirklich behaupten, dass er stillschweigend leidet.

Schwerer zu ertragen ist es vielleicht, dass der Mann sich ständig informieren muss. Sich auf dem Laufenden halten, wenn man so will. Jede Nachrichtensendung muss gehört werden – jede Zeitung gelesen. Ist es nicht die *Herald Tribune*, sind es die Södermalmnachrichten oder »Rat und Tat«. Alles taugt. Die Morgenstunden werden dafür benutzt, um ins Netz zu gehen und die Tageszeitungen zu lesen, obwohl drei davon bereits abonniert sind. Wenn die Frau fährt, sitzt der Mann ganz unsolidarisch daneben und liest den *Expressen*, statt aufmunternd zu plaudern. Der Mann fühlt sich allerdings oft veranlasst, die Frau vor anderen Autos zu warnen, obwohl sie seit vierzig Jahren unfallfrei fährt. Während eines Waldspaziergangs kann dagegen der Mann – ganz unvermittelt – eine lebhafte Vorlesungsreihe über den Gödel'-schen Beweis, Turing-Maschinen oder gnostische Evangelien starten, während die Frau, als der Naturmensch, der sie ist, ganz darin aufgeht, nach Pilzen Ausschau zu halten oder auch nur zu versuchen, sich der wohltuenden Stille des Waldes hinzugeben. Der Mann hat, milde gesagt, oft gewisse Schwierigkeiten, seine Gelegenheiten oder seine Zielgruppe zu wählen.

Etwas, was die Frau oft, allzu oft, erstaunt, ist die Sprache, die über den Zaun der Zähne kommt, wenn der Mann über etwas verärgert ist, was nicht selten geschieht. Und dabei muss man bedenken, wie sublim und poetisch er sich ausdrücken kann, ja, er ist sogar bekannt für diese seine schöne und

wohlklingende Sprache. Der Kontrast zu diesen groben Flü-
chen, oft mit den unflätigsten amerikanischen Beleidigungen
gewürzt, ist milde gesagt frappierend. Will man feinfühlig
und verständnisvoll sein, kann man vielleicht behaupten, dass
dieser Sprachgebrauch trotz allem eine Art Liebe zur Sprache
ausdrückt, oder ein intensives und unbändiges Temperament.
Aber er bleibt schwer verdaulich.

Zusammenzuleben ist also schwer. Aber es gibt etwas, das
versöhnt, und das im Überfluss. Nämlich die Liebe.

Zwillingschaft und andere Liebe

Der Höhepunkt in Robert Musils Roman *Der Mann ohne
Eigenschaften* ist die Stelle, an der Ulrich seine Schwester
Agathe findet, was am Ende des ersten Kapitels des dritten
Teils geschieht. Es ist eine große Verliebtheit oder vielleicht
eine alte Verliebtheit, die sich unwiderstehlich Bahn bricht.
Und alles gründet sich auf das Zwillingsmotiv:

*Er wollte die Kleidung wechseln, und dabei kam ihm der
Einfall, einen pyjamaartigen Hausanzug anzulegen, der
ihm beim Auspacken in die Hände fiel. »Sie hätte mich
doch wenigstens in der Wohnung gleich begrüßen sollen!«
dachte er, und es lag ein wenig Zurechtweisung in der un-
bekümmerten Wahl dieses Kleidungsstücks, obwohl das
Gefühl, seine Schwester werde schon irgendeinen Grund
für ihr Verhalten haben, der ihm gefallen könne, auch erhalten blieb und dem Umkleiden etwas von der Höflich-
keit verlieh, die in dem zwanglosen Ausdruck des Vertrauens liegt.
Es war ein großer, weichwolliger Pyjama, den er anzog,*

beinahe eine Art Pierrotkleid, schwarz-grau gewürfelt und an den Händen und Füßen ebenso gebunden wie in der Mitte; er liebte ihn wegen seiner Bequemlichkeit, die er nach der durchwachten Nacht und der langen Reise angenehm fühlte, während er die Treppe hinabstieg. Aber als er das Zimmer betrat, wo ihn seine Schwester erwartete, wunderte er sich sehr über seinen Aufzug, denn er fand sich durch geheime Anordnung des Zufalls einem großen, blonden, in zarte graue und rostbraune Streifen und Würfel gehüllten Pierrot gegenüber, der auf den ersten Blick ganz ähnlich aussah wie er selbst.

»Ich habe nicht gewusst, dass wir Zwillinge sind!« sagte Agathe, und ihr Gesicht leuchtete erheitert auf.

Hier merken wir ja unmittelbar, dass starke Dinge in Bewegung sein müssen. Die vollendete Liebe. Das totale Liebesglück. Jedenfalls so, wie Musil es sieht.

Zutiefst Verliebte sagen oft, sie hätten eine Zwillingsseele gefunden. Jemanden, der denkt wie ich, über meine Scherze lacht, fühlt wie ich. Sich anzieht wie ich.

Aber ist es wirklich eine Kopie von uns selbst, die wir in dem Geliebten suchen oder finden? Der Traum von einer Zwillingsseele ist ja tatsächlich der Traum von einer Spiegelsituation, eine Wiederholung meines eigenen Ichs.

Aber was soll ich damit anfangen? Ich habe doch schon mich selbst. Muss ich mich wirklich noch einmal erobern? Hat der Traum von einer Zwillingsseele möglicherweise etwas Narzisstisches an sich? Oder ist es vielleicht so, dass ich einen Spiegel brauche, um mich selbst zu sehen?

Jacques Lacan, der französische Psychoanalytiker, wurde sehr berühmt durch eine Theorie über die Persönlichkeitsentwicklung des Kleinkindes. Sie läuft darauf hinaus, dass ein entscheidender Wendepunkt eintritt, wenn das Kind erkennt, dass es nicht identisch mit seiner Mutter ist. Und das tut es, indem es sich selbst im Gesicht der Mutter gespiegelt sieht. Das ist ja etwas anderes, genau genommen das Umgekehrte. Man benutzt den Spiegel dazu, zu sehen, wer man ist, und man ist jemand anders als das Gesicht, das einen spiegelt. Lacans Spiegeltheorie ist subtil.

Es muss möglich sein, einen Tonfall zu finden, in dem dieses Thema diskutiert werden kann, ohne dass man in einer Art von selbstbiographischer Seifenoper landet. Ich träume von einem Tonfall – nein, einer Tonart, trocken und freundlich wie A-Dur, in der dies ohne gequältes Jaulen und ohne Überredungskunst diskutiert werden kann.

Fast alles, was über Liebe geschrieben wird, erscheint mir als sentimentaler Schund oder billige ideologische Propaganda für die eine oder andere gerade favorisierte Lebenshaltung. Die Liebe ist viel zu ernst, um nicht mit äußerstem Ernst diskutiert zu werden.

Eine der am meisten unterschätzten und vernachlässigten schwedischen philosophischen Analysen der letzten Jahre handelt von der Liebe, oder wenn man so will, von Du-Beziehungen, gesehen aus der Perspektive eines deutlich heterosexuellen Mannes. Dieses Buch, in dessen offensichtlicher Schuld diese Betrachtung steht, zumal wenn die Rede von Perspektive ist, ist *Du* von Mats Furberg.

In *Du* sagte Mats Furberg folgendes:

»Geistige Zwillinge sind allzu einig, werden nicht von der Sichtweise und den Reaktionen des anderen überrascht, sind nicht verblüfft darüber, dass das Eigene Ihnen so selbstverständlich begegnet ist. Man bekommt nicht die Hilfe zum Selbstverständnis, die einem im Aufprallen gegen das Abweichende zuteil wird.«

Es ist nicht selbstverständlich, wer hier recht hat. Symmetrie oder Komplementarität – worum geht es eigentlich? Platon formuliert am Ende des *Gastmahls* einen der stärksten erotischen Mythen der gesamten Literaturgeschichte, indem er erzählt, dass die ursprünglichen Menschen sowohl Männer wie Frauen waren und neidische Götter sie trennten, so dass die getrennten Hälften einander seither suchen müssen. Nicht ihren Zwilling, sondern den Menschen, der sie komplett macht.

Bei dem mittlerweile ganz aus der Mode gekommenen amerikanischen Psychoanalytiker Erik H. Erikson gibt es eine interessante Theorie darüber, dass eine heftige Verliebtheit keineswegs ihre Wurzeln in dem Zwillingserlebnis hat, sondern im Gegenteil mit einem starken Neid beginnt: Der Geliebte hat oder ist etwas, das einem selbst immer gefehlt hat. Die tiefe Verliebtheit wird dabei zu etwas, das aus einem Traum von Komplementarität und einer möglichen Komplettierung erwächst. Die Liebe ersetzt einen in uns selbst unersetzlichen Mangel oder Verlust.

Es ist etwas Dubioses an Werther und all den anderen unglücklich Liebenden. Vielleicht wollen sie die falsche Sache.

Nach meiner Erfahrung wird eine richtige Verliebtheit ausnahmslos beantwortet. Sie ist wie die positive und negative Ladung bei einem Partikelpaar im Bell-Experiment, oder die Polarisierung bei zwei Photonen. Auch wenn sie durch Jahrmillionen und Lichtjahre getrennt sind, fühlen sie einander, die Veränderung im Spin des einen muss über gewaltige Vakuen auch zur Veränderung des Spins des anderen führen, denn sie haben einen gemeinsamen Ursprung.

Der Widerhall kann manchmal sonderbare, sogar aggressive Formen annehmen. Eine glänzende Demonstration dessen findet man in Shakespeares *Der Widerspenstigen Zähmung*. Diese Komödie kann leicht als die brutale Geschichte eines Machos, Petruchio, missverstanden werden, der ein in seinen Augen geeignetes Sexualobjekt, Kate, mit Gewalt zur Unterwerfung zwingt.

Aber, wie Harold Bloom bemerkt hat, wenn man Petruchios Text mit einer gewissen Sensibilität liest, wird man entdecken, hier geht es um eine so gewaltsame Liebe, dass sie Schwierigkeiten hat, ihren richtigen stilistischen Ausdruck zu finden.

Es ist ein bisschen wie bei dem Teenager, der das geliebte Mädchen auf der Bank vor ihm an den Haaren zieht.

Unglückliche Liebe ist ja eine höchst alltägliche Erfahrung. Aber Liebe kann aus ganz unterschiedlichen Gründen unglücklich sein. Dass sie nicht zu ihrem vollständigen Ausdruck kommen kann, weil soziale und andere Faktoren das verhindern, ist ja das Lieblingsthema unzähliger Romane und Opern.

Doch die Werthersituation, zu lieben und nicht wiedergeliebt zu werden, hat etwas Eigentümliches an sich. Kann es tatsächlich so sein, dass Werther Lotte nicht liebt, sondern nur glaubt, es zu tun? Ist das eine seltsame Formulierung? Kann ich einfach nur glauben, dass ich jemanden verabscheue, obwohl ich es nicht tue? Ich kann mich wohl kaum täuschen, wenn ich Schmerz empfinde.

Jede Liebe wird beantwortet. Doch die Antwort kann überraschende Formen annehmen. Sogar brutale. Iris Murdoch, eine Schriftstellerin, deren sinnliche Beschreibungen ich sehr schätze, hat einen Roman geschrieben, in dem ein verliebter Herr plötzlich eine Donna ohrfeigt. Das ist der Anfang einer regelrechten Schlägerei. Und es ist das Zeichen, dass er sie liebt. Die Widerspenstige ist eine Realität.

Was ist Werthers Fehler? Dass er eigentlich nur seine Liebe liebt?

Wir verlieben uns. Die Symptome sind unverkennbar. Eine richtige Verliebtheit ist genauso wiedererkennbar wie ein richtiger, solider Schmerz.

Plötzlich erhält das Wirklichkeitserleben eine neue Intensität. Das Gras wird grüner, ja, sogar der Kaffee auf dem Frühstückstisch schmeckt mehr nach Kaffee als früher. Und wir denken eigentlich immerzu an einen einzigen Menschen, mal ausdrücklich und mal subliminal. Nicht an den Menschen im allgemeinen, nicht an erotische und sexuelle Genüsse im allgemeinen, sondern im Zusammenhang mit einem bestimmten Menschen. Manchmal genügt schon der Gedanke an das Gesicht des Geliebten.

Die unverkennbare Liebe ist das, was die Philosophen *intentional* nennen. Sie handelt von einem bestimmten Menschen. Sie ist auf eine einzelne und unaustauschbare Persönlichkeit gerichtet. Dies ist, was die guten philosophischen Anthropologen wie Martin Buber und Mats Furberg, in etwas unterschiedlicher Ausprägung, die Du-Beziehung nennen.

Ein großer Teil unserer Anstrengungen, die Welt zu verstehen und zu beschreiben, sagt Furberg, läuft darauf hinaus, unsere Erlebnisse von einer Ich-Perspektive sozusagen in eine neutrale, eine Dritte-Person-Perspektive umzuformulieren. Das Gewicht in unserer Hand soll in ein physikalisches Gewicht übersetzt werden, die Wärme in unserer Hand in eine physikalische Wärme, in wägbare und messbare Parameter, die für alle gleich sind und zumindest sein sollten.

Man könnte Furbergs Beobachtung durch den Hinweis vervollständigen, dass dieses Streben nach der Dritte-Person-

Perspektive, das für die Prinzipien der Naturwissenschaft so wichtig ist, auch einen Zug sozialer Utopie an sich hat. Tommaso Campanella in seinem *Sonnenstaat*, zusammen mit Platons *Staat* eine der großen sozialen Utopien, und tatsächlich auf dem berühmten Monolithen an der Kremlmauer in Moskau gerühmt, uniformiert nicht nur die utopischen Bürger des Sonnenstaats zu einem Zeitpunkt (an der Wende vom 16. zum 17. Jahrhundert), als nicht einmal die Soldaten Uniform tragen. Er erfüllt seine Sonnenstadt auch mit allerlei Windzeigern, Uhren, Messinstrumenten, die dazu dienen, das gesellschaftliche Leben zu objektivieren. Die bemerkenswerte Uniformierung, die zwischen 1600 und heute stattfindet und die sich im 19. Jahrhundert stark beschleunigt, geht Hand in Hand mit der ungeheuren Entwicklung der Naturwissenschaften. Aber sie spielt auch in totalitären Zusammenhängen eine Rolle.

In der Dritte-Person-Perspektive gibt es weder Du noch Ich.

Die Liebe hingegen lässt sich, das dürfte der zentrale Punkt bei Denkern wie Buber und Furberg sein, nicht auf eine Dritte-Person-Perspektive reduzieren. Du bist nicht austauschbar. Das gilt für die Liebe und es gilt für echte moralische Situationen. Moral besteht letztlich aus Moralerlebnissen, und der Versuch, sie beispielsweise durch utilitaristische Räsonnements auf eine Dritte-Person-Perspektive zu reduzieren, ist dazu verurteilt, die Pointe des Moralischen zu verfehlen.

Genauso ist es mit der Liebe. Genuine Liebe findet auf der Ebene der Du-Perspektive statt und lässt sich niemals auf die flache Dritte-Person-Perspektive reduzieren.

Die energischen Versuche, Erotik von Sexualität, Eros von geistiger Liebe, Agape, zu trennen, welche die dominierenden

Diskurse unserer Kultur prägen, sind für den tief Verliebten absolut unverständlich. Und sollen es auch sein. Was Liebe ganz allgemein von Sexualität unterscheidet, beispielsweise so, wie sie sich in der Prostitution darstellt (es gibt viele Formen von Prostitution; sie muss nicht auf der Straße stattfinden), ist, dass sie sich in der Du-Perspektive abspielt und sich nicht davon trennen lässt.

Diese Du-Perspektive ändert die Perspektive auf uns selbst. Wir werden ein Bestimmter, aus der Unklarheit der Spiegelperspektive befreit sich das Gefühl, eine einzigartige, unersetzliche Person zu sein. Wir erkennen uns wieder. Dies ist nicht die Geschwisterlichkeit.

Dies ist eines der wenigen substantiellen Erlebnisse, dass das Leben sinnvoll ist, die uns zu Gebote stehen.

Ein Problem ist: Wie unterscheidet man zwischen dem Sinn des Lebens und dem Gefühl eines Lebenssinns? Vielleicht kann man sie nicht trennen?

Was macht es für einen Unterschied, einer geliebten Frau behutsam den Pullover, die Bluse oder was auch immer auszuziehen, vorsichtig den BH aufzuhaken, um endlich zu ihren Brüsten zu gelangen, oder – sie zu bitten, sie selbst zu zeigen? Intuitiv fühle ich, dass es tatsächlich einen Unterschied macht, vielleicht einen wesentlichen Unterschied.

Jemanden ausziehen ist immer eine Form von *sich Zutritt verschaffen*, während sich selbst ausziehen eine Form von *Zutritt zu sich selbst bereiten* ist. Oder mit anderen Worten, sich zu zeigen, sich ansehen zu lassen. Per Wästberg, der unbestrittene Erotiker unter den zeitgenössischen schwedischen (männlichen, heterosexuellen) Schriftstellern, hat irgendwo den Unterschied zwischen schönen Frauen mit tiefem Ausschnitt und schönen Frauen in hochgeschlossenen Kleidern beschrieben. Erstere laden uns ein, aus einem geeigneten

Winkel in ihren Ausschnitt zu spähen, um die Konturen oder vielleicht mehr als die Konturen einer weiblichen Brust zu erkennen. Die Frauen mit den hochgeschlossenen Kleidern sind, sagt der Verfasser, um so vieles erregender, denn hier können wir tatsächlich die Begehrte bitten, ihre Brüste zu zeigen.

Man kann ja unterschiedlicher Meinung darüber sein, was erregend ist, aber aus einer phänomenologischen Perspektive ist der Unterschied, den Wästberg uns zeigen will, durchaus interessant.

Bei Simone de Beauvoir in *Das andere Geschlecht* gibt es ziemlich lange Ausführungen darüber, wie dem jungen Mädchen systematisch beigebracht wird oder wie es selbst lernt, sich als etwas zu sehen, das dazu da ist, gesehen zu werden. Sie übt vor dem Spiegel etc.

Ich glaube keinen Augenblick lang an diese Analysen, die eigentlich einen sehr seichten Gebrauch von der wohlbekannten Unterscheidung zwischen Heidegger und Sartre machen, zwischen dem Sein in sich und dem Sein an sich. Gesehen zu werden ist etwas viel zu Grundsätzliches und Wesentliches, um eine erlernte Geste der Unterwerfung zu sein.

Wir alle wollen gesehen werden. Nicht von allen und nicht die ganze Zeit. Das Kind ist schüchtern und versteckt sich, wenn jemand anders als die Eltern es anschauen. Nicht alle Frauen wollen den Männern ihre Brüste zeigen. *Gesehen zu werden* ist eine fundamentale Du-Situation. Sich zu zeigen – mit dem Ziel, gesehen zu werden – ist natürlich auch ein Akt der Unterwerfung, aber es ist vor allem ein Akt der Bestätigung. Bestätigung durch den Blick des anderen, der einem die eigene Existenz bestätigt. Und diese Bestätigung bewirkt wiederum jene gewaltige Steigerung des eigentlichen Existenzerlebens, das so charakteristisch für authentische Liebe ist.

Männer wollen genauso sehr wie Frauen gesehen werden, aber sie wollen als jemand Sehendes gesehen werden.

> Und etwas sagt dir, eines Abends, als ein Ding sich
>   wiederfand,
> verschrammt und rostig, aber noch dasselbe,
>
> im Kasten unter einem Sammelsurium von Bolzen
>   und Schlössern,
> dass diese ganze Sucherei nach Gegenständen
>
> nur ein Spiegel war für dein sehnsüchtiges Verlangen:
> jemand möge mit dem gleichen Eifer nach dir suchen.
>
> (»Elegie auf verlegte und vergessene Gegenstände«)

Atopie und Achronie …

Diese wunderbaren griechischen Wörter verwende ich gern im Philosophieunterricht, wenn ich von dem sprechen will, was es gibt, ohne dass es einen bestimmten Platz in Zeit oder Raum hat. Natürliche Zahlen und Computerprogramme wie auch Shakespeares *Hamlet* beharren darauf, zu existieren, ohne einen bestimmten Platz in der Zeit oder dem Raum zu haben. Ebenso die Tonart fis-Moll. Wie verhält es sich mit Farben?

Wir schreiben Farben manchmal bestimmten Gegenständen zu (rote Tücher), manchmal nicht (der blaue Himmel oder Goethes Schattenfarben). Sollen wir vielleicht mit Isaac Newton in *Optik* sagen, dass Farben das sind, was im »Sensorium« entsteht, wenn es gewissen objektiv gegebenen Reizen von außen ausgesetzt wird? Vielleicht gibt es Existenzen, die im Raum sind, aber nicht in der Zeit, oder umgekehrt? Wie ist es mit Holbeins Porträt von Heinrich VIII. oder mit Beethovens Klaviersonate, Opus 32? Oder sind Atopie und Achronie untrennbar? Solche Fragen gehören zu dem, was gewöhnlich Ontologie genannt wird. Ein Sport für starke Köpfe.

Wenn aber Erik Lindegren in der Eröffnungsstrophe seines schönen »Arioso« schreibt:

> Irgendwo in uns sind wir immer zusammen,
> irgendwo in uns kann unsre Liebe niemals fliehen.
> Irgendwo
>   irgendwo
> sind alle Züge fort und alle Uhren bleiben stehen:
> irgendwo in uns sind wir immer hier und jetzt,

sagt er tatsächlich, dass Liebe *atopisch* und *achronisch* sein kann.

Können wir wirklich aufhören, jemanden zu lieben, den wir lieben? Es ist möglicherweise ein philosophisches Vorurteil im Sinne eines Standpunkts, den ich einnehme, ohne einen wirklich guten Grund dafür nennen zu können, aber ich glaube, Lindegren hat recht. Und zwar nicht auf irgendeine »mystische« Art, sondern weil es sich tatsächlich so verhalten kann, dass die tiefen Du-Beziehungen nicht zu dem gehören, was einen Platz in Raum und Zeit einnimmt.

Ist das eine sonderbare Lehre?

Ich könnte empirisch dafür argumentieren; ich habe es nie erlebt, dass ich aufgehört habe, einen Menschen zu lieben, den ich einmal geliebt habe, auch wenn die Liebe nicht selten – durch verschiedene Umstände – unterdrückt wird und subliminal weiterleben muss. Ich habe auch nie eine wirkliche Verliebtheit erlebt, die Zeit gebraucht hat, um sich zu entfalten; sie ist da, ungefähr wie das Blickfeld, wenn man das Auge öffnet.

Goethe sagt in einem Gespräch mit Eckermann hinsichtlich eines Lebens nach diesem, persönlicher Unsterblichkeit und ähnlicher Fragen, ungefähr folgendes:

Die Beschäftigung mit Unsterblichkeitsideen ist für vornehme Stände und besonders für Frauenzimmer. Ein tüchtiger Mensch aber, der schon hier etwas Ordentliches zu sein gedenkt, … läßt die künftige Welt auf sich beruhen und ist tätig und nützlich in dieser. Die *Persönlichkeit* hingegen, die kann ja nicht verschwinden.

Mit der »Persönlichkeit« meint Goethe hier, wie ich ihn verstehe, etwas Ähnliches wie die Tonart fis-Moll. Eine Art, in der etwas sich verhalten, auf die Welt und sich selbst bezogen sein kann.

Wenn Liebe eine Du-Beziehung ist und also aus einer Dritte-Person-Perspektive nicht existieren kann, befindet sie sich genau auf die Weise außerhalb von Zeit und Raum, wie Lindegren es meint.

Sie existiert in der Eigenschaft, in der sie existiert, und nichts wird ihr unendliches Licht jenseits der Dinge stören.

Textnachweise

S. 5   Gunnar Ekelöfs »Absentia animi« wird zitiert in der Überset-
        zung von Klaus-Jürgen Liedtke und Manfred Peter Hein aus:
        Gunnar Ekelöf, *Spät auf Erden*, © Kleinheinrich Verlag, Müns-
        ter 2003.

S. 14   Marco Polos *Il milione. Die Wunder der Welt* wird zitiert in der
        Übersetzung von Else Guignard, © Manesse Verlag, Zürich 1983.

S. 19 f. Der *Rigveda* wird zitiert aus: *Der Rigveda*, übers. u. erl. v. Karl
        Friedrich Geldner, Vandenhoeck & Ruprecht [u. a.], Göttingen
        1923.

S. 22 ff. Die *Bekenntnisse* des Augustinus werden zitiert aus: *Die Be-
        kenntnisse des heiligen Augustinus*, übers., eingel. u. mit Anm.
        vers. v. Otto F. Lachmann, Reclam Verlag, Leipzig 1888.

S. 84 f. Goethes »Farbenlehre« wird zitiert aus: Johann Wolfgang Goe-
        the, »Zur Farbenlehre«, in: *Sämtliche Werke nach Epochen
        seines Schaffens*, Münchner Ausgabe Band 10, © Carl Hanser
        Verlag, München 1989.

S. 87   Isaac Newtons *Optik oder Abhandlung über Spiegelungen,
        Brechungen, Beugungen und Farben des Lichts* wird zitiert in
        der Übersetzung von Wilhelm Abendroth, © Friedrich Vieweg
        & Sohn Verlagsgesellschaft mbH, Braunschweig 1983 (Nach-
        druck der Ausgabe Leipzig 1898).

S. 88   Platons Dialog *Theaitetos* wird zitiert aus: *Theaitetos oder Vom
        Wissen*, übers. v. Friedrich Schleiermacher, Reclam Verlag, Leip-
        zig 1922.

S. 115 Goethes »Faust« wird zitiert aus: Johann Wolfgang Goethe,
        »Faust«, in: *Sämtliche Werke nach Epochen seines Schaffens*,
        Münchner Ausgabe Band 6.1, © Carl Hanser Verlag, München
        1986.

S. 130 Izaak Waltons *Der vollkommene Angler oder eines nachdenk-
        lichen Mannes Erholung* wird zitiert in der Übersetzung von
        Martin Grünfeld, Paul Parey Verlag, Hamburg/Berlin 1958,
        © Blackwell Verlag GmbH, Berlin.

S. 143 Jorge Luis Borges' »Eine Pädagogik des Hasses« und »Anmer-
        kungen zum 23. August 1944« werden zitiert in der Überset-

zung von Gisbert Haefs aus: Jorge Luis Borges, *Eine neue Widerlegung der Zeit und 66 andere Essays*, Eichborn Verlag, Frankfurt am Main 2003, © Carl Hanser Verlag, München.

S. 155 Umberto Ecos Aufsatz »Hörner, Hufe, Sohlen. Einige Hypothesen zu drei Abduktionstypen« findet sich in: U. Eco, T. A. Sebeok, Hrsg., *Der Zirkel oder Im Zeichen der Drei*, Wilhelm Fink Verlag, München 1983.

S. 187 f. Charles Baudelaires »Die Abenddämmerung« wird zitiert in der Übersetzung von Friedhelm Kemp aus: Charles Baudelaire, *Sämtliche Werke/Briefe in acht Bänden*, Band 3: Les Fleurs du Mal – Die Blumen des Bösen, © Carl Hanser Verlag, München 1975.

S. 192 Antoine Arnaulds und Pierre Nicoles *Die Logik oder Die Kunst des Denkens* wird zitiert in der Übersetzung von Christos Axelos, © WBG, Darmstadt 1972.

S. 196 f. Homers *Odyssee* wird zitiert aus: *Ilias – Odyssee*, übers. v. Johann Heinrich Voß, Deutscher Taschenbuch Verlag, München 2002.

S. 239 f. Jean Anthelme Brillat-Savarins *Physiologie des Geschmacks oder Transcendentalgastronomische Betrachtungen* wird zitiert aus: Ebd., übers. u. hrsg. v. Robert Habs, Reclam Verlag, Leipzig ca. 1883–1886.

S. 242 Vladimir Nabokovs *Erinnerung, sprich* wird zitiert in der Übersetzung von Dieter E. Zimmer aus: *Gesammelte Werke*, Band 22: Erinnerung, sprich. Wiedersehen mit einer Autobiographie, © 1964, 1984, 1991 by Rowohlt Verlag GmbH, Reinbek bei Hamburg.

S. 248 Seamus Heaneys »XXVIII« wird zitiert in der Übersetzung von Giovanni und Ditte Bandini aus: *Schneeflocken. Juwelen des Winters*. Von Kenneth Libbrecht. Fotos von Patricia Rasmussen. Mit Texten und Gedichten von Lars Gustafsson, © Sanssouci Verlag, München 2005.

S. 259 Miguel de Cervantes Saavedras *Don Quijote von der Mancha* wird zitiert in der Übersetzung von Susanne Lange, © Carl Hanser Verlag, München 2008.

S. 261 Lars Gustafssons *Die Sonntage des amerikanischen Mädchens* wird zitiert in der Übersetzung von Verena Reichel, © Carl Hanser Verlag, München 2008.

S. 262 f. Lewis Carrolls *Alice hinter den Spiegeln* wird zitiert in der Übersetzung von Christian Enzensberger, © Insel Verlag Frankfurt am Main und Leipzig 1963.

S. 264 Carl von Linnés *Nemesis Divina* wird zitiert in der Über-

setzung von Rupert Voltz, © Carl Hanser Verlag, München
1981.

S. 273   Aristoteles' »Über Träume« wird zitiert in der Übersetzung
von Philip J. van der Eijk aus: Aristoteles, *Werke in deutscher
Übersetzung*, Band 14: Parva naturalia, © Akademie Verlag,
Berlin 1994.

S. 300 f.   Robert Musils *Mann ohne Eigenschaften* wird zitiert aus:
Robert Musil, *Gesammelte Werke*, Bd. 2, hrsg. v. Adolf Frisé,
© 1978 by Rowohlt Verlag GmbH, Reinbek bei Hamburg.

S. 310   Erik Lindegrens *Weil unser einziges Nest unsere Flügel sind*
wird zitiert in der Übersetzung von Nelly Sachs, © Luchter-
hand Verlag, München 1963.

Die Übertragungen aller anderen Zitate stammen von der Übersetzerin.

Inhalt